新版

福澤諭吉 家庭教育のすすめ

渡辺徳三郎 著
元慶應義塾幼稚舎長

慶應義塾大学出版会

〈上〉文久２年、ベルリンにて
〈左〉明治９年（41歳）、右下は夫人の筆蹟（ともに慶應義塾福澤研究センター所蔵）

長男・一太郎と次男・捨次郎とともに
（慶應義塾福澤研究センター所蔵）

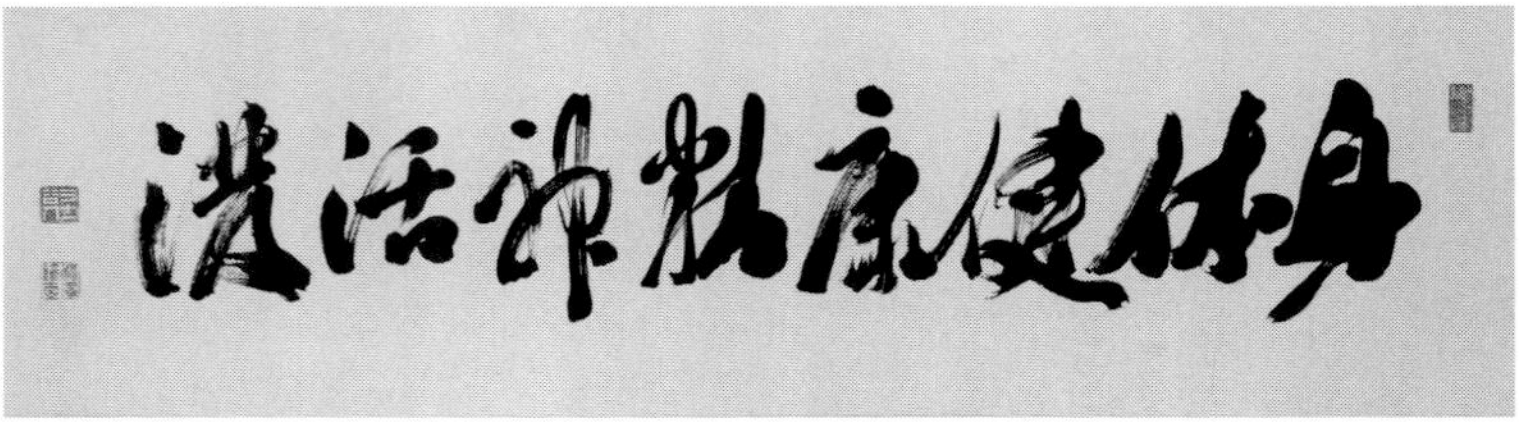

福澤の書〈身体健康精神活潑〉
（慶應義塾図書館所蔵）

新版　福澤諭吉　家庭教育のすすめ

渡辺徳三郎著

編者＝山内慶太

まえがき

福澤諭吉は幕末から明治三十四年（一九〇一年）に亡くなるまで、日本の知的指導者として第一級の活動をした人である。その影響力は時期によって強弱があるが、政治・経済・社会・教育・文化とじつに多方面にわたっている。この本はその教育のなかでも、とくに家庭教育について、福澤が説くところをご紹介しようとするものである。

私にとって福澤はたいへん魅力のある人物である。戦前に読んだ『福翁自伝《ふくおうじでん》』に始まり、戦後『学問のすゝめ』『文明論之概略《ぶんめいろんのがいりやく》』……等々へと進むにつれ、ひきつけられ、教えられ、しばしば舌をまく思いをした。

終戦の年の十二月、たまたま信州のある町で買った『文明論之概略』（岩波文庫）は、戦争のためにじつに粗末な紙であったが、その書中のところどころには、宝石のように輝く思いの福澤の言葉がちりばめられていた。

たとえば彼は、「或《あるい》は今日に至て彼《か》の皇学者流《こうがくしやりゆう》の説の如《ごと》く、政祭一途《せいさいいつと》に出《いず》るの趣意《しゆい》を以《もつ》て世間を支配することあらば、後日の日本も亦《また》なかる可《べ》し」と明治八年に書いているのである。まさに戦前の社会を一方的に支配していたのは「皇国民《こうこくみん》の錬成《れんせい》」とか「国体《こくたい》の本義《ほんぎ》」などという「皇国者流の説」であったから、私は彼の見通しのするどさにおどろいた。これはほんの一例だが、戦後の日本は福澤から学ぶべきことがまだまだたくさんあると思った。

昭和二十年代後半に、私は当時の『福澤全集』(旧版)をすこし組織的に通読する機会をもった。その際、自分の職業上から、教育という視点を中心において読んでいった。すると明治三年前後から十年前後にかけて、人間ひとりひとりの教育にとってかけがえのないものとしての家庭の教育や生活を論ずるものが、その時期としてひとつのまとまりをなし、福澤のそれへの意欲の高まりをみせているように感じられた。

もちろん教育は彼の生涯の関心事であったから、後年にいたるまで家庭関係の著作論説はしばしば現われる。しかし日本の近代化が始まろうとし、富国強兵《ふこくきょうへい》をめざして、国の制度の改革整備が重要な課題であったこの時期に、それへの関心を共にしながらも、家庭の問題をも同時に(同等に)とりあげていたことは、一つのおどろきであり、また魅力であった。

明治初期に教育制度の近代化をはかることは当然のことで、政府はその役割のうえから、学校というレベルでそれにとりくんだ。福澤は制度としての教育問題も論じたが、人間形成の機微《きび》に思いを深め、教育を家庭というレベルにまでほりさげてとらえている感がした。

そしてさらに彼の論説を見ていくと、家庭における子供と婦人の問題を、社会の福利《ふくり》や活力の伸張と結びつけて考えた人であったという感がした。

今日、家庭教育は高度成長を経ていろいろなひずみを生じている社会のなかで、また一段と問題になっている。人間ひとりひとりの成長にとって家庭生活は不可欠の場面だからである。福澤の家庭教育論を知ってみると、戦後ほぼ四十年経った今日でもなお、福澤が述べたこととその背後の精神には聞くべきものが多いと思う。そんな気持ちでまとめたものが本書であるが、浅学微力の私としてははたしてその意図を達することができたかどうかと不安なきをえない。しかし、今回はこれがすこしでもお役に立てばと願いつつ稿を終わることにした。

なお執筆にあたっては、読者になるべく福澤自身の文章を読んでいただきたいと思い、『福澤諭吉全集』からの引用を多くしている。その際、次の二点に配慮したことを書いておきたい。

1　福澤の文章は『福翁自伝』を除いてはほぼ全部文語文《ぶんごぶん》である。福澤は当時としてはやさしい文語文を書いたのであるが、やはり今日は一般的には抵抗があると思う。そこで私はときに応じ、原文のほうが福澤の真意や人間の風格がよりよく伝わると思うときは原文のままとしたが、多くの場合は私の責任で現代文風に書き直した（『学問のすゝめ』には国文学専攻の伊藤正雄氏の『「学問のすゝめ」講説』に全文の口語訳があるので、参照した）。なお原文引用の場合も、読み易くするため、漢字や仮名づかいについてはあまりこだわらず、常用漢字現代かなづかいに直したところもある。要は福澤の文章の調子を伝えることにあるからである。

2　引用文の全集中の所在を明らかにしておくため、全集の巻とページを「全①二二」のごとく（　）内に記入した。なお『福翁自伝』のみは、富田正文氏による「新かな当用漢字の新訂版」（慶應通信刊）を使用した（編者註――本復刊では、同版を引き継ぐ、「常用漢字・現代かなづかいの新装版」（慶應義塾大学出版会刊、平成十三年）を用い、出版会版と表示した）。

目次

第一章　福澤諭吉の生涯
——その素描——

福澤諭吉は一八三五年一月十日（旧暦天保《きゅうれきてんぽう》五年十二月十二日）に生まれ、一九〇一年二月三日（明治三十四年）に、六十六年の生涯を終わった。その生涯の本領は何かといえば、江戸から明治へのむずかしい変革期と、それにつづく建設期において、啓蒙《けいもう》思想家として出発し、進んで日本国民全体の知的指導者＝広義《こうぎ》の教育者であったところにあると思う。

彼の活動は慶應義塾（はじめは福澤塾）での教育をもって始まり、ついで広く著述・言論による啓蒙活動が加わり、それらがしだいに領域をひろげ、生涯つづく。

そして、この広義の教育者としての言動を貫《つらぬ》いている主題は、彼の使った言葉をもってすれば、「人心《じんしん》の改革」（『文明論之概略』福澤諭吉全集第四巻二一ページ、以下全④二一のように記す）であった。「人心の改革」とは何か。『文明論之概略』緒言《しょげん》にある「天下衆人《しゅうじん》の精神」の改革のことである。徳川封建《ほうけん》体制下にあって、儒教《じゅきょう》的教育によって人心を束縛萎縮《いしゅく》させた古い考え方を一掃し、西洋文明に対抗しうるに足る、自由独立の精神と、科学的実験実証の合理精神を、新たに日本人ひとりひとりの脳中に育てることであった。

「人心の改革」が彼の一生の主題となったのは、ほぼ一八六二年（文久《ぶんきゅう》二年）ごろからのことであり、彼のすべての活動（教育はその最大の一つ）は、この原理から発しているといっていいと思う。

大阪生まれ

福澤は大阪で生まれた。九州中津藩士《なかつはんし》の彼が大阪で生まれたわけは、父の百助《ひやくすけ》がちょうどその時、藩の回米方《かいまいがた》（一種の会計官吏《かんり》）という役で、大阪の中津藩蔵屋敷《くらやしき》に住んでいたからである。

「福澤諭吉誕生地」記念碑（大阪市）

その場所は現在大阪市福島区の東端、堂島《どうじま》川に沿った大阪大学附属病院のある所である。その病院の南側玄関わきに、「福澤諭吉誕生地」ときざんだ記念碑が建てられている（編者註――大阪大学附属病院は移転し、現在は朝日放送ＡＢＣホールの前に位置する）。

父百助は十三石二人扶持《ぶち》の身分の低い武士（下士《かし》という）であった。この人は、もともと学問（儒学）が好きで藩の内外ですでに学者として認められ、自分も学者として終始したかったのであるが、門閥《もんばつ》制度のために心ならずも下級の会計役をつとめざるをえなかったのであった。しかしその人柄は誠心誠意をつくす人で、藩の信用も厚く、また、人びとに畏《おそ》れはばかられた人物であったという。

福澤は晩年に、亡き父が門閥制度のために自分の本当の志望を断念させられた、その無念の思いを推察し、「門閥制度は親のかたきでござる」といっている（『福翁自伝』）。この父は諭吉が生後一年半のころに脳卒中で急に亡くなったので、母お順《じゅん》は五人の子供（諭吉は末っ子で、兄一人姉三人）を連れて中津へ帰った。

母お順は思いきりのよい楽天的な性格のように見受けられ、当時の世で珍しく、身分ちがいの下々《しもじも》のものにも親切で、ていねいな態度をとる女性であった。また亡き夫を尊敬し、子供たちに折につけては、父の人となりを語っていたことが、諭吉の後年の思い出話にある。少年福澤は知らないうちに、この母を通して父の感化を受けていったようである。

福澤諭吉旧宅（大分県中津市。慶應義塾広報室提供）

しかし読書手習《よみかき》いという、当時の初等教育を塾で受けることは、普通よりずっとおそかった。小さい時に、いろはぐらいは習ったらしいが、武士の子らしい漢学は、『自伝』によれば数え年十四、五歳で漢学塾《かんがく》へ行きはじめてからとのことである。このようにおくれたのは、母親が一人で五人の子供の衣食すべての世話をしなければならず、家計も貧しくて人手を頼むこともできず、子供の教育までには手がまわりかねたことと、諭吉自身も勉強が好きでなかったからだと、後年『自伝』に書いている。しかし始めてみると、生来の負けぬ気とすぐれた頭脳で、じきに追いついて、「漢学者の前座《ぜんざ》ぐらい」(『自伝』)になったという。

このように子供のころは勉強はきらいであったが、手先が器用で物を作ったり修繕《しゅうぜん》したりするのが好きで、また、頼まれると気軽に家事の手伝いをする明るい元気な少年であった。

また神様の罰《ばち》とか、占いなどをまったく信じない性質で、後年の彼の科学的合理精神の芽生えが見られる。よく知られているように、神さまのお札《ふだ》をふんでためしたり、おいなりさんの祠《ほこら》のなかは何かと調べたりする少年であった。

中津から長崎へ

中津では満十九歳までくらした。福澤一家は大阪ぐらしが長かったので、言葉もちがい、中津の生活にとけこめなかったようである。そのうえ、当時の藩には上士《じょうし》と下士という、身分差別が厳然と存在していた。たとえば下士最下等の足軽《あしがる》は、上士に道で会うと、雨中であろうと下駄《げた》をぬいで、道ばたに平伏《へいふく》するというきまりがあった(「旧藩情」全⑦二六六)。これはほんの一例である。

子供同士の遊びの場でも、上士の子となれば、どんな愚《おろ》かな子供でも、これに向かって下士の子は服従し、その無理を聞かなければならない。生来独立心の強い諭吉にとって、それは屈辱《くつじょく》に満ちた生活であった。彼はこれをがまんしつつも、その心のなかに、よい機会があったら藩からとび出したいという、反抗のエネルギーを蓄積していったのである。彼の自由独立の精神は、合理主義とともに、半ば生得的なものに由来するように考えられる。

その諭吉に中津脱出のチャンスがおとずれた。遠い原因はペリー来航による日本の開国にある。開国→西洋の軍事力への対抗策としての洋式砲術のとり入れの必要→オランダ語を学べ、という論法は中津へもやってくる（当時、西洋のことを知るのに許されているのはオランダ語だけであった）。

諭吉は、兄三之助《さんのすけ》にオランダ語の勉強をすすめられて、ただちに決心し、よろこんで長崎へ行った。彼はむずかしい学問なら、なおさらやってみようという気になったといっている。

適塾遺構（大阪市。慶應義塾広報室提供）

長崎から大阪へ――適塾に入る

長崎には約一年間いた。長崎でのことは青年福澤の人間を知るうえでおもしろいことがたくさんあるが、ここでは割愛《かつあい》しよう。オランダ語修得のうえでは、ほんの初歩を学んだ程度で、一年ほどで事情があって、兄三之助が勤番していた大阪へ行った。ここで当時有名であった蘭方医緒方洪庵《おがたこうあん》の適《てき》塾《じゅく》に入門した。洪庵はまた、人の師としてすぐれた見識と温情を備えた人であったから、この入門は諭吉にとってもっとも幸運な出会いであったように思う。

適塾という名称は洪庵の号、適々斎《てきてきさい》から出ていることで、それには洪庵の心が込められている。適という字には、自分の心にかなうこと、楽しむところという意味がある。学問についていえば、自分の心にかなない、楽しみとする学問をする学塾であることを意味している。ここには門閥主義からくる不自由はなく、実力がものをいう小社会があった。福澤はここで自由の気風《きふう》のよさを知った。

もうひとつ、彼はここでオランダ語を本格的に学び、医学書や物理学の本を読んだ。適塾では医学の修業もできたが、蘭学の一般教育（語学中心）が主になっていた。その目的で多くの有為の青年が入門して来た。諭吉もその一人である。つまり彼はオランダ語の勉強を通して自然科学を学び、漢学（儒学）との決定的なちがいを知り、科学への信頼をかたくした。また開国の思想をはっきりもったのもここであるし、漢学への不信の念をかたくしたのもここである。

福澤の心のなかに、西洋の学問への信頼と自由独立の思想の若木が伸びつつあったのが、適塾時代ではないかという感じがする。

江戸へ——福澤塾を開く

一八五八年（安政《あんせい》五年）秋、満二十三歳の福澤は藩の命令で江戸に出て、築地鉄砲州《つきじてっぽうず》の中津藩中《なか》屋敷《やしき》内で蘭学塾を開き、藩中の者を主としつつ、外部の希望者にもオランダ語を教えはじめた。通称福澤塾というが、これが慶應義塾のはじまりである。今日、築地の聖路加《せいロカ》国際病院南側の緑地帯に「慶應義塾発祥《はっしょう》の地」記念碑がある。

福澤塾は藩の命令によったもので、当時の言葉で「家塾《かじゅく》」（藩と関係なければ「私塾」）といわれるものであった。それが慶應義塾と名のるのは十年後の一八六八年（慶応四年）四月である。この間一八六一年（文久《ぶんきゅう》元年）には結婚して家をかまえている。

この十年間に、福澤は日本全体の知的指導者たることへ向かって、基礎がための大きな成長をとげるのだが、それだけにこの十年間には大切なことがたくさんあった。

苦心して学んだオランダ語が国際語として通用しないことを知り、再び勇気を出して英語を学び直したことはその一つで、これは後の活動のためにたいへん重要であったと思う。

「慶應義塾発祥の地」記念碑（東京都築地。慶應義塾広報室提供。撮影：畔田藤治）

しかしもっと大きなことは、福澤塾をしだいに充実発展させていったことと、三度外国へ旅行したことである。アメリカへ二回、ヨーロッパへ一回、いずれも幕府使節の従者《じゅうしゃ》とか通訳《つうやく》として行った。最初の米国行のあと、中津藩士のまま、幕府瓦《が》解《かい》まで、幕臣として翻訳局《ほんやくきょく》に出仕《しゅっし》した。

この旅行によって彼は先進文明諸国の制度施設、それを支える経済力や軍備の実際を知った。そして、そのなかにある人びとの考え方、すなわち「文明の精神」が東洋とは大きくちがうことを強く感じとった。ほんのささいなことも驚きのたねになった。パリでのこと、たまたま入った書店の主人が時の国務大臣の実弟であると聞き、幕府高官を思い出し、さてさて不思議なこともあるものかなと驚き、かつ感動した、と後年書いている（『福翁百余話』）。感動したのは、そのことが自由独立につながっているからである。

またこの旅行で手に入れた西洋の書籍によって、自由とか人権というものが、学問の本のなかに明記されていることを知って感じ入った。

著作活動のはじまり

この十年の終わりごろから数年にわたって、福澤は祖国日本に、西洋文明国の実際の事情、思想や文化等を紹介することを主な目的とする本を、矢つぎばやに出版する。それをざっとあげてみると次のとおりで、じつに多方面にわたり、時代の要求と彼の活発な気性がうかがわれておもしろい（ゴシック体はとくに重要なもの）。

一八六六年（慶応二年）**『西洋事情』初編**、『雷銃操法《らいじゅうそうほう》』巻之一（ライフル銃のこと）

一八六七年（慶応三年）『西洋旅案内』、『条約十一国記』、『西洋衣食住』

一八六八年（慶応四年・明治元年）『兵士懐中便覧《かいちゅうべんらん》』、**『訓蒙窮理《きんもうきゅうり》図解』**（初等物理学の本）、**『西洋事情』外編**、『雷銃操法』巻之二

一八六九年（明治二年）『洋兵明鑑《ようへいめいかん》』（西洋の戦術書）、『掌中《しょうちゅう》万国一覧』、『英国議事院談』、『清英交際始末』、**『世界国尽《くにづくし》』**（世界地理の本）

一八七〇年（明治三年）**『西洋事情』二編**、『雷銃操法』巻之三

右のうち、とくに新しい国づくりのうえで意義のあったのは、『西洋事情』であった。これは福澤の手で出たものが十五万部、当時流行の偽版《ぎはん》を加えると二十万から二十五万部といわれている。この本は、維新に際して新政府が新しい制度法令を整備するのにもっとも有効な指南書となった。思想の方面からみれば、人間に自主自由の権利があるということを紹介したものであった（とくに「外編」）。例の五箇条の御誓文《ごせいもん》も、この本によって重大な影響を受けたといわれている。

慶應義塾の命名——近代私学としての自覚

ヨーロッパ旅行は、とくに福澤に近代国家における学校その他の教育施設に目を開かせた。彼はよく見て歩き、丹念に手帳にメモを書いた。

福澤塾のはじまりは、前述のように藩とつながる家塾であったが、ヨーロッパの学校見聞は、福澤をして民間に独立した学校の存在に注目させた。

この影響もあってか、帰国後は著作活動とともに福澤塾の充実発展が行われる。教授用の洋書を多数備えたり、中津から、後年、福澤の右腕ともなったような、優秀な青年を連れて来たりした。塾生もしだいにふえて百名ぐらいになった（ただし、戊辰《ぼしん》戦争の時は一時急激に減少し、時に十八名になったという）。

かくして一八六八年（慶応四年）四月には芝新銭座《しばしんせんざ》（国電・現JR浜松町駅の近く）に百五十坪の塾舎を新築して移り、時の年号をとって「慶應義塾」と命名した。この年号を使ったことは当時きわめて珍しいことであったという。また授業料という名をつくり、毎月一定額を納入させることも始めた。いずれも福澤の新機軸の一つであった。

福澤はこの時、慶應義塾の主義精神を宣言するために、「芝新銭座慶應義塾之記」という文章を印刷して公表した。そのはじめは次のように書かれている。

今ここに会社を立て義塾を創《はじ》め、同志諸子相共《あいとも》に講究切磋《こうきゅうせっさ》し、以《もっ》て洋学に従事するや事本《もと》私にあらず、広く之《これ》を世に公《おおやけ》にし士民を問わず、苟《いやしく》も志あるものをして来学せしめんを欲するなり。（全⑲三六七）

ここに「会社」というのは英語でコーポレーションのことであり、同志のものが社を結んで学校を経営していく方針を示している。「義塾」とは公共の学校という意味であり、近代社会では私立学校といえども、社会公共のものであることを示している。それはまた、藩からも福澤個人からも独立した存在であるという意味でもある。ついでながらこれが可能であったのは、時勢が幕藩体制終幕のころであったことと、福澤自身の実力（学問の力と著作による資力）があったことによるものであろう。

次に大切なのは義塾は杉田玄白《すぎたげんぱく》以来の洋学の伝統をつぐもので、洋学こそ万人の学ぶべき学問であるといい、志のあるものは、武士でも農工商のだれでも入学させる。有志の者よ、来て学べ、協同して勉強にはげみ目的を実現しよう、と呼びかけていることで、さかんな意気込みが感じられる。（当時、藩校は農工商の民を入れないことを原則としていたのである。）

さらに福澤は「慶應義塾之記」の版本に、「中元祝酒之記《ちゆうげんしゆくしゆのき》」という一文をつけている。それによると、彼は維新動乱《いしんどうらん》の世に際して、天性自分にもっとも適している学問教育をもって自分の本分とし、社会のためにつくそうとするものであるという考えを、はっきりと表明していた（全⑲三六九）。だから上野彰義隊《しようぎたい》の戦争の時も平常の日課を休まず、ウェーランドの経済書の講義をしていたのであった。

以上に述べた著作と義塾の教育を一つにまとめれば、啓蒙活動、すなわち広い意味の教育活動である。維新に際して福澤は、これを民間人として実行していこうと決心したのであった。だから幕府の手当ても、藩の家禄《かろく》もすべて返上した。そして一市民の立場を終生貫いたのであった。

『学問のすゝめ』と『文明論之概略』

西洋文明紹介の書の次にくるものは、西洋文明をめぐる福澤自身の主張を発表する著作である。時はいわゆる文明開化期であった。

この種の著作で最初に公にしたものが、明治五年の『学問のすゝめ』初編であるが、まず主要な著作のリストをあげよう。

一八七二年（明治五年）『学問のすゝめ』初編（明治九年までに全十七編が出ている）

一八七五年（明治八年）『文明論之概略』
一八七九年（明治十二年）『民情一新《みんじょういっしん》』

そこで『学問のすゝめ』であるが、「天は人の上に人を造《つく》らず、人の下に人を造らずといえり」というはじめの一文は、今日、小学校の社会科教科書に一度は出てくる言葉である。

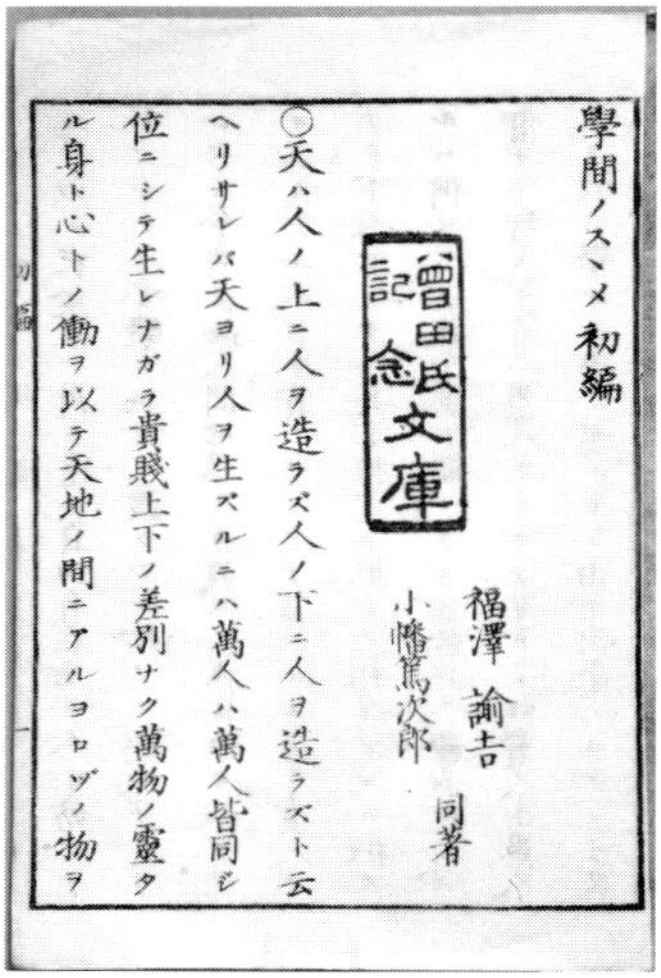
學問ノスヽメ初編
福澤諭吉
小幡篤次郎
同著
增田氏
記念
文庫
○天ハ人ノ上ニ人ヲ造ラズ人ノ下ニ人ヲ造ラズト云ヘリサレバ天ヨリ人ヲ生ズルニハ萬人ハ萬人皆同シ位ニシテ生レナガラ貴賤上下ノ差別ナク萬物ノ靈タル身ト心トノ働ヲ以テ天地ノ間ニアルヨロヅノ物ヲ

『学問のすゝめ』（冒頭部分。慶應義塾幼稚舎所蔵）

この本で、福澤は人権の平等・自由独立の精神を鼓吹《こすい》したが、同時に個人の自由独立とともに、国の独立が必要なことを説いた。換言すれば、個人の社会における積極的行動が国の独立を確保することを説いたものであった。

彼のすすめた学問は、いわゆる「実学」であるが、これは日常必要な身近な知識を学ぶことから始まり、広く実験実証の学、つまり科学をも含むものであった。この本は全部で十七編あり、明治九年までつづく。全体でおよそ三百四十万部売れたといわれている（全①三八）。

『文明論之概略』は、福澤の著書中もっとも学問的な大著であるといわれている。すこしむずかしい本を読む読者を対象とし、とくに儒学や国学に親しんできた保守派を説得しようとしている。このなかで福澤は、文明とは何かを問題とし、文明の精神をさぐり、東西文明の歴史を比較したうえで、日本の独立のために西洋文明をとり入れることの必要を、じゅんじゅんと説いている。西郷《さいごう》隆盛《たかもり》もこの本を愛読したといわれている（全①六〇）。

このころの著作活動で福澤らしいと思うことは、本書の主題である家庭や家庭教育についても、しばしば執筆していることである。彼が文明の精神とか、一国の独立というような、大きなテーマを問題とする一方で、とかく小さいこととみなされがちの家庭の問題を熱心にとりあげ、多くの論説や子供向けの本を書いたということは、福澤に独特の考えがあったからである。そして、それは本書の主要なテーマである。家庭への関心は、福澤生涯のものであるが、明治初期には一つのまとまりと高まりを見せているのである。

『文明論之概略』（慶應義塾幼稚舎所蔵）

なお、この時期の言論関係のことで忘れることのできないのは、福澤が日本ではじめて「演説《えんぜつ》」という言葉を現代の意味で、作って使い、自分で演説館を三《み》田《た》山上《さんじょう》に設け、「三田演説会」を主宰して、演説の普及のさきがけをなしたことである。

一八八〇年代（明治十年代）以降

明治十年代に入ると、自由民権運動がしだいに全国的なものとなってくるにつれ、政府はそれに対抗して教育を儒教主義的な方向へと変えていく。福澤はこれをさかんに批判し、文明路

三田演説館（慶應義塾大学三田キャンパス内。慶應義塾福澤研究センター提供）

線の教育論や道徳論を多く発表した。また、民権については元来彼が理論的な先駆者であるが、急進的な自由民権論は、当時の日本をとりかこむ国際情勢や、日本の国力（経済力）からして、国の独立には不適切と考え、漸進的《ぜんしんてき》な民権論を説いた。

これら言論活動の有力な「武器」の一つとなったのは、一八八二年（明治十五年）に発行を開始した「時事新報《じじしんぽう》」という新聞である。福澤は不偏不党《ふへんふとう》を主義とし、政府におもねらず、日本の独立と国民の平安福利を基準として、是々非々《ぜぜひひ》の態度をとったので、「時事新報」はしだいに社会の信用を得るにいたった。

福澤は一八九八年（明治三十一年）九月、病気で静養を余儀なくされるまで、ほぼ十六年間、この新聞に健筆《けんぴつ》をふるって、政治・経済・教育・文化・社会の各方面について、高い見識をもって指導的な言論活動を行った。彼の書いた論説は約二、〇〇〇編になるという。熱心にとりくんだテーマの主なものをあげると次のようになる（著作も含む）。

国会論、官民調和論、儒教主義的文教政策批判、文明主義の教育論・道徳論、シナ・朝鮮に対する政策論、婦人解放論、近代産業育成論なお、一八八〇年（明治十三年）に福澤は、わが国最初の社交団体（クラブ）といわれる「交詢社《こうじゅんしゃ》」を設立したことも見落とすことはできない。これは福澤が、中央地方を問わず、さまざまの職業階層の人びとが、知識（情報）を交換し、相互に意見を聞くことは、日本の文明のために不可欠であるという認識を、かねてからもっていたことによる。全国からおよそ一、八〇〇名の入会者を得て発足し、一九八〇年（昭和五十五年）には、その創立百周年を盛大に祝っている。

福澤は晩年に、『福翁自伝』を刊行した（明治三十二年）。これは内外を通じて自伝文学の傑作の一つに数えられている。

このなかで、彼は過去をふりかえり、自分の立場を医者にたとえ、自分は「政治の診察医にして開業医ではない」といったが、彼は日本が文明国となり、その独立を保つためにはどこに欠陥があり、何が必要であるかを正しく見いだした人であり、それを広く国民に知らせようとしたのであった。政治の実践にはふみこまなかったが、学問教育文化の領域では「人心の改革」を目ざす「開業医」であった。そのあらわれが、慶應義塾であり、著書・新聞での活動であった。

人間福澤

偉大な業績の人としての福澤には近よりがたい感じがするが、人間としての福澤はたいへんに魅力的である。聡明《そうめい》と決断と勇気に富んでいるとともに、愛情と義侠心《ぎきょうしん》が強く、子供への愛にはおぼれがちであり、磊落《らいらく》活発で元気にあふれていて、しかも律義《りちぎ》正直《しょうじき》な本心を内にもっていた。若い時は大酒も飲んだが私行は清潔であり、家庭を愛して親子だんらんすることを大きな楽しみとした。

旧藩主奥平《おくだいら》家にたいしては、毎年正月、羽織袴《はかま》に服装を正して年賀に伺候《しこう》した。これが「門閥制度は親のかたきでござる」といった福澤の一面でもある。

その自由独立の主義は半ば生まれつきで、この気性と主義は彼の一生を支配し、終生役人にならず、民間にあって人民独立の手本を示した。

「爵位《しやくい》など犬の首輪みたいなものだ。首に輪をつけられてかえって赤面だ」（全⑥三六六）、「勲章などごめんだ」（全⑳四一三）といって笑っていた。

一九〇〇年（明治三十三年）五月、著訳教育の功労により皇室から金五万円を下賜《かし》されたが、ただちにこれを慶應義塾に寄付した。

翌一九〇一年二月三日、福澤は脳溢血のために、その充実した六十六年一か月の生涯を終わった。衆議院《しゆうぎいん》は議決をもって、無位無官の平民福澤に哀悼《あいとう》の意を表した。

第二章　福澤は家庭教育を重視した

第一章で述べたように、明治初年のベストセラー『学問のすゝめ』の著者福澤はたいへんな量の著作論説その他書簡《しょかん》等を世に残している。それは社会の各方面、すなわち学問・教育・政治・経済・社会等々にわたっているが、そのなかには家庭や家庭の教育についてのものもたくさんある。もっとも彼は教育学者というわけではないから、たとえば『文明論之概略』といったような、独立した教育の書があるわけではない。しかし論説といったもの、あるいは別の主題の論説のなかに入りこんでいる教育意見がたくさんあるのである。

それらは今日、全二十一巻および別巻一冊の全集に収められているが、そのなかにきわめて小さい半紙《はんし》四つ折りの小冊子で『ひゞのをしへ』と題したものがある（全⑳六七）。

これは福澤が明治四年（一八七一年）十月（旧暦）から十一月にかけて、二人の男の子、満八歳の一太郎《いちたろう》と六歳の捨次郎《すてじろう》のために、子供向きの日常の心得や身辺の知識を書いて与えたものである。これはまったく私的なもので、もちろん当時出版されたものではないが、その与え方が、家庭教育という点からおもしろいので、まずそこから話を進めようと思う。

『ひゞのをしへ』

はじめに、その出だしの部分をご紹介しよう（旧かなのまま。なお、これは一太郎の分である）。

おさだめ

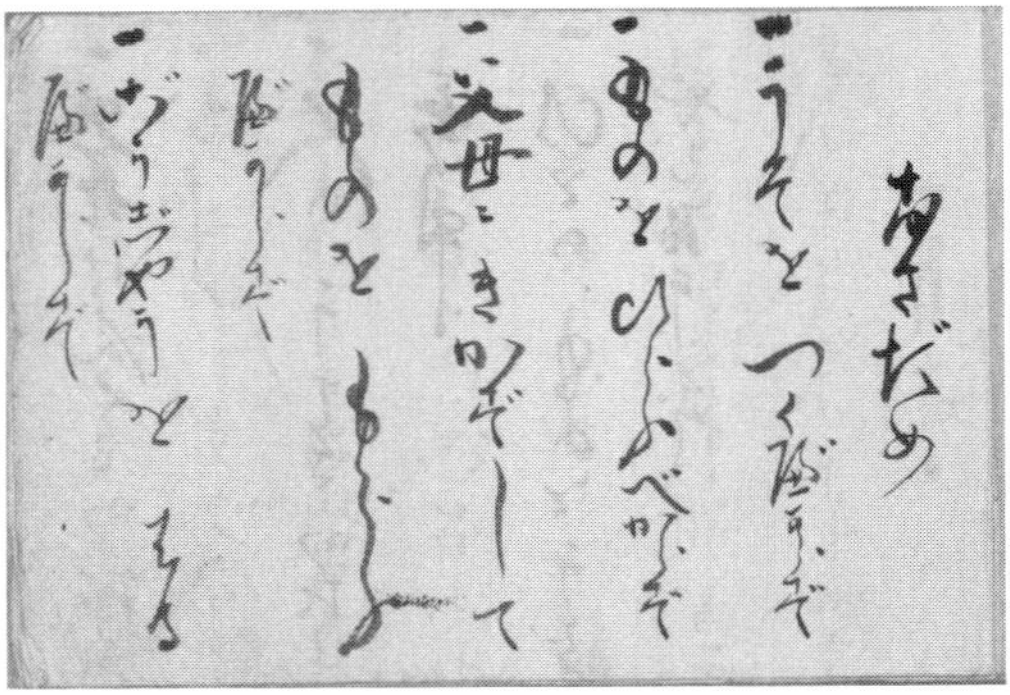

『ひゞのをしへ』（慶應義塾福澤研究センター所蔵）

一、うそをつくべからず。
一、ものをひらふべからず。
一、父母《ちちはは》にきかずしてものをもらふべからず。
一、ごうじやうをはるべからず。
一、兄弟けんくわかたくむよふ。
一、人のうはさかたく無用。
一、ひとのものをうらやむべからず。

この「おさだめ」に、次のものがつづく。

十月十四日
ほんをよんで、はじめのはうをわするゝは、そこなきおけに、みづをくみいるゝがごとし。くむばかりのほねをりにて、すこしもみづのたまることなし。されば一さんも捨さんも、よんだところのおさらへをせずして、はじめのはうをわするゝときは、よむばかりのほねをりにて、はらのそこにがくもんの、たまることなかるべし。

このあとは翌日から、十五日分があって初編が終わり、十一月から二編に入る。二編のはじめも、いかにも福澤らしいので、そこもご紹介しておこう。

ひゞのをしへ二へん

とうざい、とうざい、ひゞのをしへ二へんのはじまり。おさだめのおきては六かでう、み、をさらへてこれをき、、はらにおさめてわするべからず。

右の前書きにつづいて六か条が出て、あとへ進むが、はじめの「とうざいとうざい」は「東西東西」で、昔興行師《こうぎようし》が東西四方の客を静まらせ、口上を述べるときに使う、世間のごくくだけた言葉である。こういう言葉で子供のための「おさだめ」を聞かせようとするところが、いかにも福澤流である。

長男一太郎の思い出話

一太郎は大人になってから（大正三年）、その時のようすを思い出して次のように書いている（原文の漢字やかなづかいをわかりやすいように多少変えた）。

この『ひゞのをしへ』は、今より四十四年の昔、私と捨次郎がまだ泥いたずらをしたり蟬《せみ》を追っかけ回していた子供の時分のある日のこと、私共兄弟は父から加賀半紙を幾帖《いくちよう》ずつかもらいました。我々両人は大よろこびで、すぐにモジャモジャの大入道《おおにゅうどう》の絵《え》でもかいてしまうところでございました。ところを子供のいやがるムズカシイ徳義《とくぎ》の議論などを無理にきかせることは元来《がんらい》好まぬ代わりに、また、よき折があればこれを面白くきかせる工夫をすることには抜け目のない私共の父は、まずこの半紙のいく枚かをもって四つ折の帳面二冊をこしらえ、『ひゞのをしへ』初編と上書をまん中に書き、その右のはしに明治四年と書き、左に辛未《かのとひつじ》十月福澤一太郎もしくは福澤捨次郎と書きました。

そしてこの帳面には毎朝何か徳義に関する話または手近の知識の事を書きましたので、我々は朝起きてご飯を食べて、それから父の書斎《しょさい》の机の前に座を並べ、今日は何を書いてくれるであろうと、楽しみに文章の出来上がりを待っていた。当年のことの多くはぼうっとして夢のようであるが、この楽しみだけは今になお忘れず、『ひゞのをしへ』を手に取るときはわが子に小言の一つもいおうという大男も、自分自身が昔の子供にかえったような気がするのでございます。

（石河幹明著『福澤諭吉伝』第四巻、岩波書店、昭和七年、四五〇ページ）

当時の福澤父子のようすが目にうかんできて私の好きな光景であるが、この話を明治四年の福澤の社会的活動のなかにおいてみると、彼の家庭教育論を考えるのに重要な意味をおびてくる。

明治初年の福澤の社会的活動

それならば明治四年（一八七一年）の福澤とは、どういう社会的立場にいて、どんなことをしていたのであろうか。

福澤は年齢三十六歳、男女四人の子の父親である。江戸に福澤塾を開いてからすでに十三年、慶応四年四月慶應義塾と命名し、明治四年三月にこれを三田に移したところで、塾生も三百数十人に達していた。

著作物は第一章にあげたように『西洋事情』をはじめ『訓蒙窮理図解《きんもうきゅうりずかい》』『世界国尽《くにづくし》』その他西洋文明紹介の著訳書によって、洋学者として第一人者の列に入っていた。さらに翌明治五年二月には『学問のすゝめ』初編を出すわけである。

ところで『学問のすゝめ』は、福澤がそれまで主としていた西洋文明の紹介から一歩ふみ出して、啓蒙《けいもう》思想家というか、日本の知的指導者として、主体的に西洋文明を消化して、日本の近代化について独自の考えを述べようとしたものである。

そういう新しい立場の活動が、明治維新前後から胎動《たいどう》を始めていたといっていいのであり、明治四年秋は『学問のすゝめ』初編の原稿を書きはじめていたころであろうと思われる。ついでにいうと、この活動のつづきが、明治十年前後までをひとくぎりとしてみれば、五年から九年にかけての『学問のすゝめ』全十七編になり、八年の『文明論之概略』、十二年の『民情一新』（いずれも福澤の代表的著作）となっていくのである。

一方、学問教育方面を主として社会を見ると、明治四年には文部省ができ、五年には全国的な学校制度、つまり「学制」が発布される。この時、政府が国民に就学をすすめた布告（「被仰出書《おおせいだされしょ》」）には、『学問のすゝめ』の影響が大きいといわれている。さらに明治六年には福澤はじめ当時の第一級の学者によって、「明六社《めいろくしゃ》」という啓蒙思想家の団体、後年の日本学士院の源流とされている団体が提唱され、七年には結成される。このすこしあとでは、「文部省は竹橋にあり、文部卿《もんぶきょう》（大臣）は三田にあり」といわれたように、福澤は社会的に大きな存在であった。つまりこの時期は、政府が福澤流の文明路線に同調していた時期である。

このようなことをすこしならべても、当時の福澤は年齢といい、閲歴《えつれき》といい、業績といい、まさに脂《あぶら》ののりきった時である。もっともまだ明治六、七年ころまでは、世の中には明治政府の急激な開明政策、いわば一種の文化革命に反対する頑固狂信的な守旧国粋《こくすい》派《は》が多数おって、洋学者はたえず暗殺の危険を感じ、細心の用心をしなければならない状況であったから、かならずしも順風《じゅんぷう》満帆《まんぱん》というわけにはいかないが、それだけすでに社会的に大きな存在であったのである。

さてそこで『ひゞのをしへ』だが、このようにその活動の対象や範囲が、日本国民であり、世界のなかの日本人であったという福澤、しかもそのために毎日多くの時間を使っていた――これは『福澤諭吉全集』第二十一巻所載の「年譜」を見るとよくわかる――福澤が、毎朝幼いわが子を机の前に呼んで、今日は何を書いてやろうかと思案しながら筆をとる姿は、たいへん人間的に魅力がある。

それも子供にとって、むずかしいお説教を聞かされるから、ああいやだなあというのではなくて、今日はお父さんは何を書いてくれるのかなあという期待をもたせるというのであるから、そこに温かい親子関係があったことをうかがわせる。それはほほえましく私の好きな一風景なのであるが、それとともに多忙な毎日のなかで、『ひゞのをしへ』を書くことは、福澤がまず第一に子供が好きで、家庭やその教育を、自然に重んじていたことを示すものである。

「家庭」という言葉の普及に種子をまいた福澤

家庭教育重視のあらわれの一つは、福澤が明治九年から十年にかけて「家庭叢談《そうだん》」という雑誌を出していることである。ただし雑誌といっても、今日の雑誌とは大ちがいで、およそB6判程度の、うすっぺらな小冊子である。毎月およそ四日目ごとの発行という。

『家庭叢談』（慶應義塾幼稚舎所蔵）

石井研堂《けんどう》の『明治事物起源』によると、「家庭」という熟語が世間でさかんに使われるようになったのは、この雑誌が出てからであるとのことで、それほど福澤が時代にさきがけて家庭のことに関心をもっていたことを示すものであろうと思う。その第一号にのった発刊の言葉は、福澤の家庭教育論の一端として意味があるので、次にそのあらましを読みやすくしてご紹介しよう。

この雑誌を「家庭叢談」と名づけましたが、ただ家庭内のことのみを記して、ほかのことを考えないという意味ではありません。近ごろ、ほうぼうで新聞雑誌の類が多く出版されますが、そのなかの雑報雑記などというところを見ると、身投《みな》げ、駈《か》け落《お》ち、裏店《うらだな》のけんか、あるいはなおこれよりひどいことを書き、その文面がいかにもきたなくて、家族親子の間では読むのに困ることもあります。

これがために家風の正しい家の主人は、新聞というものはよいが、なかにはこれをわが家に入れたくないものがあるという話で、まことに気の毒なことであります。これを察して今この雑誌には、このようなみにくい記事はやめにして、朝夕親子の話題となってよい事柄を書こうとして、このように名づけたのであります。

もとより書中の文は、事の大小内外にかかわらず、小は一家の世帯（家庭生活）、子供の訓導より、大は天下の経済、全国人民の教育に至るまで、記者の力の及ぶかぎり、全部書くでしょうが、ただここに書いたことは親子間で話題にしてさしつかえないことであるというまでのことであります。

右の文章を見ても、この時期の福澤の家庭およびその教育への関心が、なみなみならぬものであったことがうかがわれると思う。

ついでに書くと、福澤は明治九年の「家庭習慣の教えを論ず」(全⑲五六二)で、「家庭教育」という言葉を使っているが、一般の世間では「家庭教育」という字を冠した著書が多く出るようになるのは、明治二十年代以降のようである(国立教育研究所『明治以降教育文献総合目録』昭和二十五年刊)。

第三章

福澤の教育への意欲をかきたてたもの

――幕末日本の対外的危機感のなかで――

前章は家庭教育に焦点をしぼって話を始めたが、ここでは、福澤がそもそも教育に意欲を燃やしたのはどういう事情からであるかについて、すこし書いておきたい。というのは家庭教育は広い意味の教育の一分野であるからである。また福澤の視野はつねに広く、家庭のような一般にはつねに小さいと思われていることでも、日本の国（社会）とか世界との関係で、ものを考える人であったからである。

私は、もともと福澤は他人の面倒見がよくて、人間を育てるのが好きな性質をもっていたと思う。すぐれた教育者であった緒方洪庵《おがたこうあん》の感化も大きかったであろう。福澤塾を開いたのも、藩の命令とはいえ、彼に教育意欲があったからこそと思う。しかし幕末維新のころに、さらにその意欲をかきたてたものがあった。

それは第一章でふれた三回の外国旅行で、欧米先進国と東洋・日本との文明上のはなはだしいちがいを直接に見聞したことである。その三回のなかで、とくに第二回目のヨーロッパ行（一八六一―二年・文久元―二年）の意義は大きい。この旅行で得たものはさまざまあるが、本章の観点からごくしぼってみれば次の二つであろう。

第一は、往復の道中で見た東洋諸国のありさまである。たいがい西洋先進諸国の強い軍事力経済力で制圧され、所によっては領土とされている。その土地の人びとにも独立の気概《きがい》が乏しく、国も貧しいということを実地に知ったことである。

第二に、西欧で近代の文明国といわれる国では、大まかにいって、人権の平等と自由独立がなくてはならぬものとして、国民のあいだに原則的に認められ、学問のなかでもとくに自然科学が広くゆきわたっていて、国が富んで兵力も強いことを実際に見聞したことである。とくにロンドンでは、ととのった教育・文化の施設に目をみはり、議会の政党政治を見て、政治的自由に目を開かれた。当時のイギリスはヴィクトリア女王治政の全盛期にあった。

結局、福澤は日本が東洋の国ぐにのようになっては大変だ、日本を確固たる独立国とするためには、国を富ませ兵を強くするとともに、国民ひとりひとりが自由独立の気概を高め、西洋流の数理の学問を重んじるようにならなければいけない、泣く子と地頭《じとう》には勝てないという、権力にたいする卑屈な気持ちをなんとか改めなくてはいけないと痛感したのである。

彼はその気持ちをロンドンから中津藩の有力者（島津祐太郎《すけたろう》）にあてて書いている。要点のみを読みやすくして示すと次のようになる。

この度は西洋社会における学術研究、国の制度、海陸軍の規則、税のとり方、その他社会の事情風習等を実地に調べて大いに益がありました。

いずれ日本も改革をしなくてはならないであろうと思います。その場合、私個人の実地探索にも限界があり、洋書を読んで勉強しなければなりません。そこでロンドンですでに英書をだいぶ買い入れましたが、なおオランダへ行ったら、十分に買い入れるつもりで、みやげ物など一品も持って帰らない覚悟でおります。

目下の急務は富国強兵であります。富国強兵の本は人物を養育することにあり、それを第一としなければなりません。しかしそのためには、漢学では実地に用をなしません。

（全⑰七―八、傍点著者）

これは、いちだんと高まった教育意欲の表明であると思う。だから帰国の後、一八六三年（文久三年）秋には人材養成のために福澤塾を拡張し、一大洋学塾としての経営にふみきり、また欧州行で得た成果を世に伝えようとして『西洋事情』その他を刊行したのである。

このようにしてこのころに彼の、自由独立と科学的合理主義をその教育の眼目とする考え方が確立されたのであると思う。そしてこれは生涯にわたってつづく。

家庭教育への意欲

やはりアメリカやヨーロッパで得た見聞が一つの刺激となったと思うが、その前に彼本来の考え方をさきに述べておきたい。

それは彼が江戸時代以来、日本の社会ひいては家庭における儒教思想にもとづく、親子夫婦のあり方に大きな批判の念をもっていたことである。当時は親子間では親（とくに男子）の権威が一方的に強い「孝《こう》の教え」や、夫婦間では男性本位の『女大学《おんなだいがく》』式の教えが社会的通念となっていた。とくに彼は夫婦間で、男子の不品行や妾《めかけ》を持つ風習にたいして妻はただ夫の命に従って泣き寝入りしなければならなかったことに同情を禁じえない人であった(石河幹明著『福澤諭吉伝』第四巻、二一六ページ)。

それだから、彼は若い時から江戸時代の代表的な女性への教訓書である『女大学』(貝原益軒《かいばらえきけん》の著といわれている)を手もとにおいて、読むにつれて批判の意見を書き入れるのを常としたという(全⑥四六六)。

今日、『女大学』といっても、知らない人が多いであろう。ちょっと例をあげれば、夫は天ともいうべき尊いもので、妻は地ともいうべき低いもの、何ごとも夫にさからってはいけないとか、結婚は子孫を得るためのものであるから、子を生めない妻は離縁《りえん》されても文句なしに従うべしといったことがぞくぞくと出てくる教訓書である。

しかもこの本は明治になっても、なおかなりあとまで市販されていたし、明治十年代の文部省編《へん》纂《さん》の修《しゅう》身《しん》教科書には、儒教的教訓がたくさんとり入れられていたのである。そういう時代であったことは知っておいていただきたい。

つまり福澤は、儒教にもとづく『女大学』の男尊女卑の教えのあまりのひどさに憤慨《ふんがい》し、こんな男子専制の家庭から、自由独立の心をもった男も女も育たないと思い、いつかはこんな思想を日本から一掃したいと思っていた人である。

この福澤がはじめてアメリカやヨーロッパへ行って実地に得た見聞は、当然大きな刺激となったであろう。

とくに第一回目のアメリカ行の時に見たアメリカ人の夫婦のようすが、あまりに日本とちがうので、自由の国の家庭とはこのようなものかと、おかしがったり、ときにはまゆをひそめていたことが、後年の思い出話のなかに見られる。

サンフランシスコの近くの医者の家に招かれた時のことである。ごちそうのもてなしを受けたのだが……

いかにも不審《ふしん》なことには、おかみさんが出てきて座敷《ざしき》にすわりこんで、しきりに客のとりもちをすると、ご亭主《ていしゅ》が周旋奔走《しゅうせんほんそう》している。これはおかしい。まるで日本とアベコベなことをしている。ご亭主が客の相手になっておかみさんが周旋奔走するのが当然《あたりまえ》であるのに、さりとはどうもおかしい。

（『福翁自伝』出版会版、一一三ページ）

おかしいと思っても、そのちがいを目にしたことは、やはり一つの刺激となり、考える材料となったであろう。（彼が西洋の批判すべき点を批判したことは、『学問のすゝめ』十五編によい例がある。）

それから、ヨーロッパ行以降に手に入れた英米の書物によって、先進文明国における親子夫婦のあり方や、家庭の教育について啓発されるという刺激を受けた。

たとえばロンドンで手に入れたチェンバーズ出版の『経済書』（ポリティカル・エコノミー）には、経済についてだけでなく、社会のしくみについての解説もあり、そこで次のようなことを読んだ

（引用は一八七三年版の同書二ページより）。

〇男女が結婚によって永遠の一体として結ばれることは人間の本性から出る原則である。

〇同様に子供たちが成年に達するまで、両親とともにくらし、保護と生活を享受するのは、子供にとっての原則である。

〇夫婦の生活は明らかに幸福を生み出すものであり、社会の善に役立つ。

ついでながらこの本では次のことが述べられている（同書三―四ページ）。

〇人間は生まれながらにして自主自由の権利をもつ。各個人は社会において享受する諸権利とともに、法を尊重し自労自活する義務をもつ。

彼はこの『経済書』のほぼ前半の六十ページほど――ここに右の引用が出ている――を訳して『西洋事情外編』にのせているくらいであるから、それをどう受けとめたかは十分察せられるのである。

また、一八六八年（慶応四年）に江戸で手に入れた米人ウェーランドの『修身論』（モラル・サイエンス）では次のことを知った。（これについては伊藤正雄著『福澤諭吉論考』吉川弘文館、昭和四十四年所載の訳文による。）

〇一夫一婦制により民族は栄え、青年の健康は確保される。

〇健康な家庭に育った子供は、好色《こうしょく》や蓄妾《ちくしょう》などの悪習におぼれない。

〇人生の快楽の多くは家庭生活にあり、一夫一婦の健全な家庭でなければ、家庭生活の喜びは味わわれない。

○神の目から見れば、女性が男性より劣ったものであるというなんらの証拠もない。女性が男性に隷属《れいぞく》し、その肉欲満足の具《ぐ》に供《きょう》せられねばならない理由はなにもない。

○女性の地位は男性が純潔《じゅんけつ》のおきてを守らなければ、たちまち危険となる。

以上に述べた、欧米の実地見聞や、洋書から得た情報は、彼の本来の志向を推し進めるのに大いに役立ったといえると思う。

これらの刺激によって、自由独立の人間を育てる場として、家庭は一つの重要な場であるという考え、しかし「女大学」式の家庭であってはいけない、新しい家庭のあり方と、その教育を考えようという意欲が強くなっていったのだと思う。

ところで明治政府も、これからの日本に近代的な教育が大切であるという認識は十分にもった。だから一八七二年（明治五年）に「学制」を発布した。いわば学校レベルでの近代的な教育の振興である。これは維新直後の世の中で、政府という立場では当然なことであったであろう。もちろん福澤も、一般的に知的水準を向上させるものとして学校を重視している。

しかし、教育というものの本質を、より深く考えた福澤は、新しい日本のための教育を、学校とともに家庭というレベルでもとらえたのである。それも自由独立の人間の育成の基本が家庭にあるという見解に立っていた。

つまり今までとは原則のちがった社会を目ざしての家庭教育に目をつけていたのである。ここに福澤の先導者としての意味があると思う。

福澤の儒教観の一端

福澤が洋学を学び、西欧社会の実際と思想学問を知るに及んで、日本の近代化のためには、西欧流の科学と独立心を、日本人の頭に導入しなければならない、それにはすでにしみこんでいる儒教思想が大きな障害をなすと考えたことは、すでにたびたびふれてきた。そこから日本人の「人心の改革」の一念が発起され、儒教思想を一掃しなければならないという考えが生じた。

じつはこれは福澤の一生の課題であったこともすでにふれたが、したがってこれからもしばしば福澤の儒教批判の言葉は出てくることになる。そこで福澤が儒教の功罪《こうざい》をどう考えていたかについて、このあたりで、福澤の文章そのものによって、その主な点をご紹介しておきたいと思う。（資料は『文明論之概略』からとる。〔　〕内は著者の註。）

(1)「孔孟《こうもう》は一世《いっせい》の大学者なり、古来稀有《けう》の思想者」であるが、その本領《ほんりょう》は「修心倫常《しゅうしんりんじょう》の道」を説くところにあって、個人が身を修めるには功能きわめて大である。しかし、これを政治に適用しようとして誤った。儒教は純粋の道徳の教えではなく、過半は政談《せいだん》を交えている点、原理として品価を落とすものである（全④六一―二）。

〔儒教を全面否定しているのではなく、個人道徳として良質の部分があることを認める。〕

(2) その「陰陽五行説《いんようごぎょうせつ》」〔易《えき》による自然の説明〕は、西欧の科学を導入するのに障害となる。
日本人の知力を発生させるのに第一の急務は「五行説」の迷信を取り除くことである（全④三二）。

(3) 日本において、人を「野蛮の域」から今日の文明状態にいたらしめたことは、仏法《ぶっぽう》と儒学の賜物である。ことに近世儒学はその点で功があった。つまり人心を「鍛錬《たんれん》して清雅《せいが》ならしめた」ことについて、功徳《くどく》が少なくない。

しかし儒者は、時代とともに「変通改進《へんつうかいしん》」することを知らず、いずれも古代聖人を信じ、これを尚《とうと》び慕《した》うの病を免れない。すこしも自己の考えを交えず、「所謂《いわゆる》精神の奴隷（メンタル・スレーブ）とて」、自己の精神を一切古《いにしえ》の道にささげ、今の世にいて古人の支配を受け、その支配をまた世に伝えて、今の世を支配し、あまねく社会に「停滞不流の元素を吸入せしめたるもの」で、これは儒学の罪というべきである（全④一五九―六三）（傍点著者）。

〔福澤は(2)と(3)からして、儒学は科学的合理主義と自由独立の精神にたいして障害をなすものと考えていたのである。この考えは終生変わらなかったが、彼はその時の問題に応じて立論したから、その時によって重点のおき方に変化を生じたことはあった。〕

なお、福澤の儒教観の当否は別として、現実に儒教が社会の近代化の過程で大きな障害をなしたことは、司馬遼太郎・陳舜臣・金達寿の鼎談《ていだん》『歴史の交差路にて』（講談社、昭和五十九年四月刊）のなかで、朝鮮人作家金氏が朝鮮の場合、また台湾の作家陳氏が中国の場合を、語っているところでよくわかる。また、同書を読むと、それにくらべて日本の場合はずっと軽いようだが、福澤のように内部にいる人間にとっては、やはり重大な問題だったのであろう。

しかし福澤は同時に、明治十六年の「徳教之説」（全⑨二八六）で、支那・朝鮮は儒教によって大勢を制せられたが、日本に入った儒教は「日本の士人」によって変形され、日本が全面的に儒教に制せられることはなかったという見解を示している。そして、そこに日本の文明化（近代化）が早く行われた理由の一つがあると見ている（全⑨二八六）。

第四章　福澤の教育観と家庭観
――その一端――

ある個人の家庭教育論は、その個人または時代が教育そのものを、あるいは家庭そのものをどう考えているか、つまりその教育観・家庭観なるものと密接な関係がある。たとえば江戸時代のように儒教的封建思想が大きな力をもっていて、先祖から伝えられてきた家を、当主《とうしゅ》たる男子（父）から子たる男子へ、またその孫（男子）へと、子々孫々後代《ししそんそんこうだい》へと伝え、家を存続することを最大の課題とした時代では、それに適合した家庭教育論が生まれる。前章にあげた『女大学』はその一つの例である。それが社会の通念となり、一般的に個人もそれから影響を受ける。

そこでこうした観点から、福澤の教育観と家庭観の要点をここでとりあげておこうと思う。前章でもすでにその一端にふれたが、ここではそれをややくわしく述べようと思う。

その教育観の要点

福澤が幕末維新のころ、その心に確立した教育の眼目が、自由独立と科学的合理主義であったことは第三章で述べた。彼の教育活動はこの二つを中心として、あるいは目標として行われるのだが、その際、教育という機能（はたらき）の本質をどう考えていたのであろうか。ここでとりあげるのは、その意味の教育観である。これには重要なことが二つある。

第一は、教育とは一個の人間に備わっている資質能力を最大限にまで発達（発揮）させることだとしている点である。彼は人間を植物にたとえて、自然に内から芽生《めば》え成長する力が本来備わっているという説明をしたことがある。それを一般的にいえば、人間は生命力とでもいう言葉でまとめられるような、さまざまの自発的な能力を先天的にもっているという見解である。

そしてその能力は個人によってさまざまのちがいのあることも、経験的事実として認めている。しかしそのちがいのあるがままに、それぞれの持ち前の全部をみがき出して、活《い》き活《い》きとした光を出させることが教育の大切な機能であると、福澤は考えているのである。一方、教育は人のもっていないものまで、作り出すことはできないといっている。一種の教育の力の限界論である。これらが第一点である（「教育の力」全⑳一五四、「家庭習慣の教へを論ず」全⑲五六〇）。

第二は、人間形成に影響を及ぼすものは、たんに学校だけではない、学校はその一部分をなすにすぎず、もっと広範囲に存在しているという見解である。たとえば明治九年の「家庭習慣の教えを論ず」（全⑲五六〇）では、次のようなものをあげている。

○家庭における父母の言行と家風の教育

○学校教育

○個人の遺伝的素質

さらに別のところで、それぞれの時代の国民一般に「充満している空気の教育」が存在し、人間精神の方向を決定するのに最有力なものであるといったこともある。なかなか意味深い見解であると思う（「国法と人民の職分」全⑳九五）。

明治五年（一八七二年）の「学制」によって全国的な近代学校制度が発足した文明開化期には、政府が就学を強くすすめても、国民のあいだには費用その他の関係で（当時は初等教育でも授業料が自己負担であった）、子供を学校へ行かせることをよろこばない親がたくさんいたとともに、他方では学校への過大の期待もあったようである。

つまり大まかにいって、学校へ入れさえすれば教育のことは能事《のうじ》終わるという考え方もあったようだ。こういう時期に、教育を学校という範囲にとどめず、家庭その他、じつに幅広く考えていたことは、すぐれた考え方であると思う。

今日、教育の荒廃がさかんにいわれるが、そのとき、多少とものを考える人はだれでも、教育とはすくなくとも、家庭・学校・社会の三者にまたがる問題だといっているように、この幅広い考え方は当然のこととなっているのである。

その家庭観

福澤の家庭観は大きく分けて次の二つになるように思う。

1　家庭のなかの、あるべき人倫に関すること

2　家庭を営むことの価値・意義に関すること

家庭の人倫に関すること

福澤は明治三年（一八七〇年）の「中津留別《りゅうべつ》の書」（全⑳四九）で新しい家庭の道徳を提唱した。「中津留別の書」は、明治三年母を東京へ迎えるために中津へ行った時に、中津の有志者にあてて

書いたもので、およそ三、五〇〇字ばかりの文章であるが、『学問のすゝめ』以降の彼の主要テーマの原型をなすといわれている重要な文書である。はじめ写本で人びとに読まれたが、明治五年「新聞雑誌」に掲載されたことがある。

家庭の二大構成要素は、夫婦と親子である。福澤は夫婦と親子それぞれのあいだを律する、旧《ふる》い原理（道徳）を批判して新しいそれを導き出している。

まず大前提として「自主自由の道」をあげる。彼のいうことの大意はこうだ。

古来、支那日本人のあまり気づかないことだが、人間の天性には自主自由（自由独立）という、人のふむべき道がある。これには人びと相互に他人の自由を尊重すべき義務をともなうが、この道がなければ、一身も一家も一国も独立することができないほど大切なものである。

以上の大前提から、夫婦親子の間の人倫が導き出される。まず夫婦については次のようにいう。

人倫の大本は夫婦なり。夫婦ありて後に親子あり、兄弟姉妹あり。

福澤がかつて学んだ儒教の道徳説では、親子間の孝徳が、あらゆる道徳（人倫）の大本と考えられていた。「孝は徳の本なり」（『孝経』）であった（津田左右吉著『儒教の実践道徳』岩波書店、昭和十三年)。福澤はこれに反対しているのである。彼は孝行という心情と行為を大切にした人であるが、儒教の孝の教えには、自由独立の倫理観からどうしても許容できない一点があるから、「孝は徳の本」という考えを認めないのである。

それなら「人倫の大本は夫婦なり」とはどういうことか。福澤のいうところを聞こう。

> 人倫の大本は夫婦である。夫婦あって後に親子があり、兄弟姉妹がある。天地のはじまりの時、天が地上に誕生させたのは一男一女であったであろう。それから数千万年の長い年月を経ても、その割合が変わるようにはなりえない。
>
> また男といい女といい等しく一個の人間であって、その間に軽重の別があるべき道理がない。昔も今も、支那日本の風俗を見ると、一男子で数人の婦人を妻妾《さいしょう》にして、婦人を召使いや、ときに罪人(子の生まれないのは女の罪とされた教えがあったことをいう)のように取り扱って今までこれを恥じるようすもない。何とあさましいことではないか。

つまりこれは、男女同権・一夫一婦制こそ人倫の基本とすべきであるということで、とくにここではげしい言葉を使っているのは、さきにふれたように、『女大学』のひどい男尊女卑説を一掃する必要を痛感していたからである。

次に親子間の人倫について簡単に一言しておこう。さきにもいったように、福澤は孝行ということそのものには、いささかも反対していない。しかし儒教の孝の教えでは、いつも親のほうに強大な権力が集中していること、たとえどんな無慈悲《むじひ》な親でも、子はその命令に服従すべきこと、また子が成長して何歳になっても、つねに親に服従すべきであると説いている点に反対しているのである。そして人間の自然の情にもとづき、子の人格を認めるような孝をよしとしているのである。

以上述べたことをまとめてみると、福澤の考えるあるべき家庭は人権の平等を認め合う夫婦親子によって営まれる生活の場でなければならないのである。

これがいかに世に先んじていたかということは、当時通用していた考え方とくらべてみると、一目で明らかとなる。たとえば明治三年にできた「新律綱領《しんりつこうりよう》」（法律）では、妻と妾《めかけ》とはともに二等親（後の二親等）として公認されていたのである。また、すこし生活が豊かになれば、妾を持つことはあまり非難されなかったようである。なお、たとえば明治十一年の『懐中日用便』という、今なら生活ハンドブックとでもいう小冊子では妻と肩をならべて妾が当然の存在のように取り扱われていたのである。福澤はこういう時代に新しい家族道徳を提唱したのである。

家庭を営むことの価値・意義に関すること

「中津留別の書」では、この点についても次のとおりおもしろいことをいっている。

人間は万物《ばんぶつ》の霊（すぐれてよいもの）であるというが、ただ耳目・鼻口・手足を備えて、言葉を使い寝て食べることをいうのではない。

霊といわれるには、天の道理に従って徳を修め、人間として当然の知識見聞を博《ひろ》くし、事物を取り扱い他人と交際し、一身の独立をはかり、自分の家の活計を立ててこそのことで、そこではじめて万物の霊といえるのである。（傍点著者）

「人間は万物の霊である」とは、儒教の経典である『尚書《しょうしょ》』（『書経』）にあるとのことである。福澤の発言はもちろんこれを念頭においている。儒者貝原益軒の『大和俗訓《やまとぞくくん》』によると、この言葉は次のように解釈されている（松田道雄氏現代語訳・中公文庫）。

天地は万物の母、人は万物の霊であると『尚書』に聖人は説いている。その意味は天地は万物を生み給う根本で大父母である。人は天地の正気をうけて生まれるから、万物にすぐれてその心が明らかで、五常（人の守るべき五つの道、仁・義・礼・智・信）の性をうけ、天地の心をもって心とし、万物のうちでその品が尊いから、万物の霊といわれたのであろう。

（松田訳本一〇ページ）

右の文章と福澤のとをくらべてみると、そのちがいがすぐわかる。福澤のは経験からわり出した現実的なものであり、益軒のは観念的である。

福澤のは、もちろん人が徳を修め知をみがくという「高級」なところから、霊たるの資格を説きはじめるが、それがしだいに日常性の次元におりてきて、独立の生活に及ぶところがおもしろい。とくに「家の活計《かつけい》」という言葉を持ち出しているところに彼の特色があると思う。

つまり福澤は、人が徳を修め知識を広くし、自労自活して、社会人として独立の家庭生活を営むことを、万物の霊といわれるのに必要な条件として位置づけているのである。

家庭の意義の各論——具体的な家庭生活論

次にもっと実際の家庭生活についての考えを述べよう。それは明治十年ごろに書いた「世帯《せたい》の事一」という文章にある（全④三九三）。

ここでいう世帯は所帯とも書き、日々の家庭生活そのもののことである。現今の世帯数とか世帯主とかいう用い方とはすこしちがって、生活の苦楽がこもった言葉である。

福澤は世帯を定義して、まず次のようにいう。読みやすくするために多少字句を改めておいた。

世帯とは、衣食住の物を程よく用いて、一家内の者の健康を保ち、その心を楽しませることである。

ところで、同じく家庭に関係ある文字として「渡世《とせい》」とか「活計」があるが、世帯と活計とは意味のちがうところがあると福澤はいう。

活計といえば、その人自身が働いて衣食住の物を買う金をかせぎ、これを家庭の用に供することであって、世帯も活計のなかの一部分であるが、ただ世帯とのみいうときは金をかせぐことでなく、物を費やすことにのみ関係する文字である。

つまり世帯のことはただ消費一方のはたらきであり、活計のほうには、金をかせぐとそれを費やすとの二通りのはたらきがある。

ここで福澤は、世帯と活計との二つのはたらきの比較をしてみせる。

世帯の事は日夜間断なく同じ道を進むようなものであるが、活計は時に応じて種々様々の変化がある。つまり世帯は単調で静的であり、活計は複雑で動的である。

このちがいを世間の人はどう見ているか。

このように両者の間に区別があるために、世間の人は暗にこの二つの間に難易軽重があると考え、金を得ることはむずかしいが、金を費やすことはやさしい、金さえあれば世帯を持つのに何の苦労があろうか、子供にもできることだろうなどと、世帯の事を軽々しく思う者もないわけでない。

これにたいして福澤は、「それはたいへんな心得ちがいだ」といい、つづけて日々の家庭生活のむずかしさと重要性を説いていくのである。

前に世帯の事は日夜絶え間ないことであるといった。事に絶え間がなければ、その利害（よいことわるいこと）も絶え間がない。またそれは静的なものであるといった。静かであれば、利害は人の目に見えにくく、これをつい見すごすことが多い。

つまり福澤にいわせれば、家庭生活を健全に営むには、地味ではあるが絶えざる心くばりが必要なのである。だから、

世帯の事はきわめてむずかしいといわざるをえないのである。

と福澤はいう。明治五年『学問のすゝめ』二編で「世帯も学問なり」といって、家庭生活を合理的に営む考えを示しているのは、これのさきがけであるが、ともかく明治初年にこれは珍しいことで

はないかと思う。

家庭生活運営の要点三つ

それならば、世帯を営むうえで注意する要点は何であろうか。福澤は「世帯の事　一」で次の三つをあげる。

1「事物の順序に注意して前後を考えること」――生活用具整備の計画性と整理。
2「事物の釣合を保つこと」――生活用具はその家の経済と釣り合うこと。
3「細々注意すること」――倹約すること。

この三点を彼は非常に具体的に解説している。その文章には例によって啓蒙《けいもう》家としての説得の仕方のおもしろさや親切さが出ているが、ここでは福澤の文章から、じかに味わっていただきたいと思い、第一のところだけは原文を引用してみよう。

1　事物の順序に注意すること

世帯の要は事物の順序に注意して前後を勘弁《かんべん》するに在り。夕方の食事を朝より用意し、明日入用《いりよう》の品を今日に買い、冬の衣服を秋に洗い、秋の暴風を夏に防ぐは、固《もと》より論を俟《ま》たず。すべて家内の品物の置場所を定めて其《その》多少有無を暗記せざる可《べか》らず。衣裳《いしよう》はたんすにあって夜具《やぐ》は長持《ながもち》にあるや、下駄に余りありて傘に不足はなきや、ろうそくの安物は多く買込たれどもちょうちんの張りかえは忘却せざるや、用たんすの底に不用の反故《ほご》はなきや、押し入れのすみに風呂敷《ふろしき》の潜伏するものはなきや、尚《なお》甚しきは半切の紙をつがずして手紙を書き、つぎたる巻紙をきって鼻紙に用る者もあらん。事物に順序ありと云《い》う可らず。

長期の見通し、短期の整理等々というところだろうか。すぐつづいて、解説は「前後を勘弁する」ということに進んでいく。

又《また》今日の人事（人のなす事の意）に於《おい》て、其《その》進退は大体、人の情意感動に由て制せらるるものなれば、たまたま銭を得て、たまたま物にあえば、其用の有無を論ぜず一時其物に感じて之を買うこと多し。

其情は恰《あたか》も花を見るの情に異ならず。花は唯《ただ》目に見て情に感ずるのみなれども、品物は銭と交易して之を家にたずさえ、或《あるい》は数日の寵愛《ちようあい》なきに非ざれども、数年の重宝たるを得ず。之を沈没し（しまい込み）又之を沈没し新陳交代せずして陳々堆《ちんちんたい》を成し（古いものが山となり）、夏の虫干、冬のすすはらいに至て、始めて自ら驚駭《きようがい》するのみ。事物の前後に勘弁あるものと云う可らず。

今日でいえば、衝動買いをするな、ということであろうか。

2　事物の釣合を保つこと

釣合を保つとは、家の貧富にかかわらず、衣食住の物は何でも、その「身代《しんだい》」すなわちくらしむきや財産に相当したものでなければならないということである。

福澤の解説の一部を現代文にしてご紹介しよう。当時は明治政府の官員になりたがる者が多い時節であったので、官員のくらしを例にとって解説している。

官員になりたがって奔走していたものがやっとなれると、にわかに月給が入り、たまには旅費でも加われば、千円をこえる金が入ることもある。そんなときまず何をするかというと、地面を買って家を建てる。ついで座敷の道具、妻子の衣裳、庭作り等々で、台所の世帯道具はあとまわし。これが十分にととのわないうちに、急に免職となればどうなるか。いったんふくらんだくらしをにわかに縮小もできず困りはてることになる。

一度身代不相当なぜいたくなものを買うと次から次へと波及し、銀の急須《きゅうす》は金のきせるを、蒔《まき》絵《え》の盆は紫檀《したん》の火鉢を招きよせる、ということになる。

それゆえに世帯の釣合を保つには、長期的に家産の貧富をよく考えて、一品でも身代に不相当なものは買うべきではない。たとい他人からもらったものでも、先祖伝来の品でも、釣り合わないものは一切これを家におくべきではない。こう福澤はいう。

3　細々注意すること

これについては、まず次のようにいっている。

前にいったように世帯とはただ消費一方であって、たいへん単調なものであるから、それを守るために注意すべき点はただ倹約の一事だけであって、これもまたたいへん単純なことである。

ところが世の中には、世帯と活計とを混同して、倹約を軽蔑《けいべつ》するものがあるが、それはまちがいだと福澤はいう。

活計家はわずかのものを倹約するために、重箱の隅をほじくるようなことをするのは見苦しい、それよりも、うまく金を動かせば、一月に一、二十円の金を手にすることは楽なことだという。しかしこれはまちがったことだ。奢侈《しゃし》が奢侈をひき出してしだいに不始末に及ぶように、倹約がまた倹約をまねき、しだいによい結果となるのも道理である。すなわち、数滴の油は倹約の終点ではなくして、その出発点である。油は炭薪《すみまき》に倹約を及ぼし、炭薪は衣服に及ぼし、ついには家屋庭園、一切の世帯に波及するであろう。
これに反して奢侈の結果、家が大きくなり、道具がふえれば、それに応じて維持費がふえ、物の置き場が必要となる。かの活計家は、一、二十円の収入増加に目をつけたが、それ以上の支出がしだいに増加することに気づいていないのである。

福澤は以上のように、三つの要点を説明し終わり、結びへ入る。

右に述べたように、世帯のありさまはすべて静にして活発ではない。日々夜々一定不変で快楽に乏しいように見える。しかしこの一編のはじめで、世帯の大切な目的は家族の心を楽しませることにあると述べた。最後に、これについて述べて終わりとしよう。

福澤によれば、そのありさまが一定不変で安定していることは、世帯に不可欠の条件であるが、ときにはこのリズムを破る手段がなければならない。それは何か、彼は次の九項目をあげる。
花見、月見、市中の見物、野辺《のべ》の遊山《ゆさん》、祭礼式日、誕生祝儀、年忌、法事、仏参
今日でいうレクリエーションが大部分である。年忌法事も、わが国の習慣では親類が集まり懇親する場もかねている。このときには老幼子女、親戚朋友互いに招待し、宴席を設け談話遊戯、ときには踊りもあり、鳴り物も入る。福澤は、これを人間の快楽と申すなり、と書いている。

ところが福澤の書いたものを見ると、彼の観察では、当時の知識人ともいうべき「学者先生」は、このような行事はつまらないものだ、年玉の餅も月見の団子も子供の遊びだ、法事寺参りは老婆の愚痴だとして一笑に付するものもあったらしい。こういう連中が、あれも無益だ、これも俗だ、といいたてたことにたいして次のようにいって、「世帯の事 一」を結んでいる。最後も原文のままのせよう。

年玉の餅も月見の団子も、唯これを口に喰て腹を太くするのみの物に非ず。恰《あたか》も是《こ》れ終歳連綿たる世帯の関節にして、其一定不変の調子を破り又これを調和し、世帯の眼を驚かして之に新鮮の活力を付与するものなれば、其功能至大至重なりと云わざるを得ず。固《もと》より人々の貧富に由り、或は十分の快楽を尽すこと能わざる者あるは論を俟《ま》たずと雖《いえど》も、其貧はしばらく止むを得ざるに付し、子供の誕生日に鰯《いわし》の干物にても儀式は儀式に存したきものなり。（傍点著者）

このしめくくりの文のなかで、福澤が「新鮮の活力を付与するもの」という言葉を使っていることは印象深い。それは、この言葉の背後に、家庭にもっと独自の活力を付与しなければよい社会は生まれないという、福澤の思いがうかがわれるからである。

以上すべてをまとめて考えると、福澤は家庭をうまく運営することの価値、そのなかでもとくに日々の生活を担当する妻の仕事を高く評価する考えをもっていたことがわかると思う。

おわりにつけ加えたいこと

福澤が家庭とその教育を重視したのは、たんに家庭を愛するということだけから発したものではない。彼の一生もっていたもっと一般的な考え方の一つのあらわれでもあった。

彼は、文明社会とはそれを構成している政治・経済・学問・教育・宗教、さらには官と民、「公」と「私」など文明の要素となるものがおのおの独自の領域と価値をもち、相互にそれを尊重しつつ、おのおのの職分を果たすべきものと考えた。それから見ると日本は価値が政治（官）にかたよって重い社会である（『文明論之概略』）。だから官尊民卑を批判し民間に独立する手本を示した。福澤の家庭論はこの思想の文脈（流れ）にあるものだと思う。これが、彼の家庭論の今日なお生命あるゆえんであろう。

第五章　なぜ家庭教育が大切なのか

1　子供の成長発達の側面から見て
――家庭は習慣の学校なり――

はじめに

福澤は家庭教育の大切な理由を、子供の成長発達の側面からと、社会の側面からとの二つで考えていたと思う。

まずはじめのことからとりあげよう。これは今日の言葉でいえば、人間形成の発達心理の立場から、とでもいったおもむきである。つまり子供の知的な生活能力や徳性といったものの根本が形成されていく過程から見て、家庭教育は非常に重要であるということである。

これがよく述べられているのは、明治九年（一八七六年）に書いた「家庭習慣の教えを論ず」と、「人の言行は情欲に制せらる、ことを解す」の二つで、いずれも二七ページにあげた「家庭叢談《そうだん》」にのったものである。

［註］ここで福澤の用語、ひいては明治初期の熟語が現代とはかなりちがった内容をもっていることを説明しておきたい。たとえばいま出た「情慾」であるが、今日は非常に性的欲望の意味が強いが、福澤の文中ではそれを含めつつも、もっと広く感情欲望といったほうが、文脈のうえから事実に即していると思う。（また、彼は英文中の passion and desires を情慾と訳した実例も『学問のすゝめ』八編にある。）ついでにいえば、当時の福澤はじめ学者は、英語にあって日本語にはなかった言葉、たとえばソサエティー、フリーダム、リバティー、

ライト等々外来語を、社会、自由、権利と翻訳するまでにはたいへん苦労したのであった（詳細は柳父章著『翻訳語成立事情』岩波新書、昭和五十七年）。

「家庭習慣の教えを論ず」

はじめに「家庭習慣の教えを論ず」（全⑲五六〇）のほぼ全文を、現代文にしてご紹介しよう。まったくの要点だけであると福澤のおもしろさが伝わらないように思うからである。

いやしくも人間は万物の霊といわれ、犬や豚のような動物とはちがう。動物は人から与えられたものを食べ、かけまわり、かみ合い、つかれればねむる。これが動物の世を渡るありさまで、いかにも簡易なものだ。

ところが人間が世にいてつとむべき仕事はこんなに簡単なものではない。大略これをあげると次の五つになる。

一、一身を大切にして健康を保つこと。
二、職業を得て生涯を安全に送ること。
三、子供を養育して一人前の男女にし、次の代の父母となるにさしつかえないようにしこむこと。
四、力の及ぶだけつくして、社会の安全幸福を求むること。

五、仕事のひまには、生活のなかに月見・花見・音楽舞踏などの楽しみをもつこと。

これらはみな心身の活力を高めるためにたいへん大切なことである。

右の五つは人間が社会人としてかならずつとめるべき仕事である。今の日本の文明のありさまでは十分に望むことはたいへんむずかしいが、なるべくそれに近づくように精々注意しなければならない。

われわれがつねにすすめる教育とは、このありさまに近づくことのできる能力を強くすることである。

それゆえ、一口に教育といっても、その範囲は広いもので、ただ読み書きを教えるだけのことではない。それはただ教育の一部分にすぎない。

だから教育とは、人間が天然自然に与えられている能力を発達させて、人間のなすべき仕事（前記の五つ）をしあげる力を強くすることである。その天与の能力は植物の種子のように、いつか自然に芽を出す性質をもっているが、よく芽を出して立派に成長するか否かは、手入れが行き届くか否かにかかっている。つまり教育とは人の能力を養い育て上げる（「培養」する）ことである。

人間は生まれてから成年に達するまで、父母の言行によって養われ、あるいは学校の教えで導かれ、世のありさま、世俗の空気（社会の気風）にさらされ、それぞれ相応に芽を出して成長をとげるものであるから、その成長の出来不出来は、それを養い育てた教育の良し悪しによってきまるものである。

そのなかでもとくに幼少の時に見習い聞き覚えて習慣となったことは深く心にしみこんで、容易にため直しができないものである。

それだからこそ、習慣は第二の天性をなすといい、幼い時の性質は百歳までともいうほどで、まことに人間の「賢不肖《けんふしょう》」（かしこさおろかさ）は、父母家庭の教育次第であるといってもよいのである。家庭の教育には心しなければならないわけである。

それなのに世間の父母を見ると、家庭教育の大切なことさえ知らないで、たいへんやさしいことと心得、つねに心の向くままに出まかせにしているものが多いように見える。

たとえば、子供があやまってどぶに落ちて着物をよごすと、親はあとしまつが面倒なので、怒ってたいへんにしかる。ところが子供が偶然に柱に頭をぶつけて泣くと、親は面倒も損害もないので、柱が悪いことにして、柱をたたいて子供をなぐさめる。これでは、一方は怒りの情をがまんできない手本となり、他方はあやまちをほかのもののせいにしてむやみに他をうらむ手本となる。いずれもたいへん悪い教育である。

全体これらの父母は、教育といえばただ字を教え読み書きのけいこをするだけと心得、それさえほどよく教え込めば立派な人間になるだろうと思い、自分自身のふるまい（挙動）にはさほど気をくばらないようである。しかしすこし考えてみると、親が身の挙動で教えることは、本を読んで教えられることよりも、子供の心に深くしみ込むもので、大切な教育であるから親自身のなすことは、けっしてなおざりにしてはいけないのである。

結局、子供とてもいずれ成長して一人前の社会の一員となるのであるから、子供を育てるにあたっては、人間に必要な習慣をつくるのに役立つか、害があるかを考えて、そのあとで手を下すべきものである。そうしないと、きっと人間の腹から生まれた犬や豚を世に出すことになる。このような化け物は見世物にはなっても、世の中のためにはたいへん困ったものである。

さて、この論説の眼目を整理してみると次のところにあると思う。

○人間の能力は本来天から与えられているもので、それ自身で芽を出し成長するものであるが、それには父母その他の養育の力が大切である。

○人間が有能な社会人となるのに必要な五つの諸能力は、家庭・学校・社会の力で発達するが、なかでもその基礎となるものは、幼少の時に家庭で父母の言行を見聞して、習慣となった性質や行動のなかにある。

○したがって教育とは読み書きだけではない。父母のよい言行による教えが、読み書きよりも深く子供の心にしみ込む。それゆえに父母は自分の行状に気をつけなくてはいけない。

習慣教育論の続編

福澤はこれについで、「人の言行は情慾に制せらるゝことを解す」を書いた（全⑲五六九）。ここでさらに、習慣の大切さを強調し、おもしろいことを書いているので、ご紹介しよう。

広く世の中の人の言行を見ると、たいてい一時の感情や欲望から出るもので、深く考えたうえのことではないようである。たとえば浅野内匠頭《たくみのかみ》の刃傷《にんじょう》沙汰《ざた》も、さきごろの征韓論《せいかんろん》もそれであって、ほめたことではない。

もっとも、封建社会や軍人社会では、武士の意地とか面目を重んじる心から発したこととして、まったくこれを否定し去ることはできないが、しかし事柄によっては有害無益で、すこしも許すことができない場合がある。それは親たるものの、子供にたいする言葉や行いの場合である。

今日、全国各地で、かつてなかったほどさかんに学校が設立されている。社会の中以上の父兄はみな学問の大切なことや、「芸能才徳」を修めなければならないことを知っている。それだけでなく、それを大いに口にし、人びとにもすすめている。

しかしその人びとの生活の裏に目をやると、なかにはぜいたく不品行をきわめたり、ややもすると恥知らずなことをして、悪い手本を子供に見せているものがないわけではない。

じっくり考えてほしい。一つの行いをもって示した手本は、百言をもってした教えよりも、はるかに力が強く、子供の心身に入りやすく、習慣をなすのに非常に大切なものなのである。

そのうえ、習慣は子供の将来の発育を助けたり、あるいは妨げる基礎条件となるものであるから、その発育が鋭いか鈍《にぶ》いかは、基礎である習慣のいかんにかかっているといってよい。

福澤はこう述べて、次にたいへんおもしろいたとえ話を出す。

世間の父兄のなかには、子供が怠け者で、発育がにぶいことを、ひどく責めるものがあるが、そもそもそれは父兄が家庭でつくった習慣が悪いことによることを、どうして知らないのであろうか。

またあるいは、子供を責めるあまり、その罪を学校におしつけるにいたるものもある。なんと考えの足りないことであろう。これは栽培の仕方の悪い粗末な葉で、お茶を作らせ、その風味が宇治《うじ》の銘茶に劣るからといって、その罪を製茶業者のせいにするのと同じことだ。

父兄は栽培者である。学校は製茶業者である。その風味を宇治の銘茶のようにしたいと望むならば、まずその葉の栽培を十分にしなければいけない。栽培を不十分にしておいて、製茶業者を責めるのは本末転倒であるはずだ。

福澤はさらにつづける。

子供の習慣の教育はこのように大切なことだ。しかし世間では、よくこれをうっかり見すごして、自分で子供の教育の大切な部分をひきうけることを知らず、善いお手本を示すことが、本で教えるよりも、ききめが多いことを、理解できないものが多い。まことに愚かなことだといってよいだろう。

この学校と家庭の関係などは本質的に、今日もなお、十分意味があることではないだろうか。ところでいつの世でも、親には親で言いわけがある。弁解のりくつがある。福澤は次にこれをとりあげる。

ある人が、このような父兄のために言いわけをつくって、次のようにいっている。今日の教育のむずかしいことは、昔の倍になったといってよい。なぜかといえば、いったい他人に教えようとするにはかならず自分がかつて学んだことを教えなければならない。自分が学ばないことを伝えようと思っても不可能である。

それなのに、今日は日進月歩の世で、以前に親が学んだことは、今の役に立たない。だから親が子供の教育をどうすべきかを知らないのは時勢のうえから止むをえないことではないか、と気楽に言いわけをする。

これもまた、現代に通じるものが多いが、ともかく福澤はこの弁解を認めないで、次のようにいう。

人びとが、社会が変わり学問が変化したから、自分は子供の教育ができないと思うのは、彼らが教育の領分を狭く考え、読み書きだけが教育だという誤った考えをもっていることによるのである。

また、自分の言行が子供の性質を養成するのに大切な教育であることを知らないことによるのである。

この大切なことを知らないために、一部の親は情欲にとらわれて、無思慮なぜいたくや不品行という、子供にとって好ましくない手本に、ふけるようになるのであろう。

習慣教育論の結び

こうして福澤は、別の文章ではあるが、ちょうど習慣教育論の結びのように、次のごとく書いている。

教えるより習いという諺《ことわざ》がある。つまり、習慣の力は教授の力よりも強大なものであるという意味であろう。子供が家庭にあって日夜見習うのは、父母のなすことと、家風（生活の営み方、家庭の雰囲気）であり、一家の風は父母の心でもってできるものであるから、子供の習慣はまったく父母の一心に依存しているといっていい。

〝故に一家は習慣の学校なり、父母は習慣の教師なり〟

そしてこの習慣の学校は教授の学校よりもさらに有力にして、実効《じつこう》を奏することきわめて切実なるものがあるのである。

（明治十一年『福澤文集巻之一・教育の事 一』全④三九九）

右の文章のはじめに、福澤が「教えるより習い」という諺がある、といっているように「習い性となる」という言葉が儒教の経典の一つである『書経』にあるとのことである（『広辞苑』）。福澤の諺というのはこのあたりに由来すると思われるが、それだけ習慣が大切なことは、古くから人間が気づいていたことなのであろう。江戸時代の儒者貝原益軒のすぐれた家庭教育論ともいうべき『和俗童子訓《わぞくどうじくん》』にも出てくることで、別に目新しいことではないが、福澤の場合はその内容や、儒教的封建的家族制度を批判している点で、歴史的な意義があると思う。

それにしても「一家は習慣の学校なり、父母は習慣の教師なり」とはいい言葉だと思う。

2　社会的側面から見て
――家庭は社会の学校なり――

はじめに

前章にあげた「一家は習慣の学校なり」に対応するように、福澤は「家内は社会の学校なり」といった（家内は福澤用語で家庭のこと）。これは明治十一年の『福澤文集』にのっている「教育の事一」に出てくる（全④四〇一）。次にご紹介しよう。

福澤は、当時の役人とか会社の役員の家庭を例にあげて説明する。彼はこの人びとを「公務家」と呼んだが、これを例としたのは、福澤が主として藩閥政府の役人専制の原因をさぐるという問題を設定し、それに関連させて家庭教育を論じたからである。特殊のような例をとっているが、その内容には普遍性があると思う。

ここで「家内は社会の学校なり」の話に入るには、当時の社会に、この発言の背景をなしている一つの問題があったことにふれておかなければならない。

一八七四年（明治七年）ころから世の中に自由民権論というものが出てくる。当時は国会もないし、憲法もない。そのうえ政府の中心には、維新で主力となった薩摩、長州が藩閥をつくり、権力をほしいままにしている。これにたいして、そこから脱落した諸藩の不平士族や旧幕臣の一部、在野民間の有志者は、藩閥政府にたいして人民の自由と権利を伸ばし参政権を与えよと求める。政府の専制はけしからんと政府に迫る。

これが十年代に入るとしだいに全国にひろがり、勢力を強めていく。(このころに福澤が漸進的な国会論を説いたことは第一章ですこしふれた。)

「公務家」の家庭

さてはじめの「公務家」の話にもどろう。

公務家はとかく生活がぜいたくで、役所の用や会社の用という外《そと》の事でいそがしく、内なる家庭をかえりみるひまがない。台所のありさまを知らず、子供の食事も着物のようすも知らない。家族や使用人が何を楽しみとし、何を苦しみとしているかを知らない。まるで主人はお客で家は旅館のようであり、家族だんらんして一緒に楽しんだことがない。

父と子の間でも、三日間話をしたことがないというのも珍しくない。たまたま口をきけば、子供にこごとをいうにすぎない。つねに家内の安全と質素正直を説教するが、たまたま外から役所の用がやってくれば、その説教を自分で破り、ぜいたくにお金を使い、酒も飲み不養生をし、ひどいときには家人にうそをついても、つとめのためだとなる。

このような公務家の家庭を福澤は次のようにしめくくる。

この家のありさまは、家庭の外の公務に最大の権力を占められて、家庭の仕事はその存在を主張することができない。いわば、外をもって内を制し公をもって私を束縛するもの、といってよろしい。

そしてこの悪い家庭の気風の害は、決して一家のなかにとどまるものではない。影響するところが広くて大きい。

それならば、このような家庭の状況は、当時流行の民権論と、どのように関係するのだろうか。

かの政談家（民権論者）がつねに苦慮しているのは、民権が退縮し、専制が流行するという一箇条である。これはいかにも人間社会の一大悪事で、これを救わんとする議論はまことに貴ぶべきことであるが、いまだよくこの悪事の原因を、つぶさに見きわめたということではないようである。

そもそも政府の専制が行われるのはどういうわけかというと、かならずしも一人の君主が暴威をたくましくして人民をいじめるがためだけではない。

公務を取り扱う役人は、人民のなかから出た人間で、これが集まって政府をつくり、その勢力で各個人の権利を束縛しその自由を妨げるのである。これがすなわち民権が退縮し専制が流行するということである。

専制の流行は家庭内から始まる

ここで福澤は、前に述べた「公務家」の家庭のありさまと、専制流行との関係をさぐる。

公務家の家庭はつねに外が内をおさえつけ、公《おおやけ》なものが、私《わたくし》ことである家庭を束縛する状態にあるといってよい。家庭内の安全も質素正直の道徳も、公務の御用という一方的な必要の前には無視されてしまった。

こういうありさまを見て育つ子供は、はたしてどんな習慣をつくるであろうか。家内安全を保護する道徳の教えも、貴重は貴重であるが、さらに貴重な公務にはかなわないものとして、公務にたいして卑屈な習慣を養成するのがおちである。

この子供が社会の一員となり、公共の事務を取り扱う身分となれば、生来の習慣がたちまち活動しだし、公（政府）は私（民間）を束縛するのが当然であるとして、すこしも遠慮しないのは必然の勢いではないだろうか。

今日の政談家は、この内の原因を見ていないのである。

家庭は社会の学校である

こうして福澤はこのくだりを次の印象的な言葉でしめくくっている（原文のまま）。

人間社会は家内の集りたるものなり、其《その》悪事（専制）の元素は早く家内に在て存するものなり。家内は社会の学校なり。社会に在て専制を働く者は此《この》学校の卒業生なり。故に曰《いわ》く、社会の有様を改革せんと欲せば、先づ其学校を改革す可きなり（全④四〇一）

この家庭内の専制の説は、当時から百年近くもたった今日では、別世界のことのように感じる向きもあるかもしれない。現今サラリーマンの夫族は、マンガで粗大ゴミなどとからかわれる始末である。父と夫の権威――教育的権威も低下している。そういう環境からとかく問題の子供が出やすい世の中である。だから逆に夫と妻とのつりあいを問い直す必要がある時代かもしれない。しかしそれにもかかわらず、いやそれだからこそ福澤の文章の底にある彼の考え方、「家庭は社会を構成する人間を作る大切な場所なのであるから、社会を改革しようと思ったならば、まず家庭を改革しなくてはならない」という考え方そのものは、依然として今日も通用するすぐれた考え方であると思う。

こうして福澤は、この章の全部をしめくくるように次の言葉を書いている（原文のまま）。

何れにも今少しく父母の心身を労し、今少しく家庭の教育を貴きものと思うて之《これ》に注意し、教育なるものの地位を高めて、人事の最大箇条中に在らしめんと欲するのみ。（全④四〇四）

おわりに

以上、第五章を読んだ方は、福澤がさかんに習慣の教えの大切なことを説き、その方法として父母がよい手本を示すことが必要だと強調していることを理解されたと思う。

ところで、読者のなかには、日常生活のなかでつねによい手本を示すように緊張していることは、とてもできないと思う方もあるだろうと考えるので、おわりにそれについてふれておきたい。

福澤はなにも、そんなに普通の人が困るほど、毎日の家庭生活に緊張を要求しているわけではない。ただ彼が重要だと思う原理を述べると、いきおいそういう印象を与えるかもしれない。

彼の真意は、第四章の家庭観で述べたように、父母を中心とした人間的に正しい楽しい家庭を自然につくって、そのなかに子供を生活させることによって、よい人間に育てようというのであって、親がかたくなって、形だけととのえてお手本を見せようと緊張することを求めているのではないのである。彼は晩年に『福翁百話』という本を出したが、そのなかでは「家族団欒《だんらん》」を書いて楽しさをすすめ、『福翁百余話』では「文明の家庭は親友の集合なり」というのがある（第六章一四九ページ参照）。

彼は基本的に家庭内に温かさと、うそのないことを求めたのであった。よいお手本を示すのは、その基本のうえに立ってのことであることが、彼の行動の事実や書いたものから十分にわかるのである。

第六章

福澤が強調した家庭教育の要点

第五章で述べたように、幼い時によい習慣をつくることは、将来の知性や徳性の大切な土台となる。それは年齢が幼なければ幼ないほどそうであるが、年齢とともに未分化であった知性や徳性がしだいに分化してくるので、それにともないもうすこし具体的に、身体的、知的あるいは道徳的な教えの要目のようなものが考えられてくる。この章ではその点をとりあげようと思う。

今までしばしば引用した「教育の事　一」に次の言葉がある。

子供の教育に、文字を教えることは只《ただ》その一部分であって、その外に眠食（睡眠・食事）の教えあり、坐作《ざさ》（たち居ふるまい）の教えあり、運動の教えあり、養生（保健衛生）の教えもある。（中略）これらの教えは特に子供の場合は全体の七、八割を占める大切な箇条である。

（全④四〇三）

今これを見ると、福澤は家庭生活の広い範囲のことを考えていたことがよくわかる。そこでこの考えを基礎として、当時の論説や著書に見られる教育意見を整理してみると、おおむね次の六点にまとめることができるように思う。なお念のためにいえば、これらは男女共通のことである。６はすこし異質だが、便宜上ここに入れる。

１　身体の健康を重視する。
２　生活の実際で学ばせる。

3　子供の知力を開発する。
4　子供のひとり立ち――独立心を養う。
5　子供の心を品格高いものにする。
6　子供にたいし厳しいのと寛《ゆるや》かなのとどちらがよいか。

1 「獣身を成して後に人心を養う」
――健康こそ独立の基本――

表題の言葉は、動物のような強い身体をつくって、それから人間の心を養うのだ、という意味の福澤独特のキャッチフレーズである。福澤はキャッチフレーズ作りの名人であった（福澤研究家 伊藤正雄氏の言葉）。

いくら自由だ、独立だといっても、身体が弱くては独立の生活もできはしない、何はともあれ健康に注意せよというのが、その心である。

もっとも「命あってのものだね」は日本人がだれでも口にしたことで、今さら福澤から教えられることでもないかもしれないが、福澤の口から、「獣身を成して……」と聞かされると、何か積極的な味わいがあり、ひときわ心に残る。これは若い時から老年にいたるまで、変わらない彼の信念であった。

公表した教育論としてこれを書いたのは、晩年（明治三十年）に出版した『福翁百話』のなかの

「身体の発育こそ大切なれ」（全⑥二五五）であって、そのなかにこの言葉が出てくるが、その考えを若い時からもっていたことは他の文章でわかる。

明治三年ころの「養生の心得」（この題名はあとから全集編集者のつけたもの）は次の言葉で始まっている（原文のまま）。

人間生涯の内、体ほど大切なるものはなし。諺《ことわざ》に云う通り命の物だねなれば、何職何商売に限らず、先第一己《おのれ》の体を養生し、病気にかからぬよう気をつけて、其上病む時は早く医治を受けて、天寿を終るの道を知る事、人間要用の心得なるべし。（全⑳四一）

これには、福澤の実際の生活経験も大いに関係しているという気がする。また、洪庵の西洋医学の塾にいたことも影響しているであろう。

福澤は元来、丈夫な身体をもって生まれた。生まれた時に、産婆は「この子は乳さえたくさん飲ませればかならずみごとに育つ」といったという。そのとおり彼は丈夫であった。家は貧しい下級武士で、その時代の医学は今からみればおそろしいほど程度が低いが、彼は洋学の修業で徹夜で何日もすごしても平気であった。

それでもあの時代には、伝染病には勝てない。緒方塾では腸チフスを患い、江戸へ出てからは発疹《はっしん》チフスにかかっている。また、当時は癆痎《ろうがい》（今日の肺結核）は死にいたる病気であった。乳児死亡率も高く、したがって成人の寿命も短い。今日のような高齢化社会を頭においては、当時の人びとの考えたことを正しく受けとれないおそれがある。

ともかく福澤はそういう時代に生きて、さまざまな困難をのりこえ、自分のよしとする道を歩むことができたのは、自分が健康であったからだという意識は相当に強烈であったろうと思う。もう一つは彼の子供たちへの愛情である。いや、子供たちだけではない。あとから進んでくる若い人びとに、身体の丈夫なことが、君たちの目ざすことを達成するのに不可欠なのだと説得したかったのであろう。

その考えを、のちのちまでよく塾生に向かって演説したが、幕末に早くも彼は自分の塾のなかに運動場を造ることで示した。慶応四年（一八六五年）春のことである。今日からみればなんでもないことであるが、幕末維新のころでは世の中の最先端をいくことであった。運動用具として庭にブランコやシーソーを作り、塾の規則のなかに次の一項を入れた（『慶應義塾百年史』上巻、昭和三十四年）。

一、午後晩食後は、木のぼり、玉遊等「ジムナスチック」（体育）の法に従い種々の戯《たわむれ》いたし、勉て身体を運動すべし。

先覚者福澤がここにも顔を出している。彼は自分自身の運動には居合《いあい》（一人で行う抜刀術とでもいうべきか）が好きであったが、幕末の殺伐《さつばつ》な社会で、刀をやめさせようとした福澤であるから、ある時期はこれは知らないふりをしておいて、もっぱら米搗《こめつ》きと薪割《まきわ》りをしていた。ときには身体の弱そうな塾生を米搗きにさそうので、なかには閉口した者もあったという話がある。

塾生をさそってときどき遠足にも行った。また自分の子供たちが少年少女になると、そろって近郊へ出かけた。明治二十一年（一八八八年）一月の「時事新報」雑報欄には、二十九日の日曜日に三人の女の子を連れて三田から歩きだし、途中、昼食をしたり、茶屋でやきいもを食べたりしながら、とうとう夕方まで歩いて神奈川につき、汽車で帰ったという記事がある。これは福澤自身が書いたものだそうだが、親子四人がつかれたりがんばったりし、笑ったり話したりしているようすが、いかにも楽しげに書かれている（全⑳三三一―二）。

また長男次男がアメリカへ留学する時（明治十六年）、次のようにいいきかせたと『自伝』のなかに書いてある（原文のまま）。

学問を勉強して半死半生の色の青い大学者になって帰ってくるより、筋骨たくましき無学文盲なものになって帰って来い。その方がよほど喜ばしい。かりそめにも無法なことをして勉強しすぎるな。

（『福翁自伝』出版会版、二八九ページ）

福澤流のアクセントがついた表現だが、当時の医学では、今日楽に治せる病気も、不治になったり重病であることが日常茶飯事《さはんじ》であったから、子供に目のない福澤はいっそうこのようにいいたかったのであろう。

こうした考えをまとめているのが、明治三十年出版『福翁百話』中の、「身体の発育こそ大切なれ」である（全⑥二五五）。要点をご紹介したい。

まず子供が生まれて養育の法をどうするかといえば、人間の子も一種の動物なりと考えて、その知愚のようすは問題とせず、ただその身体の発育を重んじて、牛馬犬猫の子を養うと同様の心得で育て、衣服飲食・空気光線・身体の動き、耳や目のはたらき等、一切動物の飼養法にならって発育成長をうながす。

これが第一段階で、獣身の根本の見込みができたら、次は徐々に精神の教育に及ぶがよいという。その教育とても幼い時はとくに教える課目を定めるには及ばない。大切なのは家庭習慣の教えであって、父母を中心としたよい家風が「無上の良教師」である。

七、八歳をすぎてから読書推理の初歩に入るが、とにかく身体は人間第一の宝なりと心得て、いかなる事情があっても精神を過労させて、身体の発育を妨げてはならない。

小さい時からむやみにむずかしいことを教えて、それができると、りこうな子だとほめそやす親がいるが、一方にかたよれば、身体は十分に発育しない、家にとじこもっていれば友達との付き合いもできなくなる。こんなことでは、学校が終わったからといって何の役に立つであろうか。家のためにも国のためにも、無用の長物というべきである。

まず獣身を成して後に人心を養えとは私がつねに唱えていることで、世の中の父母はけっしてこれを忘れてはいけない。

今日の父母にも通用するところ多い提言ではないだろうか。

私の頭には、小学生時代から受験準備にあけくれして、子供をしかり激励する現代の家庭風景がうかぶ。そこでは小さい時から、ただ「いい学校」へ入学させることだけが子供の幸せのもとだという考えにとりつかれ、むずかしいことができれば、りこうな子だとほめそやす親がいるのではないか。受験準備のためにライバルの足をひっぱる思案がさきになり、友達との付き合いも満足にできない子供がふえているのではないだろうか。

今の社会に受験競争がなくならないとしても、もうすこし聰明《そうめい》に対応することだってできる余地があるのではないかと思う。つまりはバランス感覚が足りないのであろう。福澤は身体の健康を基本的に重視したが、その真意は心身のバランスにある。幼児時代は主として身体に重きをおくべき時期だというのである。平凡なことといえば平凡だが、彼は「獣身を成して後に人心を養う」という言葉で、人びとにそれを印象づけようとした。

2 「衣服　下駄　傘の始末もす可し」
――生活の実際で学ばせる――

はじめの言葉は明治十年刊『民間経済録』に出てくるものである（全④三二〇）。その意味は、子供に実際の家事をさせることが大事な教育であるということだ。この本は、福澤が一般向けの経済読本のようなものとして、わかりやすく、やさしい文字を使って書いたものである。また、十五、六歳の子供にも使わせるつもりもあったことが、同書二編の序文を見るとわかる。

さて、経済の本のなかに教育論が出てくるのはと、首をかしげる方もあるかもしれないが、熱心な啓蒙《けいもう》学者であった福澤は、チャンスがあれば、経済の本のなかでも、それと関係の深い教育論をもり込んだのである。

福澤はこの本の第五章、経済学でいう分業を論ずるところで、家庭の教育に関することを入れたのである。すなわち彼は分業ということは、経済の発達のために大切であり、便利なことであるが、一家の経済にとっては、適度にしないとたいへん不便なことを生じるという。

たとえば家庭における男女の役割であるが、これを分業的にあまりはっきり分けて、夫の仕事（家業・職業）について妻は何も知らなくてよい、妻のしている家事には夫は何も関心を示さないというのでは、家庭生活はうまくいかない。

家庭では男女老少、なるべく業を分たず、お互いに、その仕事を精出してはげみ「まめに働くべき」であるといい、次のように述べる。現代文にして引用しよう。

学校へ通学する子供も同じことで、ただ読書だけしていれば自分の職分をつくしたということはできない。したがって家の貧富にかかわらず、家の内外の掃除もしなければいけない、〝衣服下駄傘の始末もすべし、町使いの用も弁ずべし、家業の手伝もつとむべき〟である。

人は幼い時から、このような家事を経験しておかないと、大きくなってから、物事の事情にうといぼんやりものだといわれて、他人に馬鹿にされ、不自由することになる。

学問手習いはただ分業中の一箇条というべきのみで、学校に行って読本の勉強をして、それで役目はすんだと得意になっているのは、私どもの考えとはちがう。

右の意見は、この章のはじめ（八五ページ）に出した「子供には文字の教えのほかに、眠食・坐作・運動・養生の教えが必要である」という意見と照応するものであろう。現代の言葉でいえば、子供に実際の家事をさせることによって学ばせる、つまり生活教育ということになると思う。

なぜ家事をさせることが大切なのか

福澤はさきの引用文のなかで、その理由を次のように述べている。つまり、幼い時に家のなかで掃除、物の始末、お使い、手伝いなどの家事を経験しておかないと、生活の実際にうとくなって、大きくなってからうかつ者として馬鹿にされ、自分自身も不自由するからである、というのがその理由である。

これはもっともなことであるが、さきの引用文をよく読んでいくと、その行間に、家事経験が子供の知的能力を発達させるはたらきをもっていると考えていたことが感じとれるのである。

私がそう思うのは、福澤の家庭観および学問観と、彼の少年時代の生活経験との三つを考えた結果である。そのうち、家庭観についてはすでに第四章で述べた。ここで学問観にふれておこう。

学問観

『学問のすゝめ』初編ですすめている学問は、漢学や和学にはない、万人に共通の日常生活に密接な関係ある実学であった。

ざっと例をあげると、いろは四十七文字、手紙の書き方、会計簿のつけ方、そろばんのおき方、天秤《てんびん》のはかり方などから始まり、地理学・物理学・歴史・経済学・修身《しゅうしん》学に及ぶ。そしてどの学科でも、事実を把握し、原理を求め、実生活に活用することがもっとも大切であるとした。

つまり福澤のいう実学とは卑近な日常生活に役立つ学問から、近代文明の根底にある、物理学＝科学にまで及ぶ広い範囲のものである。

以上は初編であるが、さらに福澤は別の編で、次のようにおもしろいことをいう。

世帯も学問なり、帳合い（簿記）も学問なり、時勢を察するもまた学問なり。なんぞ必ずしも和漢洋の書を読むのみをもって学問という理あらんや　（二編）

飯を炊き風呂の火を焚《た》くも学問なり　（十編）

学問の要は活用にあるのみ。活用なき学問は無学に等し　（十二編）

以上の実学論をつなげて考えていくと、家事という実際にふれて物事を処理していくことは、子供に知力を活用する機会を増し、知力を中心とした総合的な能力を発達させるという考えができていって不思議ではないと私は思うものだ。

福澤の少年時代の生活経験

福澤の家事による教育論は、その少年時代の生活経験からも出てきていると思う。

福澤は少年時代に、母にいいつけられて、町の商家へ日用品を買いに行ったり、いろいろと家具や道具の修繕をしたり作ったりしたことが、『福翁自伝』にあざやかに書かれている。ここでは物を作ることについて書こうと思う。

福澤は、手先が器用で、物の工夫をすることが好きな子供だったと書いている。たとえば井戸に物が落ちたといえば、どうしたらよいかと工夫して、これを拾いあげるとか、たんすの錠《じょう》があかないとなれば、釘の先をいろいろにまげて、ついにはみごとにあけておもしろがっている。障子《しょうじ》を張るのもうまくて、自分の家だけではなく、親類の家へやとわれて張りに行くこともあった。そしていつも気軽に腰をあげて、すぐとりかかるという少年であった。すこし年をとると仕事も大きくなり、畳の張りかえ、雨戸の破れ、屋根の雨もりの修理まですするようになる。

これらははじめは自分が器用で好きだからやっていたのだが、大きくなると生活の必要から本当の内職を始める。当時の下級武士は禄米《ろくまい》だけでは不足で、何か内職することを常としたという。下駄をこしらえたり、刀のさやを塗ったり、そこにつける金物の細工をするといったぐあいである。これらの工作——仕事は福澤の頭脳の成長のうえでも大きな価値があったことだ。物を作ること工夫することと頭のはたらきとは当然関係がある。それはそのはたらきを高める。

そしてよい物を作り、きれいに修繕するには、試したり、正しい作り方のりくつを考えなければならないことを学ぶ。さらに正しいりくつに従っていって、よい結果の出たときのよろこびを味わう。

前に引用した「飯を炊き風呂の火を焚くも学問」という言葉などは、まさにこの経験なくしては出てこなかったのではないかと思うほどである。福澤の家事による教育論が、少年時代の経験とも関係しているという根拠はこのへんにある。

3　子供には分りやすく、面白く学ばせるのがよい

――興味と理解を通して知力を開発――

子供のための学習論

表題の趣旨を示す言葉は、慶応二年ころの「或云随筆《わくうん》」（全⑳一三）という文章のなかに出てくる。

この文章は、郷里中津の有力者に示したもので、刊行されたものではないが、そのなかで福澤は、子供に本によって学ばせる場合の、学習の内容や順序方法について書いているのである。いわば彼の、子供一般のための「学習論」である（慶応二年に、福澤には、三歳と一歳の二人の男子がいた）。

前節に述べたとおり福澤は、子供が生活の実際によって学ぶことを強調したが、もちろん「読《よみ》書《かき》・手習」を軽視したわけではない。それは相対的な問題であって、読書・手習だけが教育と思うのはまちがいだということをいっているのである。したがって当然、子供のための「学習論」があるわけだ。これを現代文にしてご紹介しよう。

人間は六、七歳（数え年）になると生来の知力がはじめて発達してきて、物事を習い覚える時期となる。しかしまだ能力も精神も未熟であるから、なるべくやさしいことを習わすべきで

ある。

はじめはまずその国の言語、東西南北、十干《かん》十二支《し》、年月時刻の数え方である。次に地理学の初歩、つまり日本でいえば日本地図、国尽《くにづくし》（国とは「武蔵」「相模」のような旧幕時代の国の意味）のようなものを教え、だんだん進んで世界の地図をも見て覚える必要を理解するように導き、同時にまた究理学の初歩（今日の数学・物理化学等、小中学校でいえば算数・理科）を教え、手近く物を見せて、分り易く面白く楽に勉強させて、十七、八歳になってはじめて人情世態や経済のことを学ばせるのがよい。（傍点著者）

右の学習論を、学ぶ事柄と順序の点で整理してみると次のとおりである。

Ａ　基本的な言葉・事項

Ｂ　地理、算数、物理化学の初歩（自然科学系）

Ｃ　社会経済の事（社会科学系）

右の三つは分り易さの順であり、学ぶ順序であることは、さきの文章でわかる。まず学習の方法についてとりあげてみたい。

なぜ「分り易く面白く」か

福澤が当時なぜ「分り易く面白く」を強調したかは、前文につづく次の文章を見るとよくわかる。

しかるに、今の人は仮名文字もロクに知らない子供へ、はじめから『論語』だ、『大学』だとむずかしい本を読ませる習慣がある。

儒者が数千年来苦心しても、なお理解しかねて学者同士で議論のたえないほどむずかしい経書（儒学の基本的古典）が、どうして六、七歳の子供に分るだろうか。先生がしかりつけて教えるから、よんどころなく、「格物致知《かくぶつちち》」とか「治国平天下」とか大声で素読《そどく》（意味の解釈をぬきにして本文を声を出して読むこと）はするけれども、寺の小僧がお経を読むのと同じで、すこしも面白くなくイヤイヤ日を送り、大事な物覚えのよい年齢は通りこして、ついには生涯、書物ぎらいの廃物となるのである。

高貴の人などで、馬術剣槍は好むが、学問はきらいというものが多いものだ。これはまったく幼少の時からむずかしい経書を無理に教えられて、かえって書物ぎらいとなり、馬術剣術は形のあるもので目の前で勝負がわかり、自然と面白いので心身にしみこむからである。

以上の結びとして福澤は次のように書いている。

右の次第に付〝文学〞（当時の用語であって、この場合は学問とほぼ同じ）を学ばせるにも、なるべく図形を示したり、その証拠を出して、草双紙《くさぞうし》（さし絵入りの通俗読物）を読むと同じように、面白く習わせれば、自然と字を知り語を覚え、だんだんと進んで物理の大体をのみこみ、知らないうちに博識の「学者」（この場合は学生をさす）となり、そのうえでためしに経書などを一見させれば、何もむずかしいこともなく、すぐに理解し馬鹿らしく思うほどになるであろう。

福澤はここで、子供の学び方の点から見て、儒学の方法は理解力や創造力を育てるのには不適当であると主張しているのである。

もともと福澤は、中津で十八歳まで儒学を学んだことについてはすでにふれた。儒学の基本的な書物には十分通じ、有名な『春秋《しゅんじゅう》左氏伝《さしでん》』は十一回も読んで一部は暗記していたという人物である。

それでも福澤は一般的に子供が幼いうちから、わけもわからず、むずかしい漢文の素読を強制され、読書ぎらいになり、あるいは頭脳の柔軟性を失っていくことをおそれたのであろう。

子供に学ばせる事柄

次に福澤が子供に学ばせようとした事柄について述べよう。

江戸時代の子供が一般に学ぶものは『実語《じつご》教《きょう》』・『童子《どうじ》教《きょう》』といった儒教または仏教系統の教えを暗記することであり、「四書五経」の素読であり、手紙文その他型にはまった文章を覚えることであった。これに反対して福澤が考えたのがさきの「或云随筆」にあるとおり、洋学からきている一連の知識である。前節の『学問のすゝめ』の実学論でも述べたところである。もちろん文字として漢字も当然習わせるが、本体は福澤が教育の二大眼目としている自由独立と科学に関係する知識、またはその精神を学ばせようとするのである。これは子供のための新しいカリキュラムの提唱といっていいであろう。

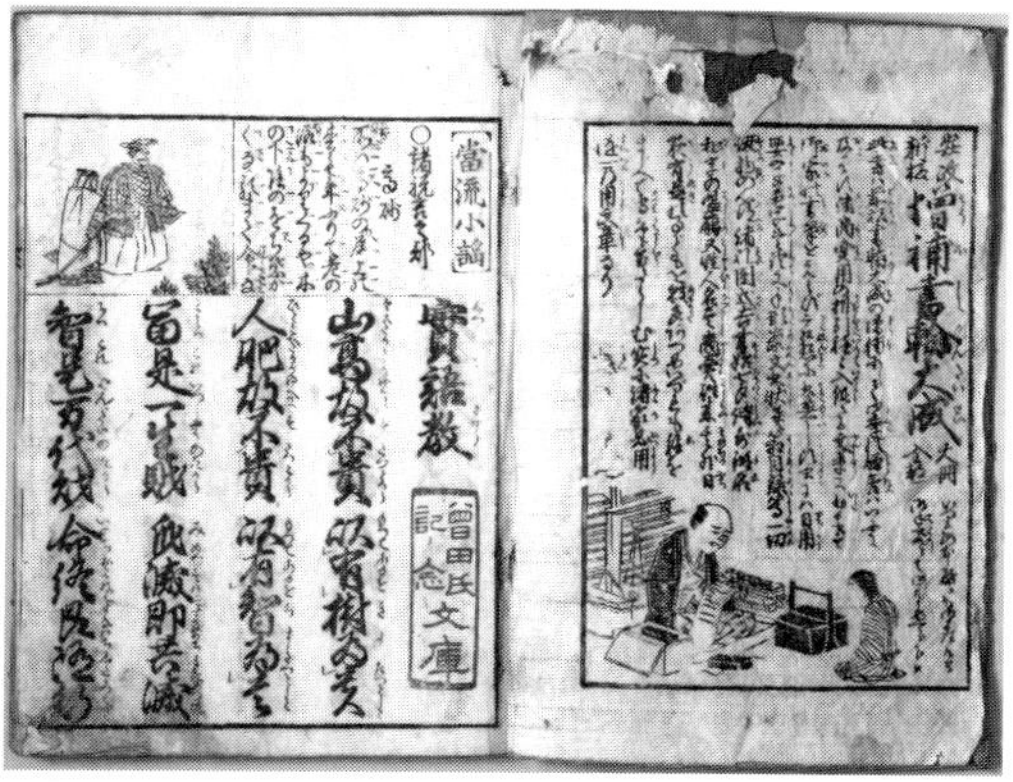

『実語教』（慶應義塾幼稚舎所蔵）

もちろん、これらは成人にたいするものであるが、子供にとっての学習内容がここから導き出されてくることは、理論的には当然のことであろう。

〔註〕学問をするには物理学から入って、しだいに社会・経済等の学問に進むという順序は、福澤の生涯変わらない方針であった。西洋の学問が日本の近代化のためにすぐれている点を理解するには、物理学を学んで自らさとることがいちばん有効であることを知っていたからであると、後年回顧していっている（「福澤全集緒言」全①三三—三四）。したがって初期慶應義塾のカリキュラムについても、次のようにその方針が明記されている。「その書は有形学及び数学より始む。地学、窮理学、化学、算術等、是なり。次いで史学、経済学、修身学等、諸科の理学に至る可し。何等《なんら》の事故あるもこの順序を誤る可らず」（明治九年「慶應義塾改革の議案」全⑲三九一）。

子供のための本

さて、福澤には知識を獲得し深める方法はたんに書物を読むだけではないという広い考え方がある。実地に見聞を広める、観察する、考える、人に語り人から聞く、討論する、つまり多様なコミュニケーションがあることを早くから認識していた人である（『学問のすゝめ』十二編、全③一〇三）。しかし、なんといっても書物は情報伝達の手段として大きな意味をもっている。彼は、人間は紙と筆によってできた文書、ひいては書物によって、昔の人と話もできるし、まだ生まれない子孫に伝言することができるといったことがある（「旧発明の器械」明治七年・全⑲五一二）。

こういう考えをもっていた福澤は、幕末維新の世に際会《さいかい》し、大人のための啓蒙書を書くとともに、子供たちのためにも理解しやすい、楽しく学べる本を書こうとして、慶応四年（一八六八年）から明治十年（一八七七年）までのほぼ十年間に、公刊されたものだけで、約八種の本を書いたのである。

もちろん、なかには大人のために書きながら、少年少女にも語りかけたいと思い、読者をそこまでひろげて考えて、やさしく書いた本もある。たとえば『学問のすゝめ』十七編中のいくつかはそうだと思うが、ともかくこのように、子供のための著述をした人は、福澤以前にはいなかったといってよいようである（「子供のための本」については、桑原三郎著『諭吉 小波 未明——明治の児童文学』〔慶應通信刊、昭和五十四年〕の教示に負うところが多い）。

さて、ここでご紹介したい子供のための本は次のとおりである（公刊されたものに限った）。

1『訓蒙窮理図解《きんもうきゅうりずかい》』（一八六八年、明治元年、全②）

2『世界国尽』（一八六九年、明治二年、全②）

3『啓蒙手習之文』（一八七一年、明治四年、全③）

4『学問のすゝめ』初編（一八七二年、明治五年、以降明治九年までに合計十七編、全③）

5『童蒙教草《どうもうおしえぐさ》』（一八七二年、明治五年、全③）

6『第一文字之教』（一八七三年、明治六年、全③）

『第二文字之教』（同右）

『文字之教附録』（同右）

7『子供必用　日本地図草紙』（同右、全③）

8『民間経済録』（一八七七年、明治十年、全④）

以上八種のものについては、以下に解説をつけて順次ご紹介したいと思うが、その前に共通した事項について、すこし説明しておきたいことがある。

第一は「子供」という年齢の範囲であるが、それぞれの序文などを見ると、今日の小学生中級から中学生ぐらいが、それに当たるようである。なお、ついでながら「少年」は昔はたんに若者という意味であって、今日の大学生あたりの年輩でも、まだ少年のなかに入るとのことである（伊藤正雄著『福澤諭吉論考』中の「〝学問のすゝめ〟の用語の考察」による）。

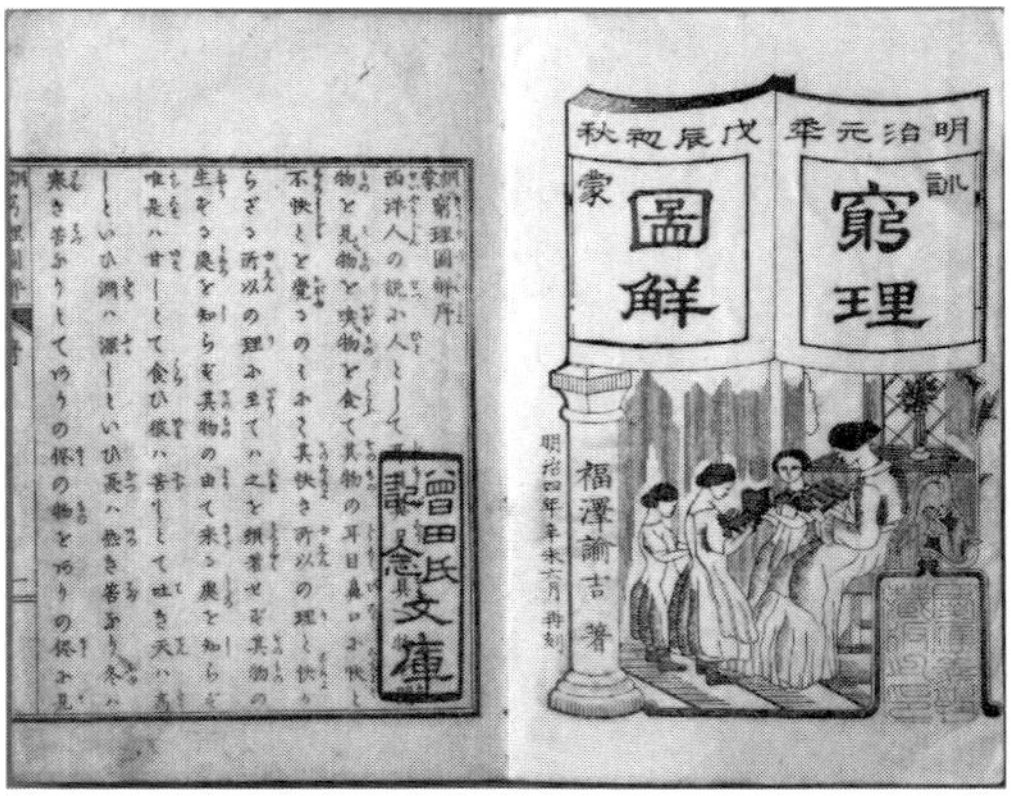

『訓蒙窮理図解』（慶應義塾幼稚舎所蔵）

第二に、福澤がこれらの本を書いた動機の一つに、わが家の子供のためという点もあった。その意図を報じた手紙も残っている（全⑰一五七）。つまり、だんだんと成長してくるわが子に与えたいと思っても、意にかなうようなものはない。そこで自ら筆をとるということもあったのである。福澤のわが子への愛情をうかがわせる話でもある。

1 『訓蒙窮理図解』

これはやさしい物理学の本である。扱っている項目は次のとおり。

第一部　熱、空気

第二部　水、風、雲と雨、雹《ひょう》、雪、露、霜、氷

第三部　引力、昼夜の別、四季、日蝕《にっしょく》月蝕

序文を見ると、永年主として漢学で養われてきた一般日本人の考え方を、いかに「物理学」によって変革させるかをつねに意識していたことがよくわかる。たとえば次の言葉は印象深い（原文のまま）。

仁義道徳を修るなど、口先ばかりの説にては、人間の職分を尽したりというべからず。まして人に知識なくば己《おの》が仁義道徳の鑒定《めきき》も出来まじ。知識《ちえ》なきの極《きわまり》は恥を知らざるに至る。恐るべきことならずや。

（「訓蒙窮理図解序」全②二三六）

右文中のはじめの「仁義道徳」は、型にはまった漢学の先生の専売であったことを背景にしての言葉である。

本書は数冊の洋書を訳して書いたものであり、たねは洋書であるが（序文で説明している）、訳文には日本人の生活のなかの言葉を用い、絵や図も日本の事物を用いている。これはただ子供たちに「面白く、分り易く」しようと願ったからだと、福澤自身が書いている。絵を入れることははじめ書店に反対されたとのことである。彼の親切な心がよくわかる。

なお、この本は明治五年「学制」が出てから、小学校の教科書として教則に例示され、広く用いられた。ついでに書けば、文部省ができても文明主義の教科書を作る余裕などないので、世間に出ている、「文明」に向くらしい本を大ざっぱに教科書として例示したかの感がある。したがってなかには今日から見ると、こんなものが小学校でどう使われたのかと、首をかしげざるをえないものも多かったのである。たとえば、大人のための翻訳の法律書があった。子供の理解力など考えているゆとりがなかったのだろうと考えるほかない状態であったようだ。

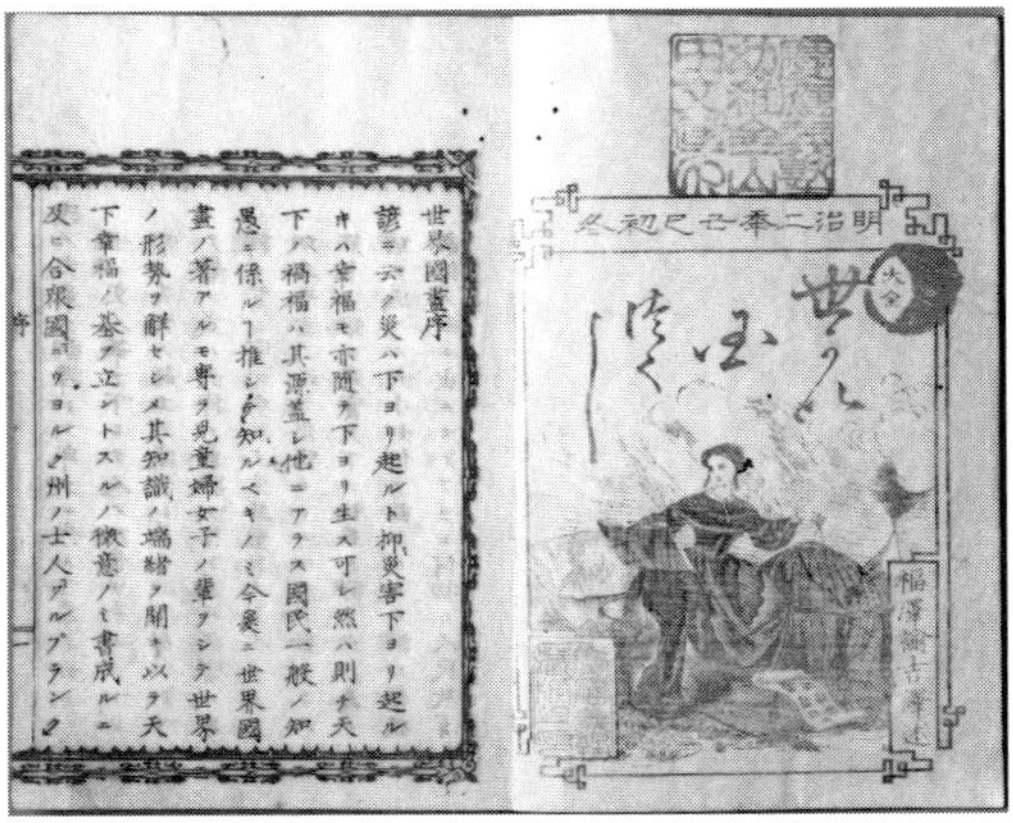

『世界国尽』（慶應義塾幼稚舎所蔵）

そんななかで、福澤の子供向きの本はぬきん出て子供の心に訴え、その能力の開発に役立ったろうと思う。

さらについでながら、「窮理」の音をもじって、「胡瓜《きゆうり》」にひっかけ、戯作者仮名垣魯文《かながきろぶん》は明治五年に『河童《かっぱ》相伝胡瓜遣《づかい》』を出したというくらい、この本は世に広く読まれたのであった。

2 『世界国尽』

これは世界地理への入門書であるが、たんなる入門書としてかたづけるには、内容が大きい。

福澤は長い間の鎖国により、世界の目を閉ざされていた日本人に向かって、世界を見ること日本国内を見ると同じようにしたいと望んで、この書を書いたと、後年述べている（「福澤全集緒言」全①三七）。

そして子供の時から世界に親しませよう、その眼界を広くしようという意図で、わかりやすさ、学ぶ楽しさの工夫をした。色刷りの地図、世界各地の自然や風俗の絵を入れて、子供の心をひきつけようとしたが、もっとも心を使ったのは文章であった。

その時、気づいたのは、江戸に前からあった寺子屋の習字手本で、「江戸方角」とか「都路」とかいって、府下東西南北の方角地名などから、東海道五十三次の宿場を、七五調でおもしろくつづり、子供に習字の手本として使わせるとともに、自然に地理を覚えさせる習慣があったことである。そこで次にあげた例のように、七五調で世界の国ぐにについて書いたのであった。

まず、はじめのところをあげてみよう（原文のまま）。

世界は広し万国は
おおしといえど大凡《おおおよそ》
五つに分けし名目は
「亜細亜《あじあ》」「亜非利加《あふりか》」「欧羅巴《よーろつぱ》」
北と南の「亜米利加《あめりか》」に
堺《さかい》かぎりて五大洲
大洋洲は別にまた
南の島の名称《となえ》なり
土地の風俗人情も
所変ればしなかわる
その様々を知らざるは
人のひとたる甲斐もなし

学びて得べきことなれば
文字《もんじ》に遊ぶ童子《わらわべ》へ
庭の訓《おしえ》の事始
まず筆とりて大略《あらまし》を
しるす所は　亜細亜洲

福澤はしかし七五調の、調子のよさだけに満足するたんなる作者ではなかった。くだけた七五調のなかに、彼の原理から出てくるピカリと光る言葉を、随所にちりばめる。たとえばヨーロッパ洲のところで、次のように書いている。そのなかには〝学問のすゝめ〟がこもっているようだ（原文のまま）。

彼《か》の産業《すぎわい》の安くして
彼《かの》商売の繁昌し
兵備整い武器足りて
世界に誇る泰平の
その源を尋《たずぬ》るに
本《もと》を務《つとむ》る学問の

枝に咲きたる花ならん
花見て花を羨《うらや》むな
本なき枝に花はなし
一身《ひとり》の学に急ぐこそ
進歩《あゆみ》はかどる紆路《まわりみち》
共に辿《たど》りて西洋の
道に栄《さかゆ》る花をみん

一つのページは、上段と下段に分かれ、下段に右の本文が習字の手本用に大きく書かれ、上段には本文を補足する解説参考用資料や絵図がのっている。

これも家庭だけでなしに、教科書として大いに使われた。

3『啓蒙手習之文』

序文によれば、五、六歳の子供のための手習い用の本である。

福澤の考えでは、従来の寺子屋で用いる手本は、内容がただ「冠婚喪祭、探花観月の文、和歌唐詩等」で、文明開化の世には不適当である、もっと「実学の切要なるもの」が必要であるとして、次のとおりの内容とした。

上巻はまず単語編ともいうべき左の六項目。

平仮名いろは、片仮名イロハ、数字、十干十二支、大日本国尽。

このあとほぼ七五調の「天地の文」。

下巻はいずれも文章で左の四項。

地球の文、窮理問答の文、執行《しゅうぎょう》（福澤用語で修行）相談の文、同返事。

なお、このあと成人のためと思われるような「洋学の科目」のページがある。ここで人間に不可欠の学問として、読本（言葉と文章）・地理学・数学・窮理学・歴史・経済学・修心学（修身学）をあげる。

福澤らしい特色は、このような手習読本のなかにも、前に出た『世界国尽』や『訓蒙窮理図解』の内容や洋学の勉強の仕方を、さりげなくもり込んでいることである。

読者のなかには、この本の第二章で、『ひゞのをしへ』に関し、福澤の長男一太郎が、父なる福澤について「子供のいやがるムズカシイ徳義の議論などを無理にきかせることは元来好まぬ代わりに、また、よき折あればこれを面白くきかせる工夫をすることには抜け目のない私共の父……」と語っていることを覚えている方もあるかと思うが、この『手習之文』の文章編はまさにその好例の一つでもある。ついでにいえば、このあとで出る『文字之教』もそうである。左に「地球の文」の一部をご紹介しよう（原文のまま）。

（地球の上の）陸地にすまう人の数、十億よりも尚《なお》おおし。人の種類の異なれば、貧富強弱異なりて、互に肩を並《ならぶ》るは所詮《しょせん》難きに似たれども、こは人心の自暴自棄、同じ四海の兄弟に如何で賢愚の別あらん。千辛《せんしん》万苦たえしのび、学びすすめば限りなき、萬《よろず》の物の理を窮め、理非黒白をわきまえて、徳義を修め智を開き、天に亜《つ》ぐべき人の勇、勇は強きに恐怖せず、仁は弱きを侮らず、西洋人もおなじ人、亜非利加人も同じたみ、稚《おさな》きときに学ぶこそ国の富強の基なれ。

このなかにも「学問のすゝめ」があるとともに、日夜一身の独立と一国の独立を願う福澤の心情がよく出ている一文である。

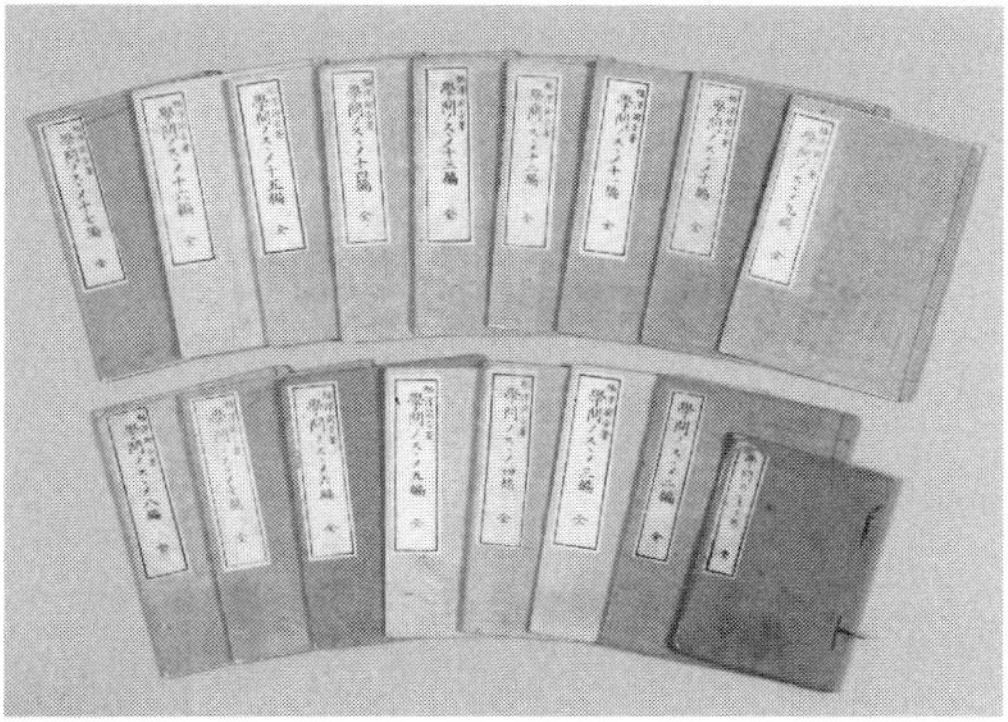
『学問のすゝめ』（慶應義塾福澤研究センター所蔵）

4 『学問のすゝめ』

『学問のすゝめ』は、成人向けのものと思う人が多いであろう。それは事実だが、福澤の考えでは成人とともに、もっと若い人——子供も対象に入っていたことが、第五編のはしがきに書いてある。

福澤は、これはもともと民間の読本または「小学の教授本」に供したものなので、二、三編まではつとめて通俗の言葉を使って読みやすくしたと書いている。当然、当時小学校の教科書としても使用されているのである。しかし、全十七編のうち何編までが教科書としてよく使用されたのか、今日、はっきりしたことはわかっていない。

福澤はこの本で、成人とともに子供たちに、国民ひとりひとりが旺盛な自由独立の精神をもつとともに、それを内から支える、文明の学問をもたなければならないこと、また、自由には責任がともなわなければならないことを、非常な意気込みをもって書いている。文章のおもしろさ、その意気込みは原文を読んで感じ取っていただくほかはない。文庫本も各種あり、福澤著作中、今日もっとも入手しやすいものの一つである。

この本は当時のベストセラーで、初編の場合、正当に著者の手で刊行したもの約二十万冊、偽版も多かったので、両者合わせて約二十二万冊と推定すれば、当時の日本の人口三千五百万人中、国民百六十名のうち一名はこの本を読んだことになると、福澤はいっている（明治十三年の合本刊行の序文中）。

それゆえ、この書によって、旧思想から新思想へと目を開かれ鼓舞された青年も多数あって、さまざまなエピソードが伝わっている。

5 『童蒙教草』

これはイギリスで刊行された、子供のための道徳読本ともいうべき『モラル・クラス・ブック』

(Moral Class Book) を訳したものである。当時の英国人が子供に心得させようとしたモラルの内容がわかっておもしろい。

そのモラルは、個人から社会へと広い範囲にわたっていて、ここで全体を紹介することはできないが、たとえば巻の一には、動物を扱う心得、父母に従い、親しみ力をつくすこと、自労自活し独立すべきこと、その他が出てくる。

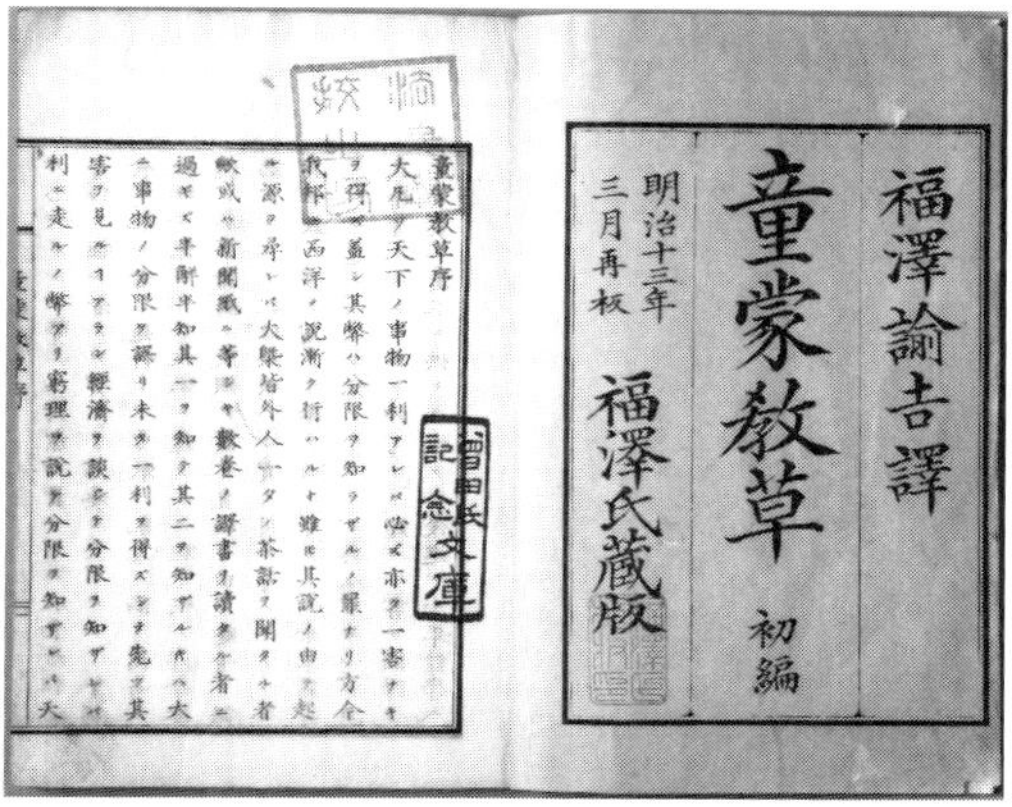

『童蒙教草』(慶應義塾幼稚舎所蔵)

序文を見ると、これを出版した動機がよくわかる。

福澤は『学問のすゝめ』で、自由独立の精神がいかに大切であるかを説いた。しかし同時に、自由には責任がともなうことを強く説いている。というのは、日本の在来の思想では、自由という言葉はないわけではないが、とかくわがまま勝手という意味に使われていたからである。

福澤は子供に向かって、この自由と責任の結びつきをとくにいいたかったのだと思う。だから序文はそのことを中心としている。その部分を左に引用しておこう(原文のまま)。

『子供必用 日本地図草紙』（慶應義塾福澤研究センター所蔵）

（前略）彼の洋学者流が、英米諸国の史類を読み、自主自由の趣旨を誤認《あやまりしため》て、これを放肆無頼《ほうしぶらい》の口実に用る等のことあらば、其世教《そのせいきょう》に害を為《な》すこと挙げて云う可からず。余輩ひそかにこれを患《うれう》ること久し。依《よっ》て今ここに英人チャンブル氏所著のモラルカラッスブックと題せる書を翻訳して童蒙の読本に供せり。願くば後進の少年、諸学入門の初《はじめ》に先づこの書を読み、慎独修身、以て分限を誤らず、次第に物に接し人に交るの道を明かにせば、彼の経済、窮理、史類、百般の学も、其実の裨益《ひえき》をなして弊害を生ずること莫《な》かる可し。

（全③一四七）

6『子供必用 日本地図草紙』

小学校などの掛図のように見られる日本の略地図である。しかし説明文を読むと、あえて学校に限定した考えでもないようである。家庭で使用するほうが主であったかともとれるところがある。

実物は用紙の縦横が一〇一×八九・五cmであり、全集第三巻には一辺を約五分の二に縮写したものが折り込みでのっている。

地図に記入されているのは、東西南北の方位、旧国名と境界線、地名は東京、西京（京都）、大阪の三大都市と、横浜、神戸、長崎、新潟、箱（函）館の開港場、富士山ぐらいのものである。

これを作った理由や使い方を福澤は地図の左上に十四行ばかりで書いているので、次に要点を現代文にして紹介しよう。

世間の大人用の実用地図は、児童にはじめて地図を教えるのには、くわしすぎ細かすぎて不便である。そのうえ細かくて肉眼で見えないものもある。

六、七歳の児童がようやく東西南北を知り八十余りの国名を暗誦した程度で、にわかに細かい地図を与えて学習させようとするのは、ちょうど読書勉強のはじめに、経典の講義を聞かせるようなものである。そこで今この略地図はただ国界と其国名とのみを記し、児童の目をつかれさせないで、大略の方位をわからせるために、ことさらその図をあらく大きくした。

といい、ついでその使い方を説明する。

児童がこの略図の方位を理解したあとで、細かい地図を与えて比較させ、細図中の山川郡邑《むら》などを読み取り、略図の白地のところに位置をまちがえぬように写しとらせるがよろしい。あるいはまた、教室でその写法の出来不出来で学業の甲乙を定めてもよい。

こうして福澤は、これは世間実用の地図ではなく、初級の学習用の「地図の草紙」であるから、前に出した『啓蒙手習之文』に付属するとみるべきものであるとしている。

明治初期は「学制」以前から、地理は重視された科目であったという。しかし暗記中心で、教科書の内容を暗記した後、地名や山川名などを記入していない白地図を使って、暗記したことを、教師との問答で指示、口答させて習熟をはかった。また、その白地図は暗射図と称され、明治六年ころから十一年にかけてさかんに出版されたとのことである。(『日本近代教育史事典』平凡社刊による。)

福澤のは地図草紙と名づけ、その白地のところに、手本の地図を調べながら書き込ませつつ習熟させるという点に、ちょっとちがった趣向があったように思う。その後、年月とともに白地図への記入による地理学習は当たり前のこととなっているのは周知のとおりである。

7『文字之教』

これは第一・第二・附録の三冊になっているが、一組の『文字之教』と考えてよいので一括して取り扱う。

さて、この本は一見、子供に漢字を覚えさせるための本のように見えるが、『第一文字之教』の「端書《はしがき》」によると、福澤の真意は子供に適した、漢字を使った言葉（だから名詞以外は送りがながついている）を習得させつつ、最終の目的は、「子供をして文章の義を解さしめんがための趣向」で作ったものなのである。

それというのも、福澤は前にふれたように、漢学者流の素読と称する、意味はそっちのけにして、文字を覚えさせる学習法を、好ましくないと思っていたからである。

この端書には国語改革論として重要な意見が出ていて、その方針でこの本が作られているので、いちおうその点にふれないわけにいかない。

意見は次のとおり二つある。

1　漢字の制限

2　文章をやさしくすること（平易化）

漢字の制限というと、読者のなかには戦後の国語改革を思い出される方もあるであろう。これにはいろいろの批判が出て、制限の具体化で幾度も修正されて今日にいたっているが、普通の社会生活で、むずかしい字をなるべく止めようという方針そのものに反対している人はいないようである。福澤はこれを明治のはじめに、口にしたのである。

当時は一般的に教養といえば儒学＝漢学であり、漢字をよく知っていることと、それによってむずかしい文章を書くことが教養のしるしであった時代である。

福澤はいつまでもむずかしい漢字と、それによる型にはまったむずかしい文章を尊しとしていたのでは、もっと大切な思考力や理解力を育てるのに障害となるし、また学問を国民一般に普及させていくのにさしつかえがあると考えた。

そこで彼が立てた方針は、

1　日本は仮名文字があるから、漢字は全廃したいと思うが、今は急に実行できることではない。時節を待つほかない。

［註］この漢字全廃論はその非現実性に気づいたらしく、この時かぎりで再び主張したことはないという。なお、当時はもっと非現実的な、ローマ字専用論やかな専用論が流行した時代でもあった（伊藤正雄著『福澤諭吉論考』三五―五六ページ）。

2　時節を待つのにも、手をこまねいているべきでない。むずかしい漢字をなるべく用いないように心がけるべきである。そうすれば二千か三千の漢字でたくさんである。『文字之教』三冊の漢字を用いた言葉は、千に足らないが一通りの用にはさしつかえない。

［註］昭和二十一年「当用漢字」としたものが一八五〇字であることに照らすと福澤の見通しはきわめてあざやかである。

3　漢字をなるべく用いないようにするとともに、むずかしい文章を止めにして、なるべく文章をやさしくするべきである。

4　名詞は、医者と石屋のごとく、漢字を用いるのが便利であるが、動詞はなるたけ仮名を用いるのがよい。

以上を前書きとして、この本の書面の実際をご紹介しよう。

「第一文字之教」と「第二文字之教」の内容

「第二」は、第一教から第四十教まで、「第二」は三十三教までである。第一教とは第一節と思えばよい。実態を知るには原文を見る以外にないが、本書では多少なりともそれに近づくため、一、一二のページを活字にしてお見せしようと思う（一二〇、一二一ページ参照。なお、出版当時の原文はカタカナが使われているが、『福澤諭吉全集』編集の方針で全集ではひらがなとなっている。全①「凡例」）。

右のほかのいくつかのページを読んでいくと、『啓蒙手習之文』と同じく、その文章のなかに、福澤が子供たちに伝えたいと思った生活の心得、社会のさまざまの事柄についての新しい考え方が、それとなく書きこまれているのを発見し、そのほうからこの本を見直したいとも思っている。

その教授法

福澤の教授法の説明によれば、大きな文字が「題字」、細字は「文章」であり、題字は文章を作る「たねの言葉」である。そしてこの本の使い方は次の二つである。

第一教

人　馬　行ク　来ル

人行ク　○馬行ク　○人来ル　○馬来ル　○人モ行ク馬モ行ク　○人モ来ル馬モ来ル　○人ト馬ト行ク　○人ト馬ト来ル

（第一文字之教）

第二十八教

終日　何事　死人　意味　趣意　字義　合點　等シ　解ス　徒ニ　細ニ　詳ニ

紙ノ白キコト雪ニ等シ　○顔ノ黒キコト墨ニ等シ　○終日何事ヲモナサヾル者ハ死人ニ等シ　○字ヲ読ムコトヲ知テ其意味ヲ知ラザル者ハ、字ヲ知ラザル者ニ等シ　○文章ヲ解スコトヲ知テ其道理ヲ知ラザル者ハ文章ヲ解サヾル者ニ等シ。故ニ読書ノ趣意ハ徒ニ紙数ヲ多ク読ムヨリモ、少シク読テ細ニ其字義ヲ解シ詳ニ其道理ヲ合點スルニ在リ

（第二文字之教）

1　子供にまず題字の読みと字義を教え、文章は子供自身で読ませ、意味を解かせる。

2　学校では、教室で子供から書物をとりあげておき、教師ひとり書物を見て黒板にその題字だけを書き、大勢の子供へその字のわけを説明し、そのあとで細字の文章を読んで、その音のとおりに文章を書かせる。（中略）

3　右の法に従って進むときは、漢籍の難文にいじめられることもなく、いわゆる四書五経の素読を止めにしても、別に読書作文の手がかりを得ることができるであろう。これが著者の深く願うところである。

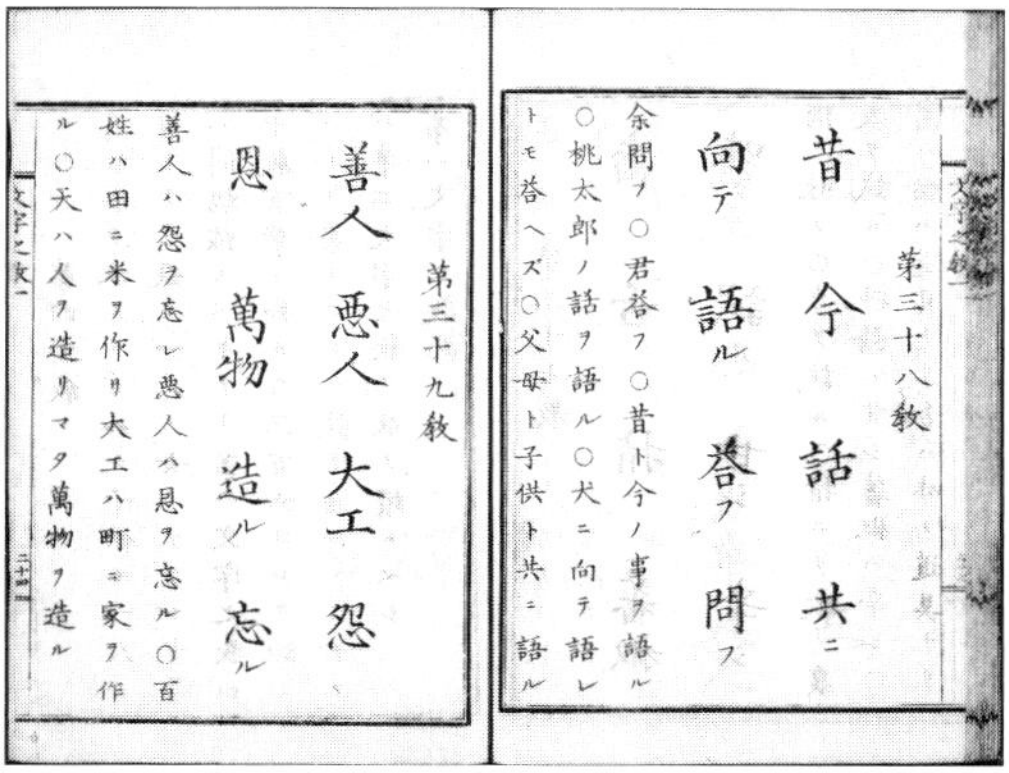
第三十八教

昔　今　話　共ニ

向テ　語ル　答フ　問フ

余問フ○君答フ○昔ト今ノ事ヲ語ル○桃太郎ノ話ヲ語ル○犬ニ向テ語レトモ答ヘズ○父母ト子供ト共ニ語ル

第三十九教

善人　悪人　大工　怨

恩　萬物　造ル　忘ル

善人ハ怨ヲ忘レ悪人ハ恩ヲ忘ル○百姓ハ田ニ米ヲ作リ大工ハ町ニ家ヲ作ル○天ハ人ヲ造リマタ萬物ヲ造ル

『文字之教』（慶應義塾福澤研究センター所蔵）

と書いている。ここでもまた、いかにして漢学の学習法からぬけ出すかがつねに念頭にあったことがわかる。なお念のためにいえば、今日では素読のようなことはしないが、幼少のころの旺盛な記憶力を活用して基礎的知識を獲得させることの価値は正しく認められている。しかし現代はそれと並行して、自発的な思考力を開発することがつねに考えられているのである。

一段

一筆　申上候　御手紙　拝見

一筆申上候　○御手紙拝見いたし候　○手紙を以て申上候　○此段申上候　○此段手紙を以て申上候　○右之段御尋申上候

（全③五九五）

十八段

骨折　朝晩　掃除　給金　圓　銭　小遣　澤山　辛抱　認　自筆　御覧

私事当地にて奉公致し候得共、田舎と違ひ骨折仕事は少く、唯朝晩掃除、町使等、気を付け働くばかりに御座候

一　給金は一ヶ年拾五圓に定り、毎月の小遣五十銭づゝにて澤山に候間、給金の内毎年九圓づゝ残り、五ヶ年辛抱致し候得ば、四十五圓の金は出来可申候

（以下略）

（全③六〇二）

福澤はおよそ百年前に同じことをいっている。七五調でおもしろく世界国尽を唱えているうちに、知識を獲得させようとしているとともに、記憶万能主義を排して、思考力や観察・読書・談話・著作・演説等が学問を実のあるものにし、活用するのに重要な意味をもっていることを発表していたのである（『学問のすゝめ』十二編・全③一〇三、後年では「文明教育論」明治二十二年・全⑫二一八）。

「文字之教付録――手紙之文」

端書によるとこれは、『文字之教』で読み書きにさしつかえないようになったら、手紙の文章をけいこするのがよいという趣旨で著されたものである。

紙面の体裁《ていさい》は前ページにあげた例のとおりで、一段から二十七段に分かれているが、段の進むにつれて、文例が幾分かずつ複雑になっていくようにできている。

やさしい文章のすすめ

とくにおもしろいのは二十七段で、まずしかつめらしいむずかしい文をあげ、それの一部を平易に書き直して示している。やさしい文章を主張する意見の、さわりの部分だけを現代文にしてお伝えしよう。

この二十七段の手紙は（中略）すべて文章はむずかしくて、学者の作に似ているが、内容はたいへんばからしくて、笑うべきものである。元来文章と内容とはまったく別のもので、つまらないことでもむずかしく書くことができ、大切なことでもやさしく書くことができる。むずかしい字を用いる人は文章が上手なのではない。実際下手であるがゆえに、ことさらにむずかしい字を用い、他人の目をくらまして、文の下手を文字でかざろうとするか、または内容のばからしく見苦しいことを、文字でかざろうとする者である。（全③六一〇―一）

そして、とどめの文章がまた光っている。

今の世の中に流行する学者先生の文章というものも、その楽屋に入ってみれば、たいていこのくらいのものなのだから、少年諸君は、かならずその難文にだまされないように用心しなさい。そのような文章や学者を恐れてはいけない。気力をたしかにして、やさしい文章を学ぶべきである。

以上の国語改革についての福澤の意見を、国文学を専攻し、福澤研究に進んだ伊藤正雄氏は次のように評価している。

福澤の生涯の事業は、一言でいえば、封建時代の儒教主義、漢学思想を日本からたたき出して、新しい西洋の科学文明、合理主義、自由主義の精神を国民の間にうえつけることであったが、それは同時に文章の面でいえば、これまでの漢文の権威、漢文に対する人々の迷信を打破して、あくまで平明達意を旨とした民衆的な日本文を打ちたてることでもあったのであります。それは今から思えばなんでもないことのようであるが、数百年にわたって、封建政府の奨励した儒教と漢文というものの威力が、まだ人心に深くしみついて離れなかった明治初年には、この福澤の文章革新の仕事は、今日から想像する以上に大きな意義があったのであります。

（伊藤正雄「福澤諭吉と国語の問題」『福澤諭吉論考』三七ページ）

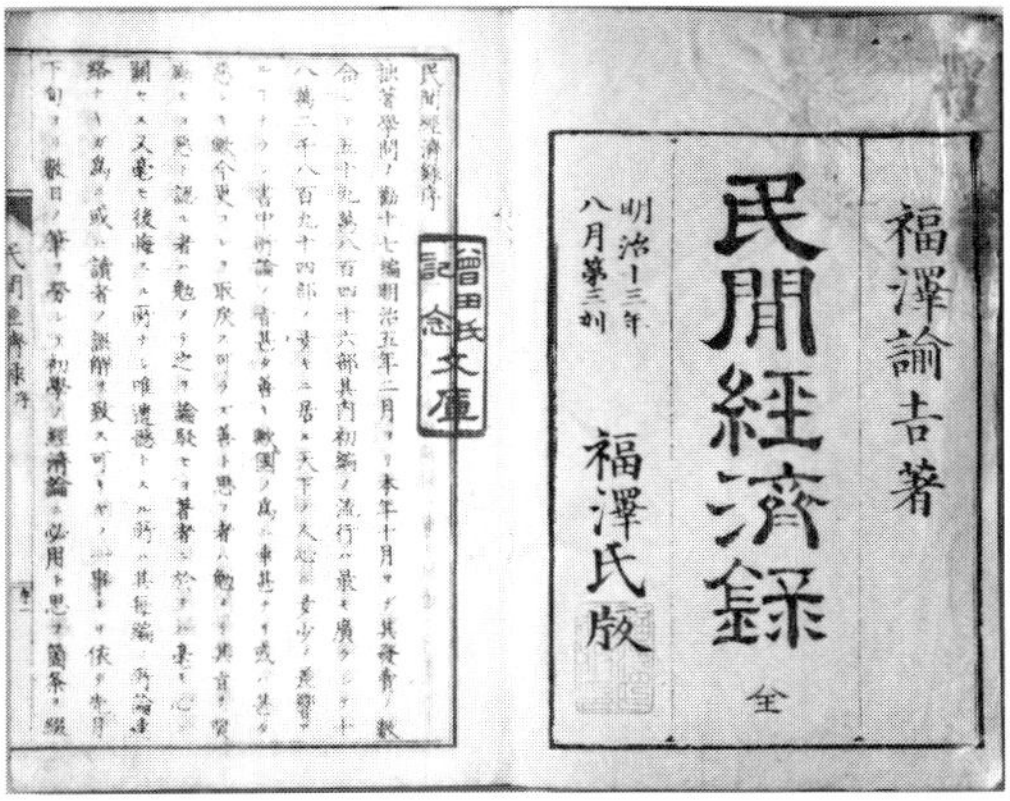

『民間経済録』（慶應義塾幼稚舎所蔵）

8　『民間経済録』

この本はやさしい経済論に多少、公民的事項を加えた一般向け経済読本ともいうべき本であるが、この本の「二編」の序文を見ると、「十五、六歳の児童」をも読者として考えていることがわかる。

本書の序文によると、福澤はこれを、『学問のすゝめ』全十七編の不十分な点を補うつもりで書いたといっている。彼は『学問のすゝめ』では、初等の経済論を、筋道立てて書くことにおいて不十分であると考えたようである。
この本のなかに、一種の家庭教育論（生活教育論）があったことは、前節（九二ページ）の「衣服下駄傘の始末もす可し」で、すでにとりあげた。福澤としては、経済の話とともに、そうした話もじかに青少年に語りたかったのであろうと思う。次にあげる目次を見ても、たんに経済のしくみや法則を説くだけでなく、社会人としての生活の心得が説かれていることがわかると思う。

第一章　物の価の事
第二章　賃銭の事
第三章　倹約の事
第四章　正直の事
第五章　勉強の事（勉強といっても学習の意味ではない。人間が「朝夕まめに働く」ことをいう。）
第六章　通用貨幣の事
第七章　物価高下の事
第八章　金の利足《りそく》の事
第九章　政府の事
第十章　租税の事

ついで明治十三年の『民間経済録　二編』の目次は、一章から六章までつづけて書くと左のとおりである。

1　財物集散の事／2　保険の事／3　銀行の事／4　運輸交通の事／5　公共の事業の事／6　国財の事

この二編の序文で福澤は、第一編の内容は家の経済であり、第二編はやや社会公共のことに及んだが、これは学問の順序に従う意図によるのである。三年前に第一編を学んだ十五、六歳の児童は、本年は十七、八歳の男女となり、まさに社会の一員となろうとする時にいる、といっている。これは本書一、二編が、かつて彼が「或云随筆」のなかで述べた学習の順序（第六章九八ページ）に従っているということである。福澤はよくその原則を保持しているという感がする。

女子のための学問

第六章のはじめで、そこで取り扱う教育内容はすべて男女に共通していることをことわっておいたが、男尊女卑を是正しようとしている福澤は、教える内容の点でも、女子なるがゆえに配慮していることがあるので、すこしそれにふれておこう。

明治十年前後に、福澤はかねて持論の世帯を営むには学問（実学）が必要であるとの考えに立って、女子も男子と等しく、「化学、窮理学」（今日の科学）、数学算術、経済学の知識を得るようにつとめなければならないという意見を書いていた（「世帯の事　二」全④四四五）。

明治三十二年「新女大学」ではこれを次のようにまとめている（全⑥五〇六）。

学問というほどのことではないが、貴賤貧富の別なく「女子教育の通則」となることは、文字、裁縫の初歩、手紙の文句、そろばん、衣服の仕立て、家計出納記帳、食事作り台所仕事一般である。

「学問の教育」には女子も男子も相違ない。第一が物理学（科学）を土台にして、それからめいめい好む学問へ進むのがよい。

しかしその「勉学の程度」は、家庭の婦人となれば妊娠出産育児もあって、男子と同じことはできないのも自然である。日本では昔から、女性の学問教育をなおざりにして、それが習慣となっているから、今日急に高度のことを求めても行われないであろう。私はそれは将来のこととして、いずれ他の人がなすのに遺し、今日はともかくも、今の女性に「文明普通の常識」を得させたいと思うものだ。

物理、生理、衛生法の初歩より地理歴史も大切で、植物学などもおもしろいであろう。ことに私が日本の女子にかぎって、ぜひともその知識を開発したいと望むところは、社会上の経済思想と法律思想との二つである。

女子に経済法律とは不思議に思われるかもしれないが、その思想がまったくないことこそ女子社会が無力である原因中の一大原因であるから、何はさておき、普通の学識と同時にこれの大意を知らせることがもっとも必要であろう。これはたとえていえば「文明女子の懐剣」といってもよいものである。

以上は成人女性を対象とした提言であるが、年少の女子の場合の方向を示しているともいえると思う。

4 「父兄は子弟に独立を教え、教師は生徒に独立をすすめ……」

子供の独立

はじめの言葉は『学問のすゝめ』三編に出てくる（全③四七）。

父としての福澤がわが子に、明治四年『ひゞのをしへ』を与えたことは前にふれた（二一ページ）。その教えのなかで、十月十六日に独立についてこう書いている（原文のまま）。

子供とて、いつまでもこどもたるべきにあらず。おいおいはせいちょうして、一人前《ひとりまえ》の男となるものなれば、稚《おさな》きときより、なるたけ人のせわにならぬよう、自分にてうがいをし、かおをあらい、きものもひとりにてき、たびもひとりにてはくよう、そのほかすべて、じぶんにてできることは、じぶんにてするがよし。これを西洋のことばにて、インヂペンデントという。

インヂペンデントとは、独立《どくりつ》ともうすことなり。どくりつとは、ひとりだちして、他人の世話にならぬことなり。（全⑳六八）

この独立の教えは、小さな子供のためのものとしては、まことに要を得ていると思う。自分でできることは自分でしなさい、という方針は、年齢の進むにつれて、自分でできることが拡大し、深まっていくことに応じることのできる、よい原則だと思う。

しかし福澤は、父母の養育のもとにある子供の独立は、無制限ではなくて、おのずから父母に従うという、一つの制限があると考えていた。

『学問のすゝめ』十一編でも、十歳前後の子供を取り扱うには、もとより子供の考えどおりにするべきではない。子供は未熟であり、親には愛情があるから、親の指図に従うことがその子の幸せとなる、という意味のことをいっている（全③九六）。

だから『ひゞのをしへ』でも、子供に独立を教えているが、同時に

「父母にきかずしてものをもらうべからず」

「ちちははをうやまい、これをしたしみ、そのこころにしたがうべし」

と書いている。

そこで後年になって、「成年に達すれば独立す可し」（全⑥二五三）という一文があるが、それによると本当の意味の独立——とくに何事でも自分で判断し行動する意味の独立は、子供が成人に達

して、まず生活の独立ができてからのことであると考えていたことがわかる。

右に関連することであるが、後述する（一三五ページ）ように、明治三十三年福澤の校閲のもとに、慶應義塾は独立自尊主義に則る「修身要領」二十九か条を作り広く世に発表した。そのなかで子供の独立については第十一条で次のようにいっている（原文のまま）。

子女も亦《また》独立自尊の人なれども、其幼時に在ては父母これが教養の責に任ぜざる可らず。子女たるものは父母の訓誨《くんかい》に従て孜々《しし》勉励、生長の後独立自尊の男女として世に立つの素養を成す可きものなり。

大人の独立

それでは成人になった時の独立とはどういうものであろうか。子供は年月とともに成人にすこしずつ近づいていくのであるから、成人のための独立論にもふれておかなければならないと思う。福澤はそれを『学問のすゝめ』で説いている。その要点を次にぬき出してみよう。

［註］欧米では、自由と独立とは同義語であって、表裏一体の関係にある。すなわち独立あれば自由があり、自由があれば独立がある。福澤はよく自由独立という表現を用いている。

○人間は生まれながらにして、上下の別がなく平等にして、自由独立な存在である。それを全うするためには、実学を学び、知徳を身につけなければならない。それによって一身を独立し、一国も独立する。

○平等であるとは、その権利が等しいということであり、その権利とは、生命・財産・名誉・言論等々の基本的人権が、万人みな等しいということである。

○自分の権利を行使するには、他人の権利を妨げてはならない。つまり自由独立には責任または義務がともなっていなければならない。（以上　初編）

○独立にはまず身体・生活の独立があるが、これだけでは人間の独立とはいえない。もっと大切なのは精神の独立である。（以上十六編）

○人間にとって自由独立が大切なわけは、これを確保することによって人間は、はじめて活発に活動し、与えられた諸能力を発揮することができるからである。（以上三編および十三編）

右のなかの権利の行使には義務を知ることが肝要であるということは、すでに『童蒙教草』のところでふれたが、福澤が当時もっとも世人に説きたかったことであった。というのは日本の社会には、自由という言葉があっても、ほとんど「我がまま」の意味に使われる習慣があったからであるという。だから福澤は次のように書いている（原文のまま）。

人の天然生まれつきは、つながれずしばられず、一人前の男は男、一人前の女は女にて、自由自在なる者なれども、ただ自由自在とのみ唱えて分限（福澤の用法では義務）を知らざれば、わがまま放蕩《ほうとう》におちいること多し。すなわちその分限とは、天の道理に基づき、人の情に従い、他人の妨げをなさずして、わが一身の自由を達することなり。自由とわがままとの界《さかい》は、他人の妨げをなすとなさざるとの間にあり。

（「初編」全③三一）

福澤は当時、旧幕時代の封建道徳においてほとんど知られていず、公にはまったく無視されていたところの、どんな人間にも人権という大切なものがあって、いかなる人もそれを侵してはならないこと、そしてそれとともに自由には義務がともなうことを、日本人に広く知らせたかったのである。

もう一つ、福澤がいいたかったことは、一国が独立して他国の侮りを受けないためには、国民ひとりひとりが独立していなければならないということであった。とくに独立心、独立の気力が必要であると考え、これを次のようにいった（原文のまま）。

わが日本国人も今より学問に志し、気力をたしかにして、まず一身の独立をはかり、したがって一国の富強を致すことあらば、なんぞ西洋人の力を恐るるに足らん。道理あるものはこれに交わり、道理なきものはこれを打ち払わんのみ。一身独立して一国独立するとはこの事なり。

（三編、全③四三）

そして福澤は、個人の独立と国の独立との関係を次の三か条にまとめた。

第一条　独立の気力なき者は国を思うこと深切ならず。

第二条　内に居て独立の地位を得ざる者は外にありて外国人に接するときも、また独立の権義を伸ぶること能わず。

第三条　独立の気力なき者は人に依頼して（人に依頼してとは他人の力をかりての意）悪事をなすことあり。（三編、全③四三—六）

ここで福澤が、国のことを強くいっているのは、当時の世界では一小国であった日本の独立そのものが心配された時代であったからで、国の安危に目をふさいで、個人の人権や自由独立を主張しても、それが夢想になってしまうと思っていたからである。

しかし他方で、思想家としての福澤は、国境を設けてそれぞれが争っているのは、人間の文明がまだ十分発達していないからであって、人間がもっともっと進歩すれば、いずれは国の別も争いも無用となり、正しい道理によって人びとが平安な生活を送るようになると考えている。この進歩の思想は時代の思想でもあった。十九世紀の半ばごろは科学への信頼が厚く、人間の進歩について楽天的な考え方がひろがっていた。しかし晩年の『福翁百話』中の「人事に絶対の美なし」では、そのような進歩の極限が到来するのは「千万年後」といっているところを見ると、福澤も簡単に考えていたわけではない。（全⑥三七八）

さて、それはそれとして、福澤は、人間にとっての普遍的な価値である人権とか自由独立というものの実現をいつも心に願いつつ、そのときどきの日本のおかれた現実の内外状況のなかで、その実現方法を判断する人であったのである。

「独立自尊」という言葉の誕生

独立について述べれば、話は自然に、福澤の「修身処世」の標語である独立自尊の主義にふれなければならない。独立自尊という言葉が福澤の文章にあらわれるのは、明治二十三年の「尚商立国論」がはじめであるというが、それ以後もあまり使っていないようである。しかしその考え方は、『学問のすゝめ』はじめ主な著書・論説を見ると、明治初期から明らかに存在している。

さて、この言葉が成語として世の中に出るようになったのは、明治三十三年二月に、慶應義塾が独立自尊の主義にもとづく「修身要領」二十九か条を発表してからのことである。次にそのいきさつを簡単に書こう。

明治三十三年十二月、福澤は門下生の主《おも》だったものにたいして、修身道徳の教えは時代とともに変化する性質のものであるから、今の時代に適する「修身処世の綱領」ともいうべきものを作ってはどうかとはかった。『慶應義塾百年史』によれば、その動機は「日清戦争後の思想界の混迷とそれに伴なう道徳的頽廃《たいはい》の傾向の著るしい世相を見て、新しい時代に即した道徳の指標を樹立するの必要を感じ」（同書中巻（前）、昭和三十五年、六ページ）たところにある。

この福澤の諮問《しもん》を受けて、その門下生が委員となり、何回も協議を重ね、二十九か条を起草した。最終的に福澤の校閲を受けて完成、これを「修身要領」と名づけて発表した。

この制作のはじめにあたり、委員は案文を作るのに福澤の言行、すなわち平素の意見と行いを基礎とすることにきめ、その言行を簡単にいいあらわすには、どういう言葉がよいかということになった。その時、委員中の長老小幡篤次郎《おばたとくじろう》が、「先生の言行は要するに独立自尊の四字に帰着するのであるから、この四字を標語とするのが至当であろう」といったので、これに決したということである（石河幹明著『福澤諭吉伝』第四巻）。

したがって、この修身要領には、独立自尊という言葉がたびたび出てくる。まず第一条は次のとおりである（原文のまま）。

人は人たるの品位を進め智徳を研《と》ぎますます其光輝を発揚するを以て本分と為さざる可らず。吾党の男女は独立自尊の主義を以て修身処世の要領と為し、之を服膺《ふくよう》して人たるの本分を全うす可きなり。

独立自尊という言葉が広く知れわたったのは、当時の主な新聞がみな修身要領をとりあげて論評を加えたことによるとともに、発表後慶應義塾から数年間にわたり、教授等が各地に出張し講演会を開いて、独立自尊主義を広めるようにつとめたからである。

今から考えると、すでに明治二十三年には日本の教育の根幹たるべき「教育勅語」が出されていたのである。これを一方において、福澤が独立自尊主義の「修身要領」を出したことは、かなり時勢や体制に抵抗することであったと思う。だからそれを批判して、「東京日々新聞」は「国民の修身に関しては教育の勅語あるに、修身要領が一言これに及ばざるは失体といわざるを得ず」と述べた。事実、要領には教育勅語のことは一言も出てこない。

独立自尊とはどういうことか

福澤によれば、人間は本来動物とは異なったところの存在で、自尊自重の本心（知徳）をもっている。やさしくいえば、自分は動物ではなくして人間なのであるから、人間としてもつべき人格をけがすことはできない、知徳をもって世の事実に接しなければいけない、とする独立心・自尊心がある。

この心に目覚めた人間は、その内なる心に命ぜられて、他人の指図を受けることなく、自律的に行動し、善をなし悪をしりぞける。

そして人間としてもつべき人格を尊重するのであるから、当然自分のことだけでなく、他人の人格と自由独立を尊重する。

つまり独立自尊とは、封建道徳（支配・服従の道徳）にたいする、個人の尊厳にもとづく自律の道徳であった（以上、主として『福翁百余話』中の「智徳の独立」〔全⑥四〇四〕と「徳育如何」〔全⑤三六二〕による）。

福澤が明治三十三年に、これを「修身要領」の形で世に広く出したのは、日本の社会にはまだまだ儒教的封建道徳を肯定する思想や風習がたくさん残っていたからであって――実をいえば、昭和二十年まで、変化しつつもほぼ同じ傾向はあったように思うが――個人の自由独立を基本とする独立自尊主義をいっそう世に広め社会全体の徳性を高めていかなければならないと考えていたからである。

しかし一方では、福澤は自律の道徳を理解し身に行うことは、かなりむずかしいことであり、今日一般の多くの人びとに期待しうることではないという認識をもっていた。だから彼は独立自尊主義だけで、広く道徳心の向上ができるとは思っていなかった。それなら一般的にはどうしたらよいのか。福澤は、宗教によって社会の徳風を厚くし、それの影響によって人びとの道徳心を維持していくことが必要であるといっていた。いわば二段構えの徳育論であるが、福澤はこの考えを明治十年前後からもっていたとみられる。当時の「覚書」〔全⑦六六四〕にその趣旨があるし、また明治十五年の「徳育余論」〔全⑧四六五〕には、もっとはっきり書いている。

なお、ついでながら、独立心とか自尊心とかいうものが、江戸時代にまったくなかったのではない。とくに武士階級の良質の部分では、武士としての誇りとか、自己の判断の独立を重んずるということのなかに見られる（源了圓著『徳川思想小史』中公新書、昭和四十八年）。しかしそれらは大勢においては君臣という上下関係にある人としての独立心であり自尊心であったように思われる。福澤の独立自尊は、それを人間としての誇りのレベルにまで高めたものだと思う。

それゆえ福澤は、封建思想を根気よく批判したが、一方で士族が伝統的にもつ教養と気力を高く評価し、これを保存して日本の近代化のために生かさなければいけないと、強く説いた人でもあった。

福澤が逝《い》ってから、八十余年たったが、今日でも依然として独立自尊の根本の精神はますます追求されなければならないものだと思う。

5 「子供ながらも卑劣なことをしたり卑しいことばをまねたりすればこれをとがむるのみ」
――子供の品格を高くする――

冒頭の言葉は、『福翁自伝』のなかの、福澤自身の子育ての話のなかに出ている（全⑦二三三、『福翁自伝』出版会版、二八六ページ）。

福澤が子育ての過程で、健康第一主義であったことはすでにふれたが、それとならんで大切なことは、勉強ではなくて、子供の心を卑しくしないということであったと思う。

それは『自伝』の次の文を読むとよくわかる（原文のまま）。

子供の教育法については、わたしはもっぱらからだの方を大事にして、幼少のときからしいて読書などさせない。まず獣身を成して後に人心を養うというのがわたしの主義であるから、生れて三歳五歳まではいろはの字も見せず、七、八歳にもなれば手習をさせたりさせなかったり、マダ読書はさせない。それまではただあばれ次第にあばれさせて、ただ衣食にはよく気をつけてやり、また子供ながらも卑劣なことをしたり、卑しいことばをまねたりすればこれをとがむるのみ。

（『福翁自伝』出版会版、二八六ページ）

だから『ひゞのをしへ』のなかでも、次のいましめがある。

○うそをつくべからず
○ものをひろうべからず
○人のうわさかたく無用
○ひとのものをうらやむべからず

物を拾うなというのは、道に落ちているものを拾い、自分のものにしてしまってよろこぶ姿に、心の卑しさを感じたのであろう。今日でも駅のゴミ箱から新聞・雑誌をあさっている普通の大人を目にすると、わが子にはまねさせたくないと思う人もいるだろうと思う。

他人のうわさ話をすることは、ある程度は自然だと思うが、とかく興味本位のうわさ話に、人は誘惑されやすい。気をつけないと品性を卑しくする。福澤のいっているのはこっちのほうだと思う。うわさ話でできあがっているような一部週刊誌を見ればわかるとおりである。福澤はいいことを書き残してくれたと思う。

他人のものをうらやましく思うのも、度をすごすと、やきもちや、うらみに変化し、人の心を卑しくするから、これをいましめたのであろう。

『福翁百話』のなかに「子供の品格を高くすべし」(全⑥二七〇—一)という文章があるが、子供として品格を高くするとは、右にあげたようなことなのであって、品格という言葉から連想するような、いかめしいことではない。『百話』のなかでも、子供の品格にとって好ましくないこととして、「懦弱《だじやく》卑劣」をあげている。やさしくいえば、懦弱とは意気地《いくじ》がない、気力が弱いことで、つまり福澤は、健康で気力が強く、卑劣なことをしないような子供をよしとしていたことがよくわかる。

次にこの文章のなかに、自分の家で父母が気をつけていても、世間にはさまざまな人も子供もいて、わが子にその影響が及ぶのをふせぎたいと思うこともある。そんなときはどうしたらよいのか、ということが出ている。

福澤の意見はこうだ。まず家庭生活が正しく楽しく営まれていれば、子供は両親を信頼し親しんでいる。だからたとえ近所の子供に、好ましくないものがいても、あれはあの家のことであり、わが家《や》の子供のすべきことではないといって、導いていけば、子供ながら精神の独立を生じて、周囲の悪い風俗に接しても、伝染の心配は少なくなるであろう。こういっている。

昔から、とかく周囲に同調し、同じことをしないと落ち着かない、あるいは近隣との「平和」が保てないという傾向があるのは、人間社会の一面かもしれない。しかし「わが家はわが家」という考え方は、周囲と協調しながらも、大切な点については、わが家の行き方の独立を心にかたく保持していることであり、子供の精神の独立を育てていくうえで、今日もなお大切なことであると、私は思う。

『論語』にも「君子は和して同ぜず」という言葉がある。福澤も儒学の良質の部分は、人の心を「鍛錬して清雅ならしむる」ものと認めていた（『文明論之概略』全④一六三）。そういえば、福澤の生涯の言行は「和して同ぜず」で貫かれているといっていいかもしれない。

大人の場合の品格

さて子供の場合をはなれ、成人にたいしては品格について、どう説いたのであろうか。これにすこしふれておこう。

福澤は明治二十九年に慶應義塾同窓生の会合で演説し、「我党の士」においてとくに重んじるところは人間の気品である、といったことがある。福澤はこの演説をすぐに「時事新報」に掲載しているから、広く社会へ向けての発言であると考えてよい（「気品の泉源智徳の模範」全⑮五三一）。そしてこれは気品という言葉で、品格を説明したものだと思う。

この気品とはどういうものであろうか。「品がある」とか「上品」という言葉があるが、これは「衣食足って礼節を知る」で、一定以上の生活の確保のうえでなりたつものであろう。いいことにはちがいないが、福澤の「気品」はこれともすこしちがう。

福澤によれば気品とは英語でいう「キャラクター」、孟子のいう「浩然の気」にあたるもので、普通の道徳論でいうところの、善悪とか正邪などという簡単な標準で律することができるものではない。これはいかにも、洋学と漢学の両方の教養をもっていた福澤らしい言葉であるが、試みに辞書を引いてみると、「キャラクター」は「品性、人格、道徳的性格等」とあり、「浩然の気」は「天地間に流行している元気で、人に宿って道徳性の勇気となるもの」とか、「ものごとから解放された屈託せぬ心持」「広々とした豊かな気持」などと出ている。

これを読むと、福澤の気品とは倫理的な力強い、豊かな開かれた心を中核としたものであるように感じられる。

私は、独立自尊主義とは、この気品を実践道徳化したもののように思うものだ。

6　家庭教育は厳しいのと寛かなのとどちらがよいか

福澤は明治九年五月に「子供の教育は余り厳ならずしてよき例を示すは則《すなわち》よき教《おしえ》なり」（全㉑三九一）という演説をしてこのことにふれている。

結論をさきにいえば、厳しすぎても、寛《ゆるや》かすぎてもよろしくない、中庸がよいといっている。そしてこれは、彼の習慣教育論、父母の言行重視の説とも関係が深いので、ここでとりあげておきたいと思う。

まず福澤の説くところを現代文にしてあげよう。

植物の花が開くには雨露の助けが必要である。そして気候が寒くもなく、暑くもなく、ちょうどよい時に、自然の法則に従って、草木の内部の力がつぼみを開かせ、充分な花を咲かせる。子供の成長もこれと同じである。

子供の発育には父母や教師の助けをかりることが必要である。そしてその教育は寛厳いずれがよいかといえば、厳しくても厳しすぎてはいけない、寛かにしても寛かすぎてはいけない、いわゆる中庸がよいのである。

さて中庸がよしとして、一つ注意すべきことがあると福澤はいう。それは幼少年期という大切な時期の教育を誤らないことである。ここで持論の習慣教育論を展開する。習慣論は第五章ですでに述べたから、多くはくりかえさないが、福澤の真意は次のことにあると思う。

つまり、厳とか寛とか一方にきめるのではなくて、厳も寛もときに応じて必要だろうが、いずれにしてもいきすぎはいけない。そしてもっと大事なことは、幼い時の家庭教育は、父母が自分の言行の影響力を自覚して生活するかどうかという点にかかっているということである。福澤の文章をさらに引用しよう。

子供が家庭の教育を受けるにあたっては、その家の風習、つまり立居ふるまいから、話の仕方、世間の人との交際などに至るまで、父母の例を見たり聞いたりして、身につけていくものとすれば、もともと子供の性質は白紙のようなもので、父母が赤くそめつけたものは赤となり、黒くそめつけたものはいつまでも黒くて変わらず、成長の後に受ける教えはただ知識を増加するだけのものである。

これにつづいて厳しすぎる教育の害を述べる。

人びとのなかには子供を教育するのに、ただ厳しくし、顔さえ見ればしかり、学校から帰れば勉強で責め、休日も勉強々々で、すこしも遊ばせないものがある。これは読書という一つのことだけ注意して、心身の発育に注意しないものというべきである。

しかし勉強のみ強制するときは、かえって知識を得ないだけでなく、身心の発育を妨げ、病気に苦しむものを出すこともある。（中略）つまり子供をいちいち厳しく責めつけるのはよくないのである。

世間を見ると厳しい親の子に、放蕩《ほうとう》ものがあるのはどうしてだろうか。むしろ厳しく教育するよりも、よい例を示し、これを手本とさせて、教え導かなければならない。たとえば、ごく年少の子供には図解して字を教えるように、すべて例を示すことを最上とするのである。

両親が粗暴ならば、かならず子供は粗暴にならざるをえない。不行状は不行状を、無学は無学を生み出すように、子供にとって見るもの聞くものみな、手本とならないものはないのである。

かくして結論は、厳しくするよりも、むしろ子供をとりまく「周囲の社会」が大切なのである、ということになる。周囲とは、主として父母の言行、近隣の大人や子供の言行をさしている。

以上の結論は、今日もなお原則として生きていてよいことだと思う。その一方において、今日は親の教育的権威があまりに落ちているので、もうすこし厳しさが必要ではないかという、一種のバランス感覚から出てきた意見もあって、これも当たっていると思う。

しかしそれはそれとして、福澤が厳しい教育に積極的に賛成しないのは、それだけのわけがあったと、私は考える。

一つは時代からくるものである。

福澤は、江戸時代以来主流をなしている、儒教の厳格主義の教育方針は、人間の自由な活動を厳しく束縛するものであり、それでは人間が本来もっている、さまざまの能力を伸ばすことはできない、むしろそれを積極的に伸ばさなくては、新しい文明社会をつくれないと考えていた。

それゆえに、福澤は厳しい束縛よりも、自由解放の寛大さを、教育方針の基調とするのである。くどいようだが、これは基調であり原則であるから、個々の場面で厳しさを否定しているわけではない。

さてもう一つのわけは、福澤自身の性格から出てきたことであると思う。つまり彼は本来子供好きで、やさしかったのである。そこで、他の家の幼い女の子の目にうつった、壮年福澤のやさしい姿をご紹介しよう。

江戸へ来てから福澤は、当時蘭方医にして代々将軍家奥医師をつとめた桂川《かつらがわ》家の七代目甫周《ほしゅう》の下にしばしば出入りして、そこに集まる洋学者たちと交遊し勉強する機会をもったが、甫周にはみねという当時数え五歳の女の子がいた。

このみねが八〇歳の時に、すすめられて『名ごりの夢』という思い出の記を口述し、出版された(現在、東洋文庫九、平凡社、昭和三十八年)。この書に当時の福澤の姿が出てくる。

彼女は、柳川春三《やながわしゅんさん》、神田孝平《かんだたかひら》、箕作秋坪《みつくりしゅうへい》、成島柳北《なるしまりゅうほく》、福澤諭吉、宇都宮三郎などという明治時代に各方面で著名人となった人びとに、遊び相手になってもらったのであるが、福澤について次のように語っている。

福澤さんのお背中が一番広くておんぶ心地がよいなどと申したものです。それから牡丹《ぼたん》の咲いたお庭で、大岩をまん中にして戦さごっこをしましたが、福澤さんは私をおんぶのまま二足か三足で身軽にその岩をとび越えられたり、また割合いにお近くだったおうちへ私をおつれになって、お机の引出しからあちら（外国）のおみやを出して下すって、またおんぶで送っていただいたことなど、ハッキリと記憶しています。（後略）　（今泉みね『名ごりの夢』五ページ）

しかし、やさしさのなかにも福澤らしい、一味ちがったところの思い出もある。当時集まった洋学者のなかには芸人はだしのかくし芸の得意な人が何人かいて、互いに楽しんだそうだが、福澤はそのほうは得意でなかったらしい。

福澤さんはめったにお遊び（かくし芸のこと）になりませんでしたが、ときには私の相手をして下さることがございました。歌がるたをしても名人だったので、福澤さんの方へ組むといつも勝ちでした。いったい何をしてもお上手でおもしろく、また物知りでいろいろお話をしていただきましたが、時間がくるとぴたりとよしてしまって、いくらねだってもきき入れて下さいません。その時はいい方だけれど強情の方だと思いました。子どもに対してもきげんをとる風がなく、教えてゆくという気骨がおありになりましたので、子ども心に先生のような気がしていました。どんなことをうかがってもも面倒がらずによく教えて下さいました。

「乞食《こじき》にむやみに物をやってはいけません。乞食は懶《なま》け者が多いから、むやみに物をやるのは懶け者をふやすようなものです」というお話はいまも忘れません。（前掲書三四―五ページ）

時間がくるとぴたりとよしてしまったり、子供のきげんをとるふうがない、というのも、子供のことをよく考えたうえでの、福澤流のやさしい厳しさだと思う。

厳か寛か――その結び

以上に述べた、寛厳についての考え方を、福澤は晩年に書いた「文明の家庭は親友の集合なり」（『福翁百余話』七、全⑥四〇二）でまとめている。要点をご紹介しよう。

福澤は、日本に昔からある厳父慈母の主義、すなわち父親がもっぱら厳しい態度をとり、母親はかげでかばい、とりつくろうというのは、男尊女卑の社会に生まれた方針である。文明が進むにつれて、親の子にたいする態度もしだいに改めなければならないという。

　子に対する父母の権力は正しく同一様でその間に軽重はない。厳なれば父母共に厳、慈ならば父母共に慈であるべきものである。子を育てるに、慈も厳も時に応じて必要であるが、たとえ厳といっても他人らしく厳重にかまえて子供をしかるには及ばない。父母の言行さえ正直で清浄であれば、家庭はまるで親友の集合であって、いつも春のような楽しさがあるであろう。

それでも、子供に不心得なことがあったときにはどうするか。

父母はやさしいなかにも、自然に不愉快の感じを持たざるをえない。その感情が顔色に出れば、それこそ子供にとって無上の苦痛、無上の厳しいこらしめであって、子供の心を改めさせるのに十分であろう。この時も母は女性なるがゆえ、いちずに子を愛する情がはしるかもしれないが、文明の教育を受けた母は、その説諭にも条理をそなえて、その一言はいわゆる厳父の雷よりもまさっているであろう。

こうして福澤は次のように結ぶ。

それゆえ厳父慈母の家庭は昔話として、今日の家庭には父母兄弟姉妹などの長少前後の別はあるが、他人行儀に尊卑の階級をつけることは無益である。老人は友人中の長老であり、年若き子女は新入りの親友である。共に語り共に笑い、共に勤め共に遊び、苦楽貧富をともにして、文明の天地に悠々と生きるべきである。

親と子と孫との三世代の人間がいて、お互いに年齢の差はあっても、基本的には苦楽をともにする親しい友人のような家庭が、福澤の理想像であることを説いているのである。

塾生をしかる

最後に、慶應義塾の学生にたいする厳しさのエピソードを『福翁自伝』から引いておこう。幕末維新の戦争が一段落つくと、塾生もしだいにふえてきたが、何分にも戦争帰りの血なまぐさい若者が多く、とかく塾中の空気が乱暴になってきて、ほっておくわけにいかなくなる。福澤はそういう塾生には、厳しい対応をするのはすこしもためらわない。

彼は新銭座で慶應義塾と命名した時に、簡単な塾則をこしらえたが、それは塾中で金の貸借いっさいいけない、就寝・起床・食事の時刻を守る、落書きはいっさいいけない、壁障子はもちろん、自分のあんどん、机もいけないといったことだった。以下『自伝』を見よう（原文のまま）。

すでに規則をきめた以上はソレを実行しなくてはならぬ。ソコで障子に落書きしてあれば、わたしは小刀をもってそこだけ切り破って、この部屋にいる者が元のとおりに張れと申しつける。それからあんどんに書いてあれば、だれのあんどんでもかまわぬ、その持ち主をとがめると、ときとしてはその者が「これは自分でない、人の書いたのです」と言ってもわたしは許さぬ。人が書いたというのは言いわけにならぬ、自分のあんどんに落書きされてソレを見ているというのはばかだ、ばかの罰にそうそう張り替えるがよろしい。落書きしたあんどんは塾におかぬ、破るからアトを張っておきなさいというようにして、寸毫《すんごう》も仮《ゆる》さない。

（『福翁自伝』出版会版、二〇四ページ）

ときには桐の木の箱枕《はこまくら》に、いかがわしい落書を見つける。「コリャなんだ。私有品でもいけないといったではないか。この枕は私は削りたいけれども削ることができない。ぶちこわすから代りを取ってきなさい」という調子で、その枕をとりあげて足でふみつぶして、かかってくるなら相手になろうといわぬばかりのおもわくを示したところ、けっしてかかってこない。福澤の大きな身体と意気込みが相手に勝つ。こうして塾中もしだいにおさまりがつき、塾風もしだいに高尚になったと書いている。

ついでながら、福澤がときに応じて厳しく対応して塾生を導きえたのは、彼が平常、人に屈せず人にいばらず、という態度をごく自然にとることができた人であったからだ。その夫人にも子供にも、青年書生にも相手の名を呼びすてにすることができないという、その人柄が背後にあったればこそのような気がする（『福翁自伝』出版会版、一八八ページ）。

第七章　福澤は孝行をどう考えていたか

第四章ですでにその一端にふれたように、福澤は、儒教の孝の教えと、それと関係の深い江戸時代以来の男尊女卑論を批判した。この二つは彼の家庭教育論の基礎をなすものであるから、ここに改めて、すこしまとめて第七章と第八章でご紹介したいと思う。

孝行の問題

私がこの問題に関心をもったのはだいぶ古い。昭和二十四年ころのことである。

それにはすこしわけがある。そのころは、明治以来、日本の教育の神聖にして絶対的なより所であった教育勅語がすでに学校から姿を消し（二十一年秋捧読中止、二十三年六月国会両院で失効決議）、勅語のなかでとくに重要な徳目であった忠孝が批判のまととなっていた時期である。

つまりそのころは敗戦を契機とする日本人の価値観の転換期であり、その後何年もそれにともなう混乱がつづいたはじまりの時期である。『孝行無用』という本が出たこともある（昭和二十七年、ただし内容はまじめなものであったが、題名がいかにも当時らしい）。

明治の文明開化期は、転換期という点でたいへん似ている。その時期の『学問のすゝめ』八編を読むと、福澤は当時世に通用していた孝行の説を痛烈に批判している。しかし彼が批判しているのは、江戸以来伝統の儒教的孝行の教えなのである。

だから福澤は「親に孝行するはもとより人たる者の当然、老人とあれば、他人にてもこれを丁寧にするはずなり。まして自分の父母に対し情を尽くさざるべけんや。利のためにあらず、名のためにあらず、ただ己れが親と思い、天然の誠をもってこれに孝行すべきなり」と、はじめにことわってから、批判を始めるのである（『学問のすゝめ』八編、全③八三）。

それならば福澤は、どういう理由で伝統の孝を批判し、これに代わってどういう孝行をよしとするのであろうか、ということが私の注意をひいた。

だからこの章では、この問題から始めて、さらに福澤のよしとする孝行が、今日どのような意味をもっているのか、ということに及びたいと考えている。

伝統的な孝行の例話

はじめにまず、伝統的な孝行の教えとはどんなものか、実例をご紹介しよう。

二十四孝という話がある。若い方は耳にしたことのない話かもしれないが、今日でも古典落語のなかには一部が残っている。中国古来の代表的な孝子二十四人の行いの話である（以下の例は『蕃《ばん》山《ざん》全集』第二冊所載の「二十四孝小解」による）。

たとえば晋《しん》の王祥《おうしよう》は、継母に不孝な子であると、父に告げ口されて父の愛を失った。冬のさなかにその継母がなま魚が食べたいといったが、氷がはっていて思うにまかせない。そこで裸になって氷の上に寝ると、たちまちとけて鯉がとび出したので、それを継母に供して孝の鑑《かがみ》とされた。

同じく晋の呉孟《ごもう》は八歳、家貧しく夏でも蚊張《かや》がない。そこで呉孟は裸になり、親のそばに寝て蚊を自分に集めて親を安眠させた（伝承するうちに、裸に酒をぬったというようになった話もある）。

また漢の郭巨《かつきょ》は親と子をかかえるが、貧しくて食物が十分買えない。老母が孫を愛しそれに食物を分け与えるのを見て、孫がわが親の食物をへらしてしまう、つまりは不孝であると考えた。子供はまた生まれるが、親は再び持つことはできない。それならいっそわが子を穴に生き埋めにしようと考え、穴を掘った。ところ天がその孝心に感じたものか、掘った穴から黄金一釜が出てき、母に孝養をつくすことができたという話である。

二十四孝の話は、中国の元の代にととのえられたもので、日本に南北朝時代に入り、室町時代にお伽草紙《とぎそうし》に作り上げられた。そして江戸時代に教訓書として広く知られたという。しかし、あまり話が現実ばなれしているから、当時でも全面的に信じられたとは思われないが、ともかく教訓書として用いられていたということは、当時の孝行のより所がどの辺にあるかを示しているといえよう。二十四孝は中国の話であるが、日本の儒家として有名な中江藤樹《なかえとうじゅ》（江戸初期の人）は『翁問答《おきなもんどう》』という本のなかで次のようなことを述べている。現代文に直して引用しよう。

親が慈悲深く道理にあった行ないをする場合の孝行は、子にとって行ないやすい境界《きょうがい》だから、さして孝行というべきものでもない。親のいつくしみが浅く、無道なことをしても尚孝行をすることこそ、まことにありがたい孝子である。このことは大舜《だいしゅん》がなさった孝行を以て、しっかりと会得すべきことである。

（岩波文庫『翁問答』昭和十五年版、六七ページ）

右の大舜（二十四孝の一人）とは、中国古代（先史時代）に存在したとされる、伝説上の理想の天子舜のことである。そのころ天子の位は世襲ではなかった。この舜は天子の位につく前、その父が後妻とその子を愛して、先妻の子である舜を殺そうとしたのであるが、従順に子たるの孝道をつくして父につかえた。それを時の天子堯《ぎょう》が認め、その位を舜にゆずったという話である。これが儒教で、子の父母にたいする手本となっている（桑原隲蔵《じつぞう》著『支那の孝道』一四ページ）。

さて右の話を耳にすると、今日のわれわれは、いくら孝行が大切だといっても、自然の人情に反し、子供の人権を無視した孝行はごめんであると思うであろう。しかもそれが、親から子へ一方的に強要されるたてまえになっていることにも反発するであろう。福澤はどういっているのであろうか。

福澤の孝行批判

福澤が孝行について述べたいちばん古いものは明治三年の「中津《なかつ》留別《りゅうべつ》の書」である（第四章でふれた）。そこでは次のようにいっている。

親に孝行は当然のことである。ただ一心にわが親と思い余念なく孝行をつくすべきである。（『論語』にいうところの）生まれて三年間父母にいだかれて育つのだから、三年の喪《も》をつとめるなどとは、勘定ずくの差し引きであって、あまり薄情ではないだろうか。

世間では子が孝行しないからと、とがめることがあっても、父母が子にたいし慈愛がないことを悪いというものはまれである。

子供が幼い時は親の権威と慈愛で教育の面倒を見るのが親の役目であるが、子供が成人になったら、その自由独立をおかしてはならないのである。

ついで福澤は『学問のすゝめ』八編で、さきの二十四孝を例にとりながら、伝統的な孝の教えを批判し次のようにいっている。

古来和漢にて孝行をすすめた話はたいへんに多く、二十四孝をはじめとして、その他の書物も数えきれないほどである。しかしその本を見ると、十中八、九は人間にできないことをすすめるか、または馬鹿げた笑うべきことを説くか、はなはだしい場合は、道理にそむいたことをほめて、孝行とするものがある。

寒中に氷の上に寝て、とけるのを待つのは、人間にできないことである。夏の夜に自分のからだに酒をかけて蚊にくわれ、親に近づく蚊を防ぐよりも、その酒代で紙張《しちょう》（紙の蚊張）を買うこそ知恵ある者ではないだろうか。父母を養うべき働きもなく、途方にくれて、罪もない子を生きながら穴に埋めようとする、その心は鬼とも蛇ともいうべきことで、天の道理、人情を害すること最高というべきことである。さきほどは、不孝に三つあるとして、子を生まないことさえ不孝としながら（孟子は子孫がなければ先祖の祭りが絶えるから不孝とした）、今ここではすでに生まれた子を穴に埋めて、あとつぎを絶とうとした。どちらを孝行とするのか。前後矛盾するでたらめな説ではないか。（全③八三）

福澤は、寒中の鯉の話は人間に不可能なこと、蚊張の話は愚かな笑うべきこと、子を生き埋めにする話は天の道理、人の情に極度にそむくものだと、最大級の言葉で非難した。そしてさらに批判をつづけるが、その際、彼は右の親子間の権威（権力）と服従の関係は、儒教の名分論《めいぶんろん》（福澤は上下貴賤名分論と呼ぶ）なるものにもとづくと考えていて、その言葉を使って論ずるので、ここですこしばかり説明しておこう。

名分とは臣とか子とかいう名に応じて、君・親などにつくすべき本分（つとめ）であり、儒教では社会秩序維持のためとくにこれを重んじたのであるという。

儒教が江戸初期に官学となった時、幕府の儒官林羅山《はやしらざん》は、儒学の一派朱子学によって、人間の上下の身分差別は、ちょうど天地の上下関係のように先天的なものだとする人倫（道徳）を説いたという（源了圓『徳川思想小史』二五ページ）。親子の間柄でいえば、子供が何歳になろうとも、親子の間には、人権の同等の関係は生まれてこないことになる。

さて、もとにもどって福澤の二十四孝批判をつづけよう。

結局、この孝行の説も、親子の名義をきびしく問いただし、上下の分を明らかにしようとして、無理な孝行を子供の責任にするものであろう。その根拠はどこにあるかというと、「妊娠中に母を苦しめ、生まれて後三年父母のふところにて世話になる、この大恩はどうであるか」という。

しかし子を生み養育するのは、人間のみがすることでなく、鳥やけものは皆そうする。ただ人間の父母が鳥けものと異なるところは、子供を教育して、人間社会の道（倫理）を教える一事にあるのだ。

それなのに世間の父母のなかには、子供を生んでも子供を教えることを知らぬものが多い。酒色におぼれて子供に悪例を示し、家名を汚し、財産をなくして貧乏となり、元気がだんだんなくなれば、ついには愚かなわからずやとなり、そこで子供に向かって孝行せよと責めるのはいったいどういう気持ちなのだろうか。どんな顔をしてこんな恥知らずなことがいえるのだろうか。

こうなった親は子供にひどく無理なことを要求するが、福澤の目から見ると、伝統的孝の教えは、理不尽な親の味方である。その結果は次のようだ。

父は子の金をむさぼろうとし、姑《しゅうとめ》は嫁の心を苦しめ、父母の心をもって子供夫婦の行動を束縛し、父母の理不尽はもっとものこととされ、子供のいい分はすこしも立たない。嫁はまるで地獄に落ちたようで、起居眠食どれも自由がない。ひとつでも舅《しゅうと》姑の意に反すれば、すぐに不孝者といわれ、世間の人もこれを見て心に無理とは思いながら、自分に責任がないから、まず親の不理屈に味方し、理不尽にその子を非難するか、あるいは世間通の俗な人間のなかには「理非はともかく、何でも親をだませ」と、だまし方を教える者がある。どうしてこれを人間の正しい生き方といえるであろうか。

以上の批判で福澤は、伝統的な孝の教えとは、強い親の権力をもって、子供の人権・人格を無視し、無理無法な行為を一方的に強要するものであると批判したのである。そのうえ普通の人間にできないようなことを強制するのであるから、その孝はとかく形式に流れ、人間が偽善的になるといったのである。

しかも福澤の言葉はすこぶる手きびしい。どうしてこのようにきびしく非難したのかという感じもする。しかしそう思うのは現代社会のかなりの部分で、親の権威――とくに父親の権威（本当は教育的権威というべきもの）が、地に落ちているからではないだろうか。明治のころのことが想像しにくいのではないだろうか。

したがって、これはやはり江戸から明治へという時代の孝の教説と福澤の考え方とを関係させてみないと、正しく理解できないことであると思う。

明治初期はもちろんのこと、あとあとまで孝の教えはずうっと儒教的なものが通念であった。すくなくとも骨格がそこにあったように思える。すこしずつ近代的な変化をしつつあったとはいえ、まず明治十年代に入ると、政府は自由民権運動への対応策として儒教主義の道徳教育を復活させる。明治十三年、時の侍講《じこう》（天皇に御前講義をする学者）元田永孚《もとだながざね》が天皇の命を受けて編纂《へんさん》し、宮内省が出版した『幼学綱要』は、儒教による徳育用図書であった。これは全国に頒布されたというが、そのなかには孝の模範例の一つとして、前にあげた舜の話がのっている。

また例の『女大学』が明治もかなり後まで市販されていたということであるから、儒教思想がいかに根強く残っていたかが推測される。それゆえに明治から大正昭和と時が移り変わっても、親のため家のために娘が身を売ることが、孝の美徳として、究極的には是認されていたのである（『幼学綱要』は昭和十年代に復刻されて当時の国家主義教育に利用されている）。

一方、福澤は、すでに第一章でふれたように新しい日本をつくるには、まず日本人の頭から、文明の精神に逆行するような旧思想（主として儒教）とそれにともなう生活習慣を取り除いてしまわなければならないと考えている。明治初年はその意気込みがもっとも高まった時期である。いきおい言葉もはげしくなったわけであろうと思う。

どういう孝をよしとするのか

さて、孝についての伝統思想批判はだいたい以上に述べたとおりであるが、それならば福澤は、どういう孝をよしとしていたのであろうか。

福澤が、親子の関係を律するものとして、原則として自然に発する親子間の愛情を基礎とし、一般に独立の人間対人間の間柄を律する道理・道徳であるべきだと見ていたことは、今まで述べてきたところを通じて、明らかであろう。

もちろん彼は、親子の間には一般他人同士とはちがって、情的に特別のものがあることは大いに認める。また、子供が未成年の時には、教育的に命令・服従の関係が必要なことを当然としている。これについては第六章の「独立」の教えのところでふれた。

儒教の孝の場合には、親子の間柄は一生を通じて原理的に変わらない。すなわち子供が何歳になっても、親への服従を強制している。福澤は原則として、成人に達した子供と親との関係については前記のような意見をもっていたのである。

「独立の孝」

右の考えにもとづいた孝を解説した文章として晩年の『福翁百余話』のなかの「独立の孝」（全⑥四〇八）がある。これは六十四歳の時に執筆したものであるが、さすがに『学問のすゝめ』のころのはげしい表現はなくなっている。まず要点を現代文でご紹介しよう。

人間は本来社会をつくって生活する動物であり、恩を知るの本心をもつものである。そこでお互いに知りあえば人情として助け合いをなし、助けられればそれに報いようとする。これが原則である。ただ近くにいる者にたいしては、遠くにいる者に比していっそう親しさが増すのである。つまり「博《ひろ》く愛するは本心にして、親《しん》を親しむは人事の実際に生ずること」と知るべきである。

さてそこで自分の父母はいかなる者かと考えると、「我れを産んで我れを養い、我れを教え我れを助け」力の限りをつくして、自分のためにしてくれた恩人であって比較すべきものがない。

それゆえ、この大恩人の恩を忘れずして、自分の力のかぎりをつくそうとするのは、他人にうながされるのでもなく、また特に自分でつとめてなすのでもなく、ただもっとも近く親しい関係から自然に出てくるまごころである。つまり人間の本心から出るところの人間の本来の姿である。

世にいう徳教（儒教の徳の教え）ではこれを孝行と名づけて、一種特別の美徳としてほめたたえているが、私はなおその考え方が深くないことを残念に思うものだ。

ここから福澤の孝行論の核心に入る。

父母に孝行することはもとより美しいことにちがいないが、孝行の出てくる根元は「人間の高尚至極霊妙至極なる本心」にある（第六章一三五ページでふれた「自尊自重の本心」と同じ）。もしもその本心をもっとも貴い宝として、自尊自重大切にこれを守るならば、それが発して孝となり忠となり仁となり義となり、仁義忠孝という名称はどうであれ、あらゆる徳義にかなった行いが身に備わらないことはないようになるであろう。

この辺より見れば、儒教では孝は百行の本というが、孝もまた百行中の一つである。たとえていえば、人間の耳や目のようなものであり、耳や目がよく働くからといって、人身全体の健康がよいとはいえない。身体諸機関の活動の発する源は「生力」（生命力）である。「生力」がさかんでなければ、「機関」もまた、衰弱するであろう。これと同じく、本心の独立がなければ、仁義忠孝もはなはだあやういものである（たとえば親のための身売りを孝行とみなすようなことをさすのであろう）。これは学者の深く注意すべきところのことである。

以上はけっして忠孝を軽視するものではない。これを重んずることが深いからこそ、深く注意するのである。（中略）

それゆえ孝行を論ずるにも行うにも、すべて形式をはなれて、人間本来の本心に訴え、父母につかえてはなばなしく、うわべをよそおうようなことはしないのがよい。

孝行はもっとも親しい父母に接して自然に出るまごころにもとづくもので、当然のことであるから、自分から誇ることではないのはもちろんのこと、外からほめることでもない。それは人に耳や目があるのを見て、ほめたり驚いたりしないようなものである。驚くべきことはただ不孝だけである。

このまごころの発する源は、万物中のもっともすぐれたものたる人間の精神である。それゆえに私はたんに外にあらわれる孝行のみをかれこれいわず、その源である自尊自重の本心を重視し、本心がますます独立し、孝心もまた、これに伴って知らず知らず実際にあらわれて、内心も外面も永く変わらないことを願うものである。

と結んでいる。

印象に残る二つのこと

今、これを読んで印象に残ることが二つある。第一は孝を説くにあたり、自尊自重の本心（独立自尊の心）を道徳の根本にすえたことである。儒教において孝はあらゆる徳の本と考えられていたことは、よく知られていることである。

福澤はこの考えに反対であったことは、前に引用した「独立の孝」を読むとよくわかる。これは親子の関係を上下・尊卑・命令服従の関係としてとらえる孝徳をもって、道徳の根本とすることが、自由独立を目標とする彼の立場と両立できないからである。

その代わり、福澤は人間の心のなかに独立自尊の精神をすえることによって、孝をはじめとして、いわゆる徳と呼ばれる行為はすべて時と所に応じて出てくると考えたのである。

これはくだいていえば、儒教では孝を重々しく考えすぎて、人間にできもしない無理なことや、人権無視の非道なことを要求するから、大多数の普通の人間は、形だけととのえるか、偽善的な孝行をしてすませようとする。あるいは弱いものがひどい目に遭《あ》う。これを人権と人間の自然の情の立場から、正しく改めたいというものであったと思う。

第二は福澤が、人間の自然の（うそのない）情に重きをおいて、孝行を考えていることである。つまりさきにも述べたことであるが、親子間の情愛に関係のない義務的な孝行は、よい孝行とは思っていなかったのであろう。

〔註〕津田左右吉著『儒教の実践道徳』によると「儒家は子の親に対する自然の情愛によって孝が成立つとはしなかったようである。……孝は努力して行わねばならぬものであり厳粛な義務として課せられたものである」（一五ページ）とある。

しかしかりに孝の本質は親への服従と奉仕にあるとし、その実行を親子間の愛情だけにまかせてよいか、あるいはそれに加えて子の義務と考えるべきか、愛情と義務の関係は、考えていくと単純でないことはたしかである。福澤にももちろん義務の考えがあるようにとれる。しかし愛情と義務心がとけ合ってひとつになっているような状態は、人間にとってたいへん幸せなことであるだろう。福澤がねらっているのはそれであると思う。

孝の心理にふれた福澤

さて右に述べたとおり、福澤は孝について親子間の自然の情愛に重きをおいていた。しかしこの自然の情愛が、子供の胸中にわくか否かは、人の心の機微に属することである。その子の性質によって、出たり出なかったりするかもしれない。またその子のおかれた状況によるかもしれない。しかし多くの場合、そもそも親が子を真に愛するという行為がなければ、生まれてこないものではないか、という気がする。

福澤は、この心の機微への配慮が、儒教の孝の教えには欠けている――あるいは不足している――と考えていたのではないかと思われるふしがある。孝について説くことは、孝徳の大切さを知らせることができても、その実行への感情を呼びおこすことには、すぐに結びつかない。

そういう目で見ていくと、『学問のすゝめ』十四編（明治八年）のなかの「世話の字の義」（全③一二〇）という一文があることに気づく。福澤はこの文中で孝行を再びとりあげ、この心の機微にふれている。福澤の孝行論にとっては重要な点なので、ここでとりあげたい。

この「十四編」は全体として見れば、個人の処世の知恵を取り扱っているが、そのなかに「世話の字の義」という一節がある。ここでは親子間のこととともに、政府と国民のあいだの問題も並行して論じているが、ここでは前者を中心に述べよう。

まず「世話」とはどういうことか、その大意を説明しよう。

人を世話することのなかには、保護の意味と命令の意味との二つが含まれる。

保護とは、その人の身を護り、金や物を与え、その人の利益名誉を損じないように世話することである。命令とは、その人の便利と思うことを指図し、不便利と思うことに意見し忠告することである。

この二つをそろえて世話するときは、本当の意味のよい世話で、世の中が円く治まるであろう。

そこで親子間の問題にこの理論を適用するとどうなるか。

父母が子供にたいして衣食を与えて保護の世話をすれば、子供は父母の指図を受けて親子のあいだがうまくいく。

これが一方にのみかたよると、うまくいかない。保護ばかりして、適切な指図をしなければ道楽息子を生む。

子供がよくつとめて父母の命令に従っているのに、衣食も十分に与えず、学問もさせないで無学文盲の苦しみに陥れるのは、指図のみで、保護の世話を怠っているものである。

つまり保護のみで指図を怠る場合は道楽息子という不孝な子を生み、指図のみで保護を怠る場合は親の無慈悲というものになり、両者いずれも人間として悪事というべきである。

こう述べたあとで、福澤はたいへん重要なことをいう。

この世話の字に二つの意味があることは経済論のもっとも大切な原則であるから（ギブ・アンド・テークの原則）、人間が世を渡るに際し、その職業のちがいや、事柄の軽重にかかわらず、つねにこの原則に注意しなければいけないのである。

と述べていることは、孝の問題を含めての結びであるから、注目すべきことであると思う。

［註］「世話の字の義」と同趣旨のことが晩年の『福翁百話』中に「世話の字の義を誤る勿《なか》れ」として入っている。ここでは「人間社会交易の主義」という言葉を使っている。福澤が生涯この考えをもっていたことがわかる。

つまり福澤は、この原則が親子間の情の問題にも関係あることをいっているのである。しかし当時の通念では、誤解を招くおそれが大きいと考えて、すぐつづけて次のようにいった。

あるいはこの議論はまったくそろばんずくで薄情なりくつに似ているかもしれないが、世話を薄くすべきところを無理に厚くしたり、あるいは保護の実の薄いのに、世話という名目だけを厚くしようとして、かえって人間のまごころを害して、相互の間柄を不愉快なものにするのは、名を求めて実を失うものというべきである。

こう書いた福澤の真意は、たとえ孝という親子間の心にかかわりの深い問題であっても、人間の心の動きは、一種の心理的なギブ・アンド・テークの原則に支配される面があるのが、人生の現実として否定しえないのだといいたかったのだと思う。

ルナールの『にんじん』、下村湖人の『次郎物語』、いずれをとっても幼少の時に親からかわいがられず、さらに無視されたような子供の心には、親に親しみ感謝する心は生まれないし、長じて親が老いても、いわゆる孝心の純なるものなど、出てくるわけがないように思われる。

これをおだやかにいえば、小さい時から自然に親の慈愛と教えをもって、親子間によい人間関係ができていなければ、親に親しみ親を思う孝心といわれるものは、生まれてこないということであろうか。

現代での孝行

昭和二十年八月の敗戦を契機として、人びとの価値観が変わり、孝行の影もうすくなったことについてはすでにふれた。それから今日まで約四十年間、その間にはさまざまなことがあった。

思想的にみれば、新憲法によってはじめて個人の尊厳と幸福の追求が公認されたことは画期的なことであったが、その後の長い歳月のうちには、一部に利己主義化の傾向を生んだ。まず大人がそうなり、ついで子供がそうなった。

昭和三十年代後半ころからか、経済成長が著しくなり、国民生活が豊かになったことは、ありがたいことであったが、半面人びとの利己主義傾向を助長する作用ももった。

そのほか、個人的社会的さまざまのことが入り組んで、核家族化を進め、親の教育的権威を低下させ、ときには親子の血なまぐさい事件までおこった。こうした状況は、孝行という言葉を好むと好まざるとにかかわらず、あってはならないことだ。

しかし子供は戦前のように、教科書で改まって孝行を教えられないが、作文や日記を見ると、お父さんお母さんに感謝したり、自分が大きくなったら両親を幸せにしたいと願っている子もたくさんいるようである。もちろんその家庭が、ある程度以上のまともさをもち親子の人間関係がよいことを前提としていることはいうまでもないが、この傾向は、中学高校へと進むときつづいていくだろうか。私はもちろんつづくことを願うが、それには家庭（親）も社会も、それぞれの立場でなすべきことを果たしていかなければならないと思う。

［註］昭和五十八年十月発行の総理府青少年対策本部監修『図説　日本の子ども』（チクマ文庫、千曲秀版社）によると、小学生で、老後の親の扶養をすると答える者は九割近く（昭和五十五年）に達し、しかも年々増える傾向がある、と出ている。傾向の一端はわかるように思う。

大人も昔から「孝行をしたい時には親はなし」（川柳）といわれたが、今は孝行がしたくても、子も年寄りになり足腰が弱くなったり、転勤で遠くにいたり、思うにまかせない時代なのである。そうなるとなんらかの社会的な援助の手がないと、孝行の実質が果たせない状況がある。

しかし世の中がこう変化していっても、一般的に孝行とは子供にとっても大人にとっても、親がいるかぎり、あるものであり、あるいはあるべきものである。だから親と子と孫がいて、それぞれが気持ちのよい生活をもちたいと思うのが多くの人のささやかな願いではないだろうか。

ところで人間の徳義の一つである孝は、徳義本来のむずかしさを伴っている。人はなんらかの心のより所をほしいと思うであろう。

宗教にそれを求める人もいるであろうし、人間の自律心、自尊心に求める人もいるであろう。また、この二つの結びつきに求める人もあったり、さまざまであると思う。

福澤の独立自尊の孝行論は、そのなかに入りうる価値をもっていると思う。

第八章　伝統的男尊女卑論の批判

福澤が明治初年に、儒教的な男尊女卑の家族道徳を批判して新しい家族道徳を提唱し、それにもとづいて家庭教育を論じたことは、すでに第四章（家庭観）でその一部にふれた。そのとき明治三年の「中津留別の書」中の一文を引用したが、これが第一歩となり福澤はその生涯にわたって、日本の女性を男尊女卑の教説や習俗から解放しようとして「婦人論」（今日の言葉では女性論）を熱心にたびたび発表した。それは日本における近代的女性論の先駆をなすもので、その点、大きな意義をもっているが、同時に時代の制約もあり、今日までいろいろな批判を受けている面もある。

しかしそれはそれとして、この女性論は福澤を語るときに欠くことはできないものである。まずはじめに、主要な論説を列挙してみると左のとおりである。

（初期）「中津留別の書」（一八七〇年、明治三年、全⑳）
『学問のすゝめ』八編（一八七四年、明治七年、全③）
（中期）「婦女孝行論」「同余論」（一八八三年、明治十六年、全⑨）
『日本婦人論』『同後編』（一八八五年、明治十八年、全⑤）
『品行論』（同右）
『男女交際論』『同余論』（一八八六年、明治十九年、全⑤）
『日本男子論』（一八八八年、明治二十一年、全⑤）
（後期）『福澤先生浮世談』（一八九八年、明治三十一年、全⑥）
『女大学評論』（一八九九年、明治三十二年、全⑥）

『新女大学』（同右）

これらいくつかの文章において福澤の主張した女性論につき、大まかにまとめて紹介し、そのあとで、家庭教育論との関係で私のとりあげたいことを書こうと思う。

「婦人論」の主張のあらまし

福澤は、男女は人権の点で同等なものと考え、それにともなって享受すべきさまざまの自由が、男女平等に与えられなければならないと考えた。しかし日本では、主として儒教の男尊女卑の思想によって、その自由はひとり男性のみのもっぱらとするものであり、女性は不自由窮屈のなかに圧迫され、ついには卑屈な心情が習慣となり、おのずからその隷属的な立場を自覚しないようになってしまった。

この不幸不自然な状態から女性を解放することは正当なことであり、子女の教育のうえからも、また、社会の福利のためにも当然のことである。そのためには女性にも男性と等しい婚姻上の権利や財産私有の権利を与え、一夫一婦の原則を確立し、男女の交際を自由ならしめ、女性の社会的地位を引き上げなくてはならないと考えていたのである。

そして男尊女卑一夫多妻（妾の公認）の悪習を一般に広め認めさせたのは江戸以来の『女大学』にあると考え、最晩年になってそれを逐条批判した『女大学評論』と、自己の主張を述べた『新女大学』を刊行したのである。

右の主張のなかで、本書の立場からとりあげたいことは二つある。
1　福澤の家庭教育論は、この女性論から出る家族倫理を基盤としている点。
2　女性を儒教的束縛から解放することは、社会全体の福利にかかわる重要事であるとする考え方。

家庭教育論の基盤である点

この点は、すでに第四章でその趣旨にはふれているが、ここでは福澤の生《なま》の文章をもうすこしあげて、そのくわしい主張と、背後にある熱意のようなものをお伝えしたいと思う。

まず「中津留別の書」から、現代文にして引用しよう（第四章で一部引用したので多少重複するところがある）。

　人倫の大本は夫婦である。夫婦あって後に親子があり、兄弟姉妹がある。天地のはじまりの時、天が地上に誕生させたのは一男一女であったであろう。それから数千万年の長い年月をへても、その割合が変わるようにはなりえない。

また男といい女といい、等しく一個の人間であって、その間に軽重の別があるべき道理がない。昔も今も、支那日本の風俗を見ると、一男子で数人の婦人を妻妾にして、婦人を召使い、ときには罪人（子の生まれないのは女の罪とされた教えがあったことをいう）のように取り扱って今までこれを恥じるようすもない。なんとあさましいことではないか。

一家の主人がその妻を軽蔑《けいべつ》すれば、その子はこれをまねて母をあなどり、母の教えを重んじない。それでは母はあってもないのと同じようなもので、親のない子と変わらない。まして男は勤めがあって家にいることが少ないから、だれがその子を教育することになるのだろうか。これ以上のあわれなことはあるまい。

『論語』に夫婦別《べつ》ありと書いてあるが、別とは分けへだてがあるということではないだろう。夫婦の間には情《なさけ》こそあるべきだ。他人らしく分けへだてがあってはとても家庭は治まらないだろう。そこで別とは区別の意味で、この男女はこの夫婦、あの男女はあの夫婦というように、二人ずつ区別正しく定まっているという意味であろう。

それなのに今、多くの妾を持ち、本妻にも子があり、妾にも子あるときは、兄弟同士、父は一人で母はちがうことになる。これでは夫婦に区別ありとはいえないであろう。男子に二人の女をめとる権利があるとすれば、女子にも二人の男と縁を結ぶ権利があるはずだ。ためしに聞くが、世の男子でもしその妻君が別の一人の男を愛して、一婦と二夫が家にいることになったら、今までの主人たるものは、よくこれに甘んじて、その婦人につかえるだろうか。（後略）

（全⑳五〇）

「中津留別の書」につづくものは、明治七年の『学問のすゝめ』八編のなかの女性論である（全

③八一―三)。

ここでは福澤は、儒教の「上下貴賤名分論」が男女のあいだに適用されたらどうなるかというところをとりあげている。

そもそも世に生まれた者は男も人であり、女も人である。この世になくてはならぬ用をなすところは男女同じであるが、ただちがうのは男は強く、女は弱いというところである。今、世間を見ると、力ずくで人の物をとるか、また、人をはずかしめる者があれば、罪人になる。それなのに家の内で公然と人をはずかしめるものがあるのに、今日までこれをとがめるものがないのはどうしたことか。（中略）

これは、男女尊卑名分論の『女大学』の思想が世にはびこっているからであるというのが福澤のいい分である。

『女大学』によれば、亭主は酒を飲み、女郎にふけり、妻をののしり、子をしかって放蕩《ほうとう》淫乱をつくしても、妻はこれに従い、この淫夫を天のごとく敬い、顔色を和《やわ》らげて、夫の気に入るような言葉で、これに意見をしなさいと書いてあるだけで、そのあとの始末は何も書いていない。

つまりこの教えの主眼点は、どんな不品行な夫でも、一度《ひとたび》夫となったならば、妻はどんな恥辱を受けても、これに従わざるをえず、ただ心にもなく笑顔をつくって夫をいさめる権利があるだけだとのことである。妻のいさめに従うか否かも夫の心次第で、夫の心はただ天の命ずるところと思うほかには、どうしようもない始末である。（中略）

ところが『女大学』では、女が淫乱であれば、夫から一方的に離縁されることになっていて、男子にはたいへん便利になっている。これは、あまりに不公平な教えではないだろうか。つまり男は強く、女は弱いというところから、腕の力を本にして男女上下の名分を立てた教えなのであろう。

次は「妾《めかけ》の議論」である。これは大意をとってすこし簡単にしよう。

当時、妾が家庭内に妻と同居していることも珍しくなかったらしい。福澤はこれをまるで一人の父のまわりに複数の母が群をなしているようで、動物の小屋といわざるをえないと悪口をいう。しかし、妾といっても人間の子であるからと同情しつつ、矛先を男に向け、男の一時の欲のために、人の子を鳥けもののように使って、家族の風俗を乱し、子孫の教育をそこない、社会を悪くし、後世にまでその害を残すところは、これを罪人といわざるをえないと、手きびしく批判している。

さらに言葉がはげしくなるのは、妾は子孫を得るためのものだと、その正当性を主張して弁解する説にたいするときである。その説では、孟子の教えに、不孝には三つあって、家をつぐ子のないのを最大の不孝とするとあるところをより所として弁解する。これにたいして福澤は次のように書いた。

天の道理に反することを説く者は、孟子でも孔子でも、遠慮することはない、これを罪人といってよろしい。妻をめとって子を生まないからといって、これを大不孝とするのは何ごとであるか。

（全③八二）

これははげしい言葉である。孔子孟子を名ざしで非難するのは、いささか度がすぎると感じられるかもしれないが、これにはやはり理由がある。

すでに第一章でふれたように、福澤の「人心の改革」のための標的は儒教思想であり、この時期はとくに、旧思想を一掃してやろう、「日本国中の漢学者はみんな来い、おれがひとりで相手になろうというような決心」（『自伝』）をした時であるからである。

この福澤が『学問のすゝめ』という一連の小冊子発行に際会し、日ごろ胸中にあった憤まんを爆発させたというわけである。それだけにこの時期のものは、とくにはげしい調子なのである。それくらいにしなければ、人びとの意識を変えさせることはできないと考えていたのである。

右の二つの文章を見ると、福澤が男女は人権上に軽重はないとし、蓄妾を非とし、一夫一婦主義を主張していることがよくわかる。また、家庭教育の点からみても、男尊女卑の家庭はよろしくないとしている。もっと正確にいえば、自由独立の男女は育たないとみているのである。福澤はこの夫婦間の倫理と、第七章で述べた親子間の孝の近代化とを併せて、新しい家族倫理を提唱したのである。そしてそれが、彼の家庭教育論の基盤となっているのである。

〔註〕福澤がここで妾についてやかましく論じていることについて、今日からみると不審に思う人があるかもしれない。しかし、当時、蓄妾が安易に行われていた実情を反映しているのである。その実情については伊藤正雄氏の『「学問のすゝめ」講説』風間書房、昭和四十三年、三八六ページにくわしい。

女性の解放は社会の福利にかかわる

次に、さきにあげた第二の点に進もう。

福澤は女性を儒教的な束縛から解放することは、その個人だけの幸不幸の問題ではなく、広く社会全体の福利にかかわる重要事と考えていたのである。また、これにともない当時きびしいタブーであった性の問題を、健康な人間性を重視する立場から、合理的に考えようとしたのである。

この考え方がよくあらわれているのは、明治十八年（一八八五年）の『日本婦人論』と十九年の『男女交際論』である。そのなかでもとくに問題をしぼると、次の二つになる。

1　未亡人の再婚の自由

2　男女交際の自由

この二つは、問題そのものはすでに過去のものであるが、これを提起したことは、時代にさきがけるものであった。それはそれとして、その根底にある考え方そのものが、広義の教育に関し今日もなお意味をもつと思うので、とりあげるのである。

日本の女性の活力を束縛しているもの

福澤は幕末以来、日本人を西欧人に負けない心身ともに強壮活発な人間にしたいという切なる願いをもっていた。文明とは心身の活発な人間にして、はじめて獲得できると考えたからである。その目で日本の現状を見ると、とくに女性は儒教や仏教の思想によって心身を束縛され萎縮《いしゆく》してしまっている。たとえば、女には「三従の教え」があり、子供の時は親に従い、嫁《か》しては夫に従い、老いては子に従うで、いつも自分を主張することを控えることにならされてしまった。結婚すれば、女性は家内の家事や子供の教育にたずさわるが、実際には金銭出納の権も、教育も、究極的には夫の手に握られ、夫の命令に従うほかなく、なんらの「責任」をもったことがない。責任のないところには活発な心は生まれない。

また、女性には「資産」がない。身のまわりの品物でも、所有権がはっきりしない。極端をいえば、夫が放蕩して妻の物を勝手に処分しても、文句がいえない。女子は男のお恵みに依存するほかない。これでは心身の活発は生じない。

ここで福澤は、この責任と経済力のほかにもう一つ、女性の心身の活力を萎縮させる要件があると指摘する。福澤の言葉をもってすれば、それは社会の圧制によって、女性の「春情」の満足を得させないで、これを束縛し内にこもらせてしまうことから生ずる害悪である。（そしてそれは社会中等以上に多く見られる。）

（全集⑤四五四）

これが具体的にあらわれているのが、さきにあげた、未亡人の再婚がさまたげられていること、男女交際の自由がまだないことである。

「春情」とは

「春情」とはいかにも明治の言葉である。今日、何といい直したらよいのだろうか。今日の「セックス」にも、さまざまのニュアンスがあって、ときに使って便利であるが、「春情」とは、愛情が加わってふっくらとした味わいのある言葉のような気がする。

福澤によれば、人間生存のはたらきには三つの面がある。すなわち、身体的な面（形体）、知的な面（知識）、情的な面（情感）である。身体を養うには食物が必要であり、知的な面には読書研究等が、情的な面には「快楽」が必要である。

ここで快楽とは「花鳥風月」の自然の美の楽しみ、「詩歌管絃の興」、「酒色遊宴の娯《たのしみ》」などをいう。これら食物、読書、快楽のいずれも、多すぎても少なすぎても、害をもたらす。そして女性は、永年にわたって儒教の教えのために、心身を束縛されてきたことにより、身体と知的な面が弱くなり、情感面がもっとも進んでいて、それを養う快楽を必要とすることが比較的大きいのである。

再婚自由論

福澤は以上を前置きとして再婚論に入る。福澤によれば、日本の男子ぐらい、対女性関係において自由勝手なものはない。まず多妻法という悪習があって、すこし金ができると、妾を持つことを当然と心得ている。そのうえ再婚もまた自由である。

これにくらべると女性は昔から、「貞婦二夫に見《まみ》えず」という格言のようなものにしばられて、なんということもなしに、若い未亡人が再婚をさまたげられている。

福澤はこれを評して、美しい若い女性が結婚して何年もたたないうちに、良人《おっと》に死に別れ、女性の盛りがまだ半ばもすぎていないのに、世間の習慣で、これに再婚をすすめる人とてはなはだ少ないために、ただ独りで家にこもってうつうつとしているのは、まことに惨酷であわれむべきことであると書いた。世間の人のなかには、法も習慣も再婚を禁止してはいないというが、事実はそうでないことを示しているといって、そう考える根拠を示している（『日本婦人論』全⑤四五八―九）。

これはつまり、さきに述べたところの、女性がその「春情」の満足を得られず憂悶《ゆうもん》することであり、その結果、心身にさまざまな病気や性格上の障害をおこし、その一身のみならず、家庭を暗うつにし、他人に害を及ぼすに至るのである。

明治二十九年の『福翁百話』中の「女性の愛情」においては、この害の実状をこまかく述べたあと、次のように述べている。

　これは小さなことのようでけっして小さくない。女性の憂うつの情が内攻し、まず一家団欒《だんらん》の情を冷やし、さまざまの多くのわざわいが、家庭内に深くしみ通り、家庭外にも波及していくところの害悪を考えると、一女性の幸不幸はともかくとして、「天下経綸の大問題」として、無視することができないものである。

（全⑥二八五）

これはいいかえれば、彼女らがその嫉妬心《しっとしん》を燃やし、他人の幸福をよろこばず、悪意ある言動を陰に陽に発しやすいために、社会という大きな共同生活の雰囲気が、それだけ曇らされ、活力を奪われることは、ほっておけない社会の大問題であるということだと思う。「女子と小人（下々の者のこと）とは養い難し」（『論語』）とされ、女子供のことが、天下国家に関係あるなどとは東洋流の豪傑男子には夢にも考えられなかったのであるから、当時としては、これは卓見であったと思う。

男女交際をすすめる論

これは明治十九年の『男女交際論』となってあらわれる。男女の交際を「高尚優美」にして、しかも自由自在にしようとする趣旨で書かれたものである。

福澤は当時、男女間の交際がほとんどなく、たまたまあれば怪しまれ、とがめられるありさまを見て、これでは日本の文明もいまだ世に誇るに足りないと考えて、男女交際の大切なるわけと方法について述べようとしたのである。

この論説の眼目として注目すべき点は、前の再婚論と同じく、両性の関係いかんは、個人的にも社会的にも、人間にとってきわめて重大なことであり、「一身一家一国」の福利にかかわるものであるとしたことと、未婚既婚を問わず、男女間の普通の交際の大切なことを啓蒙《けいもう》した点であったと思う。

福澤によれば、男女が相接するときは、たちまち相互に近づき親しみ、その間に「無限の情」を覚えるのが、自然の「約束」である。ところが今日男女交際が行われることが稀《まれ》であり、たまたま行われれば怪しまれるのはなぜか。

それは江戸時代以来、「男女別あり」というたぐいの儒教の教えが「社会の圧制」となり、男女の間柄を窮屈にし、女性を人間交際の外に排斥して、あれどもなきがごとき地位に陥らせてしまったからである。

昔の聖人は、未開時代の男女に適当であるとして、「男女別あり」の教えを説いたのであろうが、後世の儒者が時代の変遷と人心の進歩に応じて学説を変えることを知らずに今日に至ったため、依然として男女は近づくべきでないという観念が、世間に通用しているのである。

「情交」と「肉交」の別

ここで福澤は、男女の交際には二つの様式の区別があると指摘する。一つは「情感の交」、略して「情交」、もう一つは「肉体の交」＝「肉交」である。「情交」というと今日の用法では「肉交」そのものであるかのようだが、福澤はその意味では使っていない。この二つは独立した概念で、もちろん両者がともなうこともあるし、別々のこともある。しかし福澤は人間の幸福快楽において、両者ともにきわめて大切なものであるという。福澤の男女交際論では、この「情交」がとくに眼目をなしているのである。それならば、「情交」とはどういうことだろうか。福澤は次のように説明している。

文明の進むにつれて、人間の心情もしだいに複雑となり、男女の交際もたんに肉交のみにとどまっていない。文事、技芸、会話、会食等を媒介とするものにひろがる。その時は同性だけとはちがって、双方の言語挙動が互いに情に感じ、ただ異性なるがゆえにこれを耳にし目にして快楽となり、ちょうど南風の薫《かお》るおもむきがあり、これを名づけて「情交」というのである。

（全⑤五九〇）

こんな説明をしているが、さてこの「情交」が自由に行われたら、個人や社会にどういう作用を及ぼすであろうか。

福澤の言葉をもってすれば、

その時、人間は双方無限の情を催し、心情も和《なご》やかになり、知らず知らずのうちに、女は男に学び、男は女に教えられて、知見を増し、徳義を進め、家庭生活と社会生活のうえで、予期しないところに大利益があるのは疑いないところである。（全⑤六〇四）

ということになる。

これは今日の言葉でいえば、人びとに自然な快的な活動の意欲を生み出させるということであろうか。社会全般に親和的な空気を生み、社会生活を健全にし、その運営を円滑にするということであろうか。

それはともかくとして、福澤は男女の交際のはたらきを、人間の進歩のために不可欠のものと考えていたわけで、当時の考え方からすれば、つまらぬことと軽蔑無視されてきたものに、知性の光をあて、文明の中枢の問題として再認識せよといっているのである。

今日、男女の交際も、再婚の問題も、その現実の姿は福澤の時代とは大きく変化してしまった。明るくよくなったこともたしかにたくさんあるとともに、一部では性的非行が中学生にまで低下してきているといった暗い面も出ている。

問題はこのように変わってしまったとはいえ、福澤の考え方そのものは、今日なお生きていていいものだと思う。

今日、福澤が生きていたら、どんな女性論を書いたであろうか。両性の問題は社会の福利にかかわる重要なことであるとの原則によって、男女両性の「自尊自重」を求めたかもしれない。もちろん人びとの幸福と社会の活力を目ざしてである。

第九章

福澤の父と母

福澤の父母については、第一章ですこし書いた。ここでは、その父と母がどういう人柄であったのか、諭吉はその父母から、何を受け何を教えられたのかということにふれてみたい。

父　百助

父百助《ひゃくすけ》が学問を好み、学者として認められ、自らも学者として世に立ちたかったにもかかわらず、下級士族なるがゆえに思うにまかせず会計官吏としてすごさなければならなかったことや、諭吉が満一歳半のころに急逝したことについては、すでにふれた。したがって、諭吉は、父の顔を知らない。父について知るのは、第一が母の話、次に父が書き残したもの、親類などからの伝聞であった。

百助は若い時、藩中の儒者野本雪巌《のもとせつがん》に学んで、そのすぐれた学力を認められていたが、さらに九州日出《ひじ》の大儒帆足萬里《ほあしばんり》の門に学んだ。その学問への熱意を認められ、藩校から父兵左衛門へ褒賞があった。その学問好きから、苦しい家計にもかかわらず、蔵書をふやし、ついには千五百冊に及んだという。

『福翁自伝』には、諭吉が成人の後、父が書き残したものなどを見て、父は真実正銘の儒者で「誠意誠心屋漏《おくろう》に愧《は》じず」ということを、つねに心がけた人であったと思われると書いている。つまり、人の見ていないところでも誠意をつくして恥じるところがないように心がける人であるということである。

大阪における百助の役は、藩地から回送してくる米を取り扱い、これを担保として大阪の金持ちから金を借りる役目で、そのためには商家の番頭と酒席で交際しなければならなかった。心がけの卑しい人物が、これに当たれば今も昔も汚職がおこる。

ところが百助は今述べたような人物であるし、一方、学問による視野も広く職務に忠実となれば、自然に公正有能な役人となる。百助がたびたび国元への転勤を願い出ても、なかなか許されず（普通三年で交代するのが例という）、ついに十五年に及んでしまうのは、このためであるという。

また、この間に福澤家の身分は下士の最下級の小役人格から二度昇進し、最上級の御厩《おうまや》方格に至ったのもその功にもとづくもので、きわめて異例のことであるという。

さて百助は、身分的束縛にたいし不満を抱いても、それからぬけ出すことは、時代が許さなかったが、諭吉が生まれた時にはひそかにこの子だけは、坊さんにしてその束縛の外に出してやりたいと思ったらしい。

それは諭吉が成長した後、少年時代に母から聞いた話から、自ら推察したことで、話はこうである。

母お順が少年諭吉に、折にふれて亡き父の話をする時、お前が生まれた時、父上はこの子が十一、二歳になったらお寺へやって坊さんにしようと毎度いっていたが、私はそのわけがわからなかった。今、父上がいればお前は坊さまになっているはずだというのである。

福澤は大人になって後、これを思い出し、父は門閥社会のなかでも、坊さんだけは別で、たとえば町人の子でも人物や能力次第で、大僧正というえらい位までのぼれるのだからと考え、わが子の将来を思って坊さんにするといったのだろう。そしてその心には、父自身の門閥制度への無念の思いがあったにちがいないと考えた。あとは『自伝』を見よう。

父の生涯四十五年のその間《あいだ》、封建制度に束縛せられて何事もできず、むなしく不平をのんで世を去りたるこそ遺憾なれ。また初生児の行く末をはかり、これを坊主にしても名をなさしめんとまで決心したるその心中の苦しさ、その愛情の深さ、わたしは毎度このことを思い出し、封建の門閥制度を憤《いきどお》るとともに、亡父の心事を察してひとり泣くことがあります。わたしのために門閥制度は親のかたきでござる。

（『福翁自伝』出版会版、九ページ）

福澤はこのような父を、わが家の誇りとしていた。自分の子供たち（当時六人）にも、それを伝えたいと思った。そして明治十二年（一八七九年）二月に書いたのが「福澤氏古銭配分の記」である。したがってこれは私文書であるが、明治二十九年に「時事新報」に発表されている（全⑮三九四）。

これは亡き父が、生前趣味で集めていた古銭にまつわるエピソードを題材としたもので、父への愛情の情をこめ、父のすぐれた人となりを伝え、あわせて自分と子供たちへの心の誡《いましめ》としようとしたものである。この章ではこの文章をご紹介しようと思う。読みやすくするために、冒頭と結末の部を文語文のままとし、残り大部分を著者の責任において現代文風に改めた。

「福澤氏古銭配分の記」

汝等《なんじら》の大父福澤百助君は旧中津藩の士族にして、年二十四歳（二十四歳は三十一歳の誤記という――石河幹明著『福澤諭吉伝』第一巻）の時より公用を以《もっ》て大阪堂島《どうじま》の藩邸に住居し、我等の兄弟姉妹五名は共に大阪に誕生し、大父君は年四十五、該邸に於《おい》て長逝し給えり。君幼少の時より学を好み、同藩の野本雪巌先生及び豊後の帆足萬理先生に従学し頗《すこぶ》る才名あり。独り才学を以て文壇を地方に専にするのみならず、其天稟《てんぴん》温良にして能《よ》く物を容れ、思想磊落《らいらく》にして私徳極めて方正、常に人の為めに畏憚《いたん》せられたりと云う。君の長逝は今を去ること四十余年、余は不幸にして其容貌をも知るに由なしと雖《いえど》も、在世中の言行は之を汝等の大母に聞て詳《つまびらか》ならざるはなし。

祖父なる方は大阪に住居のとき、好《この》んで古銭を集めて楽しみとされた。当時大阪の通用銭は今の銅銭を一文といい、九十六文を銭緡《ぜにさし》にさしてこれを九六《くろく》の百文と名づけ、緡《さし》のまま用いたのであって、受け渡しする時かならずしも銭の数をかぞえず、おおよそ緡の長短を一見するのみで、たとえ一、二文の過不足があっても問題とせず、また世間一般でもことさらに銭をへらして得《とく》をしようとするようなごまかしもまれなことであった。

ある日、祖父は九六の銭緡二、三本のなかから、古銭いく文ずつかを選び出して取っておき、その残りは元の緡にさして、これをそのままにして、家人に伝えるのを忘れて外出した。日暮れに帰宅して銭緡はどこかと聞くと、あにはからんや家人はその銭を九六の全緡と思い、当日魚の代金に払い渡したという。

祖父は大いに驚き、その魚屋の名を聞くと、あいにく平常出入りする者ではなくて、家内使用人に至るまでだれもこれを知らない。祖父の心配はいっそう大きくなり、直接魚屋に会ったものを呼んで、その年齢や顔つきから衣服荷物天秤棒のようすまで聞いてくわしく記し、藩の仲使《なかし》（人足《にんそく》）をやとって、堂島に来る魚屋ならばかならず安治川か雑魚場《ざこば》であろうと見当をつけてさがさせること三日ほどで、はじめて本人を見いだした。そこでその人を家に呼んで自分から事の次第を話し、さきの不足銭五文か十文かを払い、ほかにまた、よけいな手数をかけたことを謝するためとて、いくらかの銭を与え、不注意の罪を魚屋にわびたということである。

以上が古銭物語の前段であり、事実の記述である。このあとに、子供たちへの語りかけ――誠とともに、福澤の人物論とか道徳観も見られる文章がつづく。本文にもどろう。

この一件は当時お前たちの祖母一人のみの知っていたことである。思うに祖父は、その性質からしてこれが評判となって誤解されるのをさけたのであろう。しかし事はすでに過去に属し、祖父の長逝は四十余年の昔のことである。

私は今日にあって、この事実を消してあとかたなくするにしのびない。たんに福澤家の美であるだけでない、おのずから天下道徳の美談といってもよろしい。お前たち成人の後は公然とこれを語って先人の美徳を発揚せよ。また、これを発揚するとともに己れ自ら反省するところがなくてはならない。

この祖父にしていかなる孫があるべきだろうか。お前たちは名家の子孫である、子孫として先人を辱《はずかし》めるかどうかは、ただお前たちの心にかかっている。

思うに祖父はたんに正直という徳だけを頼りにして身を立てるような小丈夫（平凡な男）ではない。壮年の時より会計官吏となって大阪に在勤し富豪大商人に近接して財政の衝に当たり、藩米を売り藩債を募り、金利の高低を論じ、返済期限の緩急を談じ、時にあるいは金主の歓心を得るためにとて、共に飲み共に遊び戯れるなど、大阪町人社会の交際に俗中の俗を極めて、さながら二十余年（十五年が正しい――石河幹明著前掲書）を紅塵の間に消し去ったようであるが、忙中おのずから閑ありで、一方では深く学問に志して、学流は堀川の伊東仁斎《じんさい》・東涯《とうがい》の経書の解釈を悦《よろこ》び、ことに文章を善くして、詩もまた作り、野田笛浦《てきほ》のごときは親友の一人であった。

それゆえ祖父の一身は俗吏であり、経学者であり、また、詩文家である。精神はきわめて多方面に働き、思想きわめて広く一方にかたよることなく、前に記した魚屋の話のようなことは、ただその素質が偶然に事にあたって出たまでのことであるから、この一細事はもとより祖父の平生の全部をあらわすものではない。

私の持論においても、人の正直のみを唯一の徳義と認め、生涯になすべきことはただそれだけと考えて、ひたすら夢中になるものではないが、肉身の私からお前たちのために考えれば、この細事もおのずから祖父の言行録中の美事の一部分として思い出に残すべきことである。今日は幸いにして祖父が生前に集められた古銭八十七文が存在していて、あの魚屋に渡した銭緡中の古銭もかならずこのなかにあることは明らかである。

私は昔からこれを身につけ、遊学中もこれだけは大切に携帯したものであるが、お前たちもようやく年も長じ数年後には社会の一員となるのであるから、今この銭を分けて、その一部はお前たち二男四女の間に配分し、今後修身処世の記念品となし、一部は私の坐右《ざゆう》に留めて、以前と同じく「修身の宝鑑」とするであろう。（中略）この古銭は千金を投じても買うことのできぬ宝物であって、祖父の余光を発するものである。今、私とお前たちと、共にその余光を受ける、大いなる遺物というべきものである。

謹て此《この》宝物を失う勿《なか》れ。謹て此宝物の精神を忘るゝ勿れ。汝等子あらば之を子に伝えよ、孫あらば又孫に伝えしめよ。世々子孫、福澤の血統、孜々《しし》勉強して自立自活、能く家を治む可きは言うまでもなきことながら、万一不幸にして財に貧なるの憂あるも、文明独立の大義を忘れ、節を屈して心飢るの貧に沈む勿れ。

明治十一年二月五日　　　　　　　　　　　　　諭　吉

一太郎其外へ

右の文章は、亡き父の言行が母を通して福澤に伝わり、彼が父を慕い深い敬愛の情（つまり孝心）を抱いて成長したことをよく示している。それとともに父の言行が福澤の道徳的背骨を形成するのに大きな力となっていたことも、よく伝わってくる。また、これを子供たちに伝えようとしている点に、父としてわが子を育てるうえで、何を重んじたかがよくわかる文章だと思う。そして文の終末に、「文明独立の大義」という言葉を使っているところに、福澤の精神のすえ所を見るように思う。

母　お順

『福翁自伝』を読むと、母お順は諭吉に、夫百助が遺していった家風を伝えたことと、彼女自身の性格行動で影響を与えたことが強く印象に残る。

諭吉が物心ついてからの中津の生活は、母を中心に五人の子供がよりそって、きょうだい同士で遊んでいるというふうであった。それは長年の大阪ぐらしで、言葉も髪のかたちも着物も大阪風になってしまって、中津の子供のなかではとかく変な目で見られるので、人中《ひとなか》に出るのが気恥ずかしくなったからである。お順は折につけては、子供たちに父の話をする。諭吉にとっては父は死んでも生きているようなものであったという。

前にあげた父百助が「誠意誠心屋漏に愧じず」ということをつねに心がけた儒者であったということや、古銭のことなど、母の話のなかに出たのであろう。こうしてお順は百助の遺した家風を子供たちに伝える役割を果たしていたようである。

この役割が福澤の一生にとって大きな意味をもっていることは、少年時代の福澤の人間像を一方においてみると、よくわかるように思う。

諭吉の母お順（左）と姪おいち（富田正文編『福澤諭吉の遺風』時事新報社、昭和29年より）

諭吉は『自伝』で「年十四、五歳にして初めて読書に志す」と小見出しをつけているように、当時の藩士の習慣では幼少の時から、漢籍の素読《そどく》という初歩の勉強を始めるのが普通であったが、それがたいへんおくれたのである。それというのは、母親が貧しい生活のなかで五人の子供の衣食の世話をするので、結局、勉強の世話まで手が回りかね、いわばほうりっぱなしになっていたからであるという。また、諭吉自身も小さい時は、本を読むのはきらいだったからだともいっている。しかしこの点は十四、五歳から自分で気づいて漢学塾へ行くようになり、生来の能力と負けぬ気でたちまち頭角をあらわして解決した。

少年時代のもう一つの特徴は、よく知られているように、神様のお札《ふだ》がはたして本当に尊いものなのか、粗末にすれば罰《ばち》があたるのかと疑問を抱いて、これをふんだり便所に捨ててためしたとか、おいなりさんの祠《ほこら》のなかを調べて、なかの石をとりかえてしまったとか、いわゆる合理主義とか実証精神の芽生えを示していたことである。これは福澤にとって貴重な資質の芽生えであるとともに、一方から見れば一種の大胆ないたずらでもある。

また、本を読むのがきらいだった諭吉も、手先が器用で、物を作ったり、修繕するのが大好きな子供であった。これについては第六章（九五ページ）でふれたから、くりかえさないが、ここで強調したいのは、そうしたことをおもしろがって骨身おしまず、さっさとやってのける明るい元気のよさである。

さてここまでの話で、少年福澤を大きくくくってみると、元気でいささかいたずらっ子的であり、その心に合理精神（自由思想）の芽生えを秘めているという少年像がうかんでくる。そこには後年の福澤へとつながる資質をうかがわせるものがある。

しかしこれだけで成長していったら、後年慶應義塾をつくり、多くの人びとに信頼され重きをなした福澤諭吉という人物が生まれたかどうかはわからない。

世に重きをなすには、その人の知性とともに徳性のいかんが問題となるのはだれでも知るところであろう。また、一般的に人の徳性には、その幼少時の父母その他周囲の人びとの影響が大きいことも、よく知られていることである。

少年福澤に、この心の種子をまいていたのが母お順であったと思う。それは父百助の言行を語ることによって、また、自分自身の行いをもって、さりげなくそれをなした。

強い母

母お順のいき方をいくつかあげよう。

夏になると祭があって芝居がかかる。すると藩から命令が出て、藩士はいっさい芝居に立ちよってはいけないと布令《ふれ》が出る。しかしこれは表向きのことで、一般の下級士族は平気で脇差一本をさし、ほおかぶりをしてさっさと芝居の仮りがこいを破って入る。しかもお金は払わない。とがめるものがあると、かえっておどかして入ってしまう。

こうした士族の多いなかで、芝居に行かないのは福澤の家ぐらいなものであった。『自伝』を見よう。


わたしの母は女ながらついぞ一口でも芝居のことを子供にいわず、兄もまた行こうといわず、家内中ちょいとでも話がない。夏、暑いときのことであるから涼みには行く。しかしその近くで芝居をしているからといって、見ようともしない、どんな芝居をやっているとも、うわさに

もしない、平気でいるというような家風でした。（『福翁自伝』出版会版、八ページ）

よその家がどんなことをしていようと、わが家はわが家だという、わが道を行く気持ちがこのお順の行動のなかによくあらわれている。それからまた、武士の身分を笠に着て、金も払わず無理に芝居に入る、そんな心の卑しさをまねするんではないよという気持ちがこもっているように、私は想像する。

また、諭吉が十三、四歳のころ、母にいいつけられて、金を返しに行かされた話がある。わけはこうだ。

一家が大阪から帰った時、長年空き家になっていた家をととのえるのにお金がかかる。貧しい一家では独力でまかなえない。そこで世間でよくある頼母子講《たのもしこう》をこしらえて金を融通してもらった。

［註］頼母子講とは近隣の人びとの助け合いの気持ちによる講（組合）を作り、金融を行う法である。『広辞苑』によると「一定の期日に組合員が一定の掛金をなし、くじびき又は入札によって所定の金額を渡し、組合員全部に渡し終えた後、組合を解散するという組織」である。

福澤家の場合は掛け金二朱（一朱は一両の十六分の一）であり、講主としてまず、さきに何両かまとまった金を受け取るが、その後、全員毎年いく度かずつ掛け金を出し、終了するまで何年もかかる。そこで大家《たいけ》の人は二朱のことで長くかかわるのは面倒であるとし、二朱を掛け捨てにして、あとの権利を放棄して止めてしまうことがある。福澤家の場合は、大阪屋という回船屋がこれをやった。これは、大阪屋から金二朱をもらったということになる。お順はこれが気になったが、すぐに返す力がない。十年たってやっとゆとりができたので、諭吉にこれを返させにやったわけである。その時、お順は諭吉にこういった。

武家が町人から金を恵まれて、それをただもろうて黙っていることはできません。とうから返したい返したいと思ってはいたが、ドウモそういかずに、ヤットことしは少し融通がついたから、この二朱のお金を大阪屋に持って行って厚う礼を述べて返してこい。

（『福翁自伝』出版会版、二四八ページ）

諭吉は大阪屋へ行って、母の口上を述べたが、大阪屋は十年前のことはご心配には及ばないと辞退する。それをぜひ受け取ってくれと押し問答の末に、やっと渡して帰ってくる。お順の強い意志と恥を知る心を示す話である。

この経験は、諭吉の心に大きな影響を与えた。彼はこの話を「母の精神をもっておのずからわたしどもを感化したことのかずかずあるその一例」だといっている。後年、福澤が借金をしない主義を立てたのはここに起因するともいっている。

明るいやさしい母

以上がお順の武家の女性らしいやかましい強い面だとすると、こんどは明るいやさしい面をとりあげよう。

当時の封建制度の世の中では、武士を頂点として身分上の差別がひどかったことは周知のことである。武士のなかにさえ、上士と下士という差別があったくらいだから、武士と百姓町人とが対等につきあうことなど普通にはなかった。

ところがお順は、身分の下のほうの人びととつきあうのが好きで、出入りの百姓町人はもちろん、こじきでもなんでも、さっさと近づけて、軽蔑《けいべつ》もしなければ、いやがりもせず、言葉も当時としてはたいへんていねいだったそうである。

中津に一人の女こじきがいて、町の人びとにチエチエと呼ばれていた。頭が弱いようでもあり、ちょっと気ちがいのようでもあり、そのうえきたなく臭いボロボロの着物で、髪の毛はボウボウ、その髪にしらみがウヨウヨしているというのだから、だれもまともに相手になる人がない。

お順はこのチエの面倒を見てやるのである。『自伝』を見よう。

スルト母が毎度のことで天気のいい日などには、「おチエ、こっちにはいって来い」といって、表の庭に呼び込んで土間の草の上にすわらせて、自分はたすきがけに身がまえをして、こじきのシラミ狩りを始めて、わたしは加勢《かせい》に呼び出される。拾うように取れるシラミを、取っては庭石の上に置き、マサカつめでつぶすことはできぬから、わたしをそばに置いて、この石の上のを石でつぶせと申して、わたしは小さい手ごろの石をもってかまえている。母が一ぴき取って台石の上に置くとわたしはコツリと打ちつぶすという役目で、五十も百も、まずそのときに取れるだけ取ってしまい、ソレカラ母もわたしも着物を払《はら》うて、ぬかで手を洗《あら》うて、こじきにはシラミを取らせてくれたほうびに飯をやるというきまりで、これは母の楽しみでしたろうが、わたしはきたなくてきたなくてたまらぬ。いま思い出しても胸が悪いようです。

（『福翁自伝』出版会版、一八ページ）

これを読むと、少年諭吉が「きたないなあ、いやだなあ、早くおわらないかなあ……」と思いながら、シラミをつぶしているようすが目にうかぶ。しかし同時に子供だった諭吉の心のなかには、チエに親切にしてやっている母の姿が、忘れることができぬくらい強くやきつけられた。この姿は後年の福澤が人権平等の思想をもつについて、豊かな養分を与えていた感がする。

思いきりのよい母

お順はまた、思いきりのよい女性でもあったように思う。諭吉が緒方洪庵《おがたこうあん》の適塾《てきじゆく》で勉強中、兄三之助の死去によって中津へ帰り、再び適塾へもどろうとした時のことである。

諭吉は、すでに兄の死によって家督をついでいた。福澤家の当主となれば、部屋住みのころとはちがった立場になる。しかしようやく緒《ちょ》についた蘭学修業を断念する気はまったくない。親類縁者は、家を相続した諭吉が大阪へ再び出るなどもってのほかと非難する。たしかに彼が出れば、あとには五十余歳の母と兄の遺児の三つになる女の子が残るばかり。彼はその窮境に悩むが、心中に止むに止まれぬ学問への志がある。思いあまって、頼むところは母ひとりだ、母さえ承知してくれたら、だれがなんというてもこわい者はない、と考えて母に相談する。

このまま中津にいることは、本当に朽ち果てるというものです、どんなことがあっても私は中津で朽ち果てようとは思いません、どうか大阪行きを許してください、と母に申し出たのである。『自伝』を見よう。

母もなかなか思い切りのよい性質で、「ウムよろしい」「アナタさえそういってくだされば、だれがなんといってもこわいことはない」「オオそうとも。兄が死んだけれども死んだものはしかたがない。おまえもまたよそに出て死ぬかもしれぬが、死生《しにいき》のことはいっさい言うことなし。どこへでも出て行きなさい」ソコデ母子の間というものはちゃんと魂胆《こんたん》ができてしまって、ソレカラいよいよ出ようということになる。

（『福翁自伝』出版会版、四七ページ）

またお順のおもしろい性格を示す話もある。宗教について、普通の老婦人のような信心はないように見えたとある。「私は寺に参詣して阿弥陀《あみだ》様を拝むことばかりはおかしくてキマリが悪くてできぬ」とつねにいいながら、毎月お米を寺に持参して墓参りは欠かしたことがなかった。また諭吉が漢学塾で知り合った諸宗の書生坊主が遊びにくると、よろこんでとりもってごちそうでもするというふうで、仏教がきらいでもなく、とにかく慈善心はあったにちがいない、と諭吉は書いている。

以上いくつかのエピソードのようなものを書いたが、私は『自伝』のなかのお順の姿を読むと、いつも彼女のもったいぶらない淡々とした態度、何気ないふるまいで大切なことを諭吉に伝えていたことが想像されて、たいへん気持ちがよく、心をうたれるのである。

お順の晩年

さてお順は諭吉が大阪へ行ったあと長く、中津で長男三之助の遺児おいちと二人でくらしていた。福澤は江戸で結婚して家をなすにともない、おいおい母を江戸へ迎えることを考えたが、外国行きや維新の騒動などでなかなか実現することができなかった。

お順も中津には三人の娘が嫁《とつ》いでいるし、身寄りも多いので、住みなれた中津をはなれることを好まなかったようだが、明治三年十一月ようやく諭吉のすすめに応じて、おいちとともに東京へ移ることになった。ついでながら、この諭吉が中津へ母を迎えに行った時に書いたのが、今までしばしば本書に出てきた「中津留別の書」である。

この上京の途中で、諭吉は大阪京都あたりをゆっくり見物させようと思っていたが、神戸につくと東京から連絡が入っていて、洋学者は身辺が危ないから早く人に知れぬよう帰京せよという注意を知った。しかしこれをあからさまに母に話して心配もかけられず、何かと口実をつくって見物を止め、直行して東京へ帰ったという一幕もあったのである。(『自伝』には「暗殺の心配」という一章があるくらいで当時の世相がよく出ている。)

東京の新銭座についたお順は翌年三田山上に諭吉とともに移り、隣の別宅においちと二人で、使用人もおかず、中津のころのままの質素な生活をつづけた。炊事も自分でして、ときには街《まち》に魚野菜の買い入れに出かけた。ひまがあるので中津から糸車を取りよせて糸を引き、またときどき邸内の子供たちを集めて、かるた遊びなどしたという。こうして気楽に晩年を送り、明治七年五月に病気で亡くなった(石河幹明著『福澤諭吉伝』第一巻、五七ページ)。

福澤の父母が、諭吉に残したものをすべて語りつくすことは至難のことであるが、それが巨大な諭吉の人間像の根幹にふれるものであったことはたしかだと思う(この点については小泉信三著『福澤諭吉』岩波新書、昭和四十一年と、中山一義慶應義塾大学名誉教授「福澤諭吉のみた父百助」三田哲学会『哲学』三十四輯にくわしい)。

明治十三年八月三日、福澤は長男一太郎に日常の心得を書いて渡している(全⑰四〇六)。その最初に次の言葉がある。

活潑磊落《らいらく》、人ニ交ルノミナラズ、進テ人ニ近接シテ、殆ド自他ノ差別ナキガ如キ其際ニ、一片ノ律義正直深切ノ本心ヲ失ハザル事。

これは「福澤氏古銭配分の記」を思いおこさせる。あれほど多方面に活発に、小事にこだわらず、さっさと、いわば遠心的に行動した福澤が、その心の底に秘めていた「一片ノ律義正直深切ノ本心」は、自らの資質努力によることはもとよりとして、その一半が父母からの賜物であったことを物語るものではないかという感がする。

第十章　父親としての配慮

福澤がわが子を育てるうえで実際にどんな配慮をしていたか、その事実のいくつかはすでに本書のところどころでとりあげた（たとえば「ひゞのをしへ」「福澤氏古銭配分の記」）。今回は「福澤諭吉子女之伝」（全・別巻）という、私的な文書を資料として、家庭教育の実際をご紹介してみたいと思う。

「福澤諭吉子女之伝」

福澤は『自伝』のなかのわが子の育て方にふれたところで、次のように書いている。

わたしの考えに、人間は成長してのちに自分の幼年のときのありさまを知りたいもので、他人はイザ知らず、わたしは自分でそう思うから、筆まめなことだが、わたしは子供のおいたちの模様を書いておきました。（『福翁自伝』出版会版、二八八ページ）

この書いたものは、福澤の死後ずっとたった昭和四十年ころまで発見されなかった。だから昭和三十九年に完結した全集にはのっていない。その後、福澤家で発見された時、関係者はやはりこれがあったかという思いをしたのであるが、今は四十六年に出た全集別巻にのっている（昭和五十一年、平凡社刊、東洋文庫二九七『子育ての書3』にものっている）。

これを福澤が書きはじめたのは、明治九年（一八七六年）七月であるが、それから十一年まで、子供の成長にともなって書き足している。九年には福澤は四十一歳、妻の錦《きん》は三十一歳、壮年の夫婦で、その子供は長男一太郎（十二歳八か月）、次男捨次郎（十歳八か月）、長女お三（後に改名お里、八歳一か月）、次女お房（五歳十一か月）、三女お俊《しゅん》（二歳十一か月）、四女お瀧《たき》（四か月）の二男四女であった。この子供たちの年齢を見ても、まさに育児の真っ最中の記録であり、遠い過去の思い出話でないところに、いっそう迫力があるように思う。

その内容

さて内容は、まず諭吉の曾祖父友米《ともべえ》以降の先祖についての記述を序文とし、ついで本文に入り、子供ひとりひとり別々にその誕生と生育状況、教育的配慮を中心とし、これらにともなう親の喜憂の情を交えて記録したものである。

もちろん子供の年齢に応じて長短がある。また、六人の子供を育てるには共通したこともあるので、たとえば一太郎の養育方針を書いたところでは、これは捨次郎以下の弟妹にも共通したことであると、ことわっている。

そこで、私はここでは共通したことを主とし、ときに個々の場合をとりあげるというふうにしたいと思う。以下、福澤の記述を、私の考えで項目別に整理し、現代文風に直して引用するが、紙面の限りもあり、とても全般にわたるものではないことをあらかじめおことわりしておきたい（「　」のなかは福澤使用のままの言葉。著者の解説は註として付記した）。

1「養育の法」

○「厳刻ならずして常に親愛を主とし」どんな事情があっても、かりそめにも身体をなぐる打つなどしたことはない。ただ言葉でしかるか、あるいは顔色をきびしくして、父母の心に不平があるようすを見せ、自然にこれに感じて懲《こ》りさせるか、あるいは非常に不従順のことがあれば、「暗室」に入れるという罰があるだけである。

○父母の意見はつねに一致して、父がしかるときは母も共にしかり、母がほめるときは父はそばでこれをほめ、かつて不一致はなかった。衣服飲食についての選択はもっぱら母の役目として、団子一つでも母に聞かなければ得られない。

○学問の教育は父の指図に従って、母がこれを助け、父母の決定権が自然に同様なので、子供が父母のどちらかを重くみたり軽くみたりする気持ちはないようである。

○一太郎三歳のころから父に公務（義塾以外の勤務の意味）なく、つねに家にいて父母子女と共に生活し、内にありては教師、外に出ては友であった。親子のあいだの言葉もすべて和《やわ》らかで、父母より子を呼びすてにしたことなし。兄も弟もひとりで他家に泊ったり、市中へ出たことはなかったので、まったく世間知らずのようで、この点の得失は諭吉においても判断しかねるところである。

2　食物について

○「甘酒を除くの外、酒類は一切禁止、一滴も口に入れたることなし」

［註］今日は不思議に思う読者もあるかもしれない。これは一つには、そのころは子供にたいして酒たばこが意外と寛大であって、世の標準が今日とはだいぶちがっていたせいかもしれない。また私はこうも考える。『自伝』を見ると、福澤は子供のころから自然に酒が好きで、月代《さかやき》を剃《そ》る時にいやがると、母が酒をくれたのでがまんして剃らせたという事実と関連があるのではないか。福澤が青壮年時代、大酒飲みであったことも『自伝』にあるが、そういうくせはやはりつけないにこしたことはないと思ってのことではないか。

○湯茶水は勝手次第にし、食物は魚肉を十分に与え、野菜肉両方ともまったく本人の好むところにまかせた。間食は午前、午後一回ずつ。ひどく不消化の品を多量に食べるときは、そばからこれを制したこともあった。

3　一日の時間割

○起床は夏冬共、日の出前後、就眠は午後九時前後。日の長短によって起床就眠の時刻にちがいがあるが、睡眠時間は九時間から十時間、昼寝は三、四歳まで随時、四歳以後はなくなる。

4　衣服・住居

○衣服はもっぱら木綿、男児は洋服を併用。女子はもとより質素にするつもりであったが、世間の習慣止むをえずして往々絹布を用いることも多い。

○家の道具類や造作もすべて質素を主とし、絹の夜具も使用せず、すこしも装飾風なものを採らない。普請《ふしん》に際しては材木は見ばえが悪くてもかまわず、ふすま建具もはなはだ殺風景である。明治五年、三田に粗末で大きな西洋風の家を作り、家のなかで子供の遊戯を禁ずることのないようにする。

このように衣服や家の作りを「粗野堅牢」にしたわけは、世間一般流行の風俗を見ると、上流富豪が大金をかけて家屋衣服什器《じゆうき》を上等華美にし、それを保護することを重大視して、そのため使用人に命じ、あるいは子供をしかり、一家のなかを病室のように静かにしてしまうことが目に入るからである。

これでは子供の活発な身体は育たない。活発の身体でなければ、活発な精神は宿らず、「不羈《ふき》独立」の心は養うことはできないと考えて、ことさらに住宅を粗大に作り、そのなかで角力《すもう》、めかくしなど勝手に遊ぶことを許したのである。

ただし、身体精神の活発には他に多くの原因があることで、もとより衣服住居のしくみだけではないが、このようにしたのは、ただその「万分の一を補わんとする親の至情のみ」。

5 「学問の教育」その他けいこごと

［註］一太郎、捨次郎の場合が、その年齢のうえからして一番くわしく記述されている。なお、一太郎は嬰児《えいじ》の時に皮膚病や栄養上の不適切な面もあって、全体的に虚弱で発育がおくれた時期があったので、それで学問の

教育も二人同時に始めたと書いてある。これはあらかじめ承知している必要があると思い、ここに付記する。なお、ここでは勉強の題材を中心に整理し簡単にした。年齢は満年。

明治三年
兄七歳
○父母と寝物語に、一二三の数、いろはなどの暗誦をさせ、ようやく進んで日の数、月の数、春夏秋冬、当月は何月、当日は何日などと教える。
弟五歳
○九九の唱えは半分ほど暗誦させた。ただし、いまだ読書はなく、ただ絵本のみ。

明治四年
兄八歳
○いろはの手習い、江戸方角を教えたが、いまだ時間を定めず、随意にまかせるのみ。
弟六歳
○家の外には友達がいないので散歩などのとき、見る物にしたがってその名を教えたが、ただこれは松の木、これは杉の木などという程度のことで、子供の心に教えを受けているという思いはなかったと思う。
○この年の冬、『世界国尽』など教え、手習いのほか、すこしく字を見覚えたようである。看板の字も読めたり読めなかったり。
○この時まで読書手習いの教師は母である。

明治五年
兄九歳
○この年の春（兄八歳半、弟六歳半）三月より八月まで、東京在留米人カロザスの夫人より英語の教授を受ける。毎日通い一日およそ一時間。
弟七歳
○その後、慶應義塾の教師英人グードマンの所で「リードル」を習う。
○家にて手習いと訳書、『窮理図解』等の素読を母より受ける。
○なお、この時の学問も「半戯半学」である。

（註・六年は欠）

明治七年
兄十一歳
弟九歳

○二月、三田在住英人ショーより英書を学ぶ。
○自宅にて『十八史略』等を読む。
○義塾にて翻訳書、手習いの教えを受けた。
○四月より三田山上に住む英人ショーより英学をやや規則を立てて修業する。すなわち最初は数学、地理の暗記、横文手習い「スペルリング」。
○自宅にて和漢学の教授を半ば諭吉にて引き受ける。まず書物を持たせず、『日本外史』の講義を話して聞かせ、『十八史略』の素読講義をなす。（この年から自宅と外人宅と義塾との三か所で、学問の教育を受けさせていることになる。）

明治八年
兄十二歳
弟十歳

○諭吉担当で『パーレー万国史』の講義。「これは外国人の教授にて文義を解すること迂闊《うかつ》なるが故なり」（外国人の講義に満足できないという意味？歴史に関心の深かった福澤らしいことのように思われる）。

明治九年
兄十三歳
弟十一歳

○夏になって、三田山上住居のショーより横文手習い、地図の暗記、和文英訳、「クーレンソ」の「アルセマチック」、「パーレー」の万国史、「クールドブラヲン」の文典を学ぶ。
○捨次郎のみ前者に兼ねて「ロビンソン」の「エレメンタリアルゼブラ」を習った。
○諭吉担当では「フヒシカルジョーガラフヒー」講義。「稽古《けいこ》の時凡そ一日三時乃至《ないし》四時間（この時間数は明治七年以降のことと思われるがはっきりしない）なり」
○十一月中旬より約一か年間、三田山上の和田義郎の童子塾《どうじ》（後の幼稚舎の前身）に寄宿し本塾に通わせた。

明治十年　○和田義郎について柔術をけいこさせる。
兄十四歳　○四月より芝に移転した英人ショーの所に一週三回通い英語のけいこ。妹のお三同行。
弟十三歳
明治十一年　○三月より自宅にて『論語』『孟子』の素読講義を始めた。
兄十五歳　［註］これには理由を書いている。福澤は、子供の教育に英語のみではもとより不都合であり、日本文の手紙を書いたり漢文を読む力も必要であると思っている。ところが子供たちを見ると、漢字や日本文の読み書きが不十分であることに気づく。これでは将来困る、日本人に必要な手近な学問に力を用いることこそ利益ありと思い、『論語』『孟子』の講義を始めたといっている。そして英人宅へ通うのを一時中止したり、回数をへらしたりした。しかし、基本的に将来英語が必要という考えは変わらなかった。
弟十三歳

「学問の教育」についての、男の子二人の場合はおおむね右のとおりであるが、明治九年の時点で、お三とお房の場合も書いてあるが、二人の年齢相応に、お三はややくわしく、お房はほとんどない。そこでお三の場合を整理してみよう。

お三の場合

明治七年　○遊びの傍らにいろはの手習い、文字の教えなど習い、兄とともにショーの所に行って
六歳　英字を学ぶ。しかし、これはきちんときめた科業ではない。

明治八年　七歳
〇すこしずつ訳書を教え、手習いも毎日ではないが、ほぼ時間を定めて行った。
〇英書は「リードル」に兼ねて数学の初歩、横文字の手習い。
明治九年　八歳
〇遊びのなかに針仕事、琴のけいこがあり、冬にはピアノ一台を買いショー夫人に習う。
〇手習いは人並みに上達し、数学は加減乗除に差し支えなし。ただし、事実に当たりてはすこしも用をなさず、幼稚の間は数を知るも数を取り扱うことはできないものである。英文の「スペルリング」は容易に覚えた。
〇訳書手習いなどの教師は母であるが、明治七年中に九鬼家（旧三田藩主で福澤旧知の開明家）の妹君が福澤に寄宿し、琴手習い等を教えたことあり。

6　家事をさせる

読者は、第六章のなかの「衣服 下駄 傘の始末もす可し」を記憶されていることと思う。そこでは福澤が家事すなわち生活の実際で学ばせることの必要を説いたことをとりあげた。ところで、福澤がそれをわが家で実行していた記録がこの文書にのっているのである。朝夕の庭の掃除、ぞうり下駄の片付け、ざしき・便所の掃除。

まず福澤は家事を子供にさせようとした動機を書いている。それはこうだ。福澤の所帯生計は『西洋事情』以来、著書の売り上げによる収入によってしだいしだいに豊かになり、明治九年ごろには仕事のうえからも人の出入りや、「食客 或《あるい》は寄宿の親友」等が多くなり、それに対応するためにしだいに雇人も多く、つねに男女八、九人を数えるにいたった。これにともない、子供も身のほどを忘れて、怠け者になるかもしれないという大きな心配があったのだという。

そこで福澤は明治九年四月、一太郎、捨次郎両人にたいして、子供の分担すべき家事を書面にして示し、今日でいえば、父母と二人の子供のあいだに一種の契約を結んだ。そこで「定《さだめ》」と題した文書が「子女之伝」にのっているのである。そして、福澤は子供たちに「労役」をさせることにたいして、義塾の「立志編の講義」に出席することを「免除」して、この文書に記した「労役と交易せり」と書いている。「立志編の講義」とは何をだれが講義したのか、今、私にはわからない。福澤はそれを聞かせるよりも、家事に従事させることが、その時点ではより必要だと考えたのであろうか。このあたりにも福澤のおもしろさがあるように思う。

【福澤が子供ととりきめた家事分担の約束（原文のまま）】

定

一、子供は活潑にして身体を大丈夫に致す可し。

一、暇あるときは必ず家の外に出で丶運動遊戯し、風雨寒暑も非常の外は一切これを憚《はばかり》て退縮すること勿《なか》るべし。

一、人の家に居れば、年齢に相応して其家事の一部分を引受け、一身の職分を尽す可し。

一、故に身体の健康大切なりとは申しながら、唯《ただ》日に遊び戯る丶のみにては十分に非ず。遊戯の傍に朝夕家事を勤めて活動を致し、次第に有用の仕事に慣る丶こと緊要なり。

一、今一太郎と捨次郎との年齢は既に家事の一部分を引受べきものに達せり。故に其事《そのこと》に当る可きは自然の順序なり、決して父母の作意に非ず。爰《ここ》に其仕事を示すこと左の如し。

第　一　類

一、表の廷の内外を毎日掃除、草あれば草を採り、瓦石あれば瓦石を片付る等、都《すべ》て其場所の不始末を引受る事。

一、内の土間煉化石の処一面掃除、但《ただ》し草履《ぞうり》下駄の類を片付、其外都て諸品の順序を乱ださずして始末する事。

第　二　類

一、南北の縁側、内土間の縁側、新座鋪《ざしき》の縁側、一切雑巾《ぞうきん》にて拭《ぬぐ》ひ、新座鋪の下の間の掃除、柱並に板鋪《いたじき》、階段、同雪隠《せっちん》の掃除雑巾掛け。

一、右第一類第二類を両様の仕事と為し、両人隔日に取替へ、毎日之を勤む可し。

一、廷等の掃除する者は箒《ほうき》、塵とりをも自分にて始末し、塵芥《じんかい》瓦石等は必ず塵とりに取て塵溜に棄べし。

一、雑巾も雑巾桶も自分にて始末し、何等の事故あるも他人の助を借る可らず。雑巾掛けの水も自分にて汲む可し。湯も自分にて取る可し。

右の外運動の為、米も搗《つ》く可し、細工道具の取扱も試む可し。是等は自分にも面白き事なれば課業の条目に掲げず。尚年齢の長ずるに従て課業の趣も次第に変ず可きもの也。

明治九年四月三日

福澤諭吉
福澤阿錦
福澤一太郎
福澤捨次郎

7　子供の行動の記録二、三

◯捨次郎は、歩行言語のはじまりの時期は普通の小児と同じ、心身ともに著しいかたよりは見られない。三、四歳の時はすこぶる乱暴で、家具ふすま障子等をこわすことがはなはだしく、思い切ったふるまいをして人に遠慮せず、馬をも恐れない。ある日、門前に馬をつなぐ者があったところ、この子は馬の後ろにまわって、その足の一つを抱き、得意気によろこびの表情を見せた。家人はこれを見てもちろん驚き恐怖した。

◯一太郎、捨次郎は六、七歳ころより、樹にのぼり、河に入ることを好んだので、危険のないところは、もとよりこれを許していた。お三も同様に禁止することなく、男子と同じく、そのなすままにまかせていたが、かつて今まで樹にのぼらず、角力をとらず、すこしも世間の女子とちがったところはない。数千年来の女性の習慣が、その性質のようなものを作ったのであろう。

◯お三は三歳のころ、毎夜泣くくせがあって、深夜に子守りを呼んで、外に出ようとするなど、無理なことをいうので、これをなだめたりしかったりしても、容易にいうことを聞かない。あまり強情なので、ある夜ためしに外の縁側に出してこらしめようとしたが、なおも泣き止めなかった。無益なことで父母の失敗であった。

〔註〕四女お瀧は、子供のころの思い出を語って次のようにいっている。「わたくしの父は、こどもをだいたりおぶったりすることが、よほど好きだったようでございます。それから雨がふりますとね、わたくしに自分の帽子をかぶせて、雨がどんどん降っているなかを、「どこへでも勝手にいけ」っていって、そとに出すんです。かさのかわりに、父の大きな帽子をかぶって、はだしでそとをあるいたことが二、三度ございました。」(福澤先生研究会編『父諭吉を語る』慶應通信刊、昭和三十四年)。前に引用した家事分担の定のなかに、子供は風雨寒暑をおそれないで戸外で大いに運動せよ、といっているところがあるが、女の子でも性質を見て、雨のなかをはだしで出してやって、ニコニコしている父親だったようだ。

以上で「子女之伝」からの引用は終わりとするが、この子供たちのあと、五女お光、三男三八、四男大四郎の三人が生まれ、みんな元気に育ち、四男五女の子福者となった。

ここで、この九人について『福翁自伝』で次のように書いてあることをご紹介しておこう。

わたしに九人の子供があるが、その九人のうちに軽重愛憎ということは真実ちょいともない。また四男五女のその男の子と女の子と違いのあられようわけもない。世間では男子が生れるとたいそうめでたがり、女の子でも無病なればまずまずめでたいなんて、おのずから軽重があるようだが、コンナばかげたことはない。娘の子なればなにが悪いか、私は九人の子がみんな娘だって少しも残念と思わぬ。ただ今日では男の子が四人、女の子が五人、いいあんばいに振分けになってると思うばかり。男女長少、腹の底からこれを愛して兎《う》の毛ほども分け隔てはない。道徳学者はややもすると世界中の人を相手にして一視同仁なんて大きなことを言ってるではないか。まして自分の生んだ子供の取扱に、一視同仁ができぬというようなあさましいことがあられるものか。

（『福翁自伝』出版会版、二八四―五ページ）

福澤の子煩悩

第六章の6で、福澤が子供を育てるのに、厳しいのと寛《ゆるや》かなのと、どちらがよいかを問題とし、中庸がよいとしていることを覚えておられる方も多いと思う。

しかし現実の父諭吉は、子供たちへの愛情や思いやりがいささか多すぎる人であったようだ。「子女之伝」を通して見られる福澤は子供に接するに当たっては、人並み以上に理性的な配慮をめぐらせている。これももちろん本当だが、長い生活をずうっと見ると、生来の子供好きから、わが子の場合ともなれば、一面においてどうしてもその愛におぼれるという傾きをもたざるをえなかったようである。

たしかに福澤は周囲の人びとに、子煩悩とまではいわないまでも、江戸以来の伝統的な父親像とはちがった印象を与えていたようである。明治二十一年に、福澤の義塾経営上の片腕ともいうべき小幡篤次郎が、父としての福澤の特色は、東洋古来の賢者（孔子・孟子等のこと）がいまだかつて考えなかったところの、子供の友になるということだといったことがある（石河幹明著『福澤諭吉伝』第四巻）。儒教の孝の教説からいえば、父と子にはきびしいへだたりがあり、かりそめにも友であるはずがないから、こういったわけであろう。そして、子供の友は子煩悩へとつながる線上にある。

それはさておき、福澤の子煩悩という人間味豊かな一面がよく知られるようになったのは、福澤を敬愛してやまなかった小泉信三氏の戦後の福澤論によってであるように思う。

小泉氏は昭和二十三年の『福澤諭吉の人と書翰』（慶友社）で、「家庭に於ける福澤に就いていえば、子供は彼のアキレス腱であった。誰にもそうであるが、福澤には殊にそうであった。福澤は慈愛子煩悩を通り越した甘い父――また祖父であり、少しも人の思わくを憚《はばか》らず、子や孫の事を語った」と書き、それを如実に示す福澤の書簡をいくつかあげている。

その後、福澤が、アメリカに留学中（約五年半）の二人の子息に出した一〇七通の手紙を編集した『愛児への手紙』（岩波書店、昭和二十八年）の解題のなかでは「この書簡集は子を思う親の真情を、その賢さと痴《おろか》さとを併せ露呈したものとして、人の親たるもの、心を打たずには措《お》かぬであろう」と書いた。

また、小泉氏は随筆集『朝の机』（新潮社、昭和三十三年）のなかの「父としての福澤先生」で「子供の教育についても、先生は普通の家で母親が担当する部分まで進出して世話をやいたように見える。厳父慈母というのも一つの教育上の分業とすれば、福澤夫人が慈母であったことは変らないとして、先生は厳父でもあり、同時に母親の領分まで手を出して子供の世話をやく慈父でもあった。われわれの標準からいえば世話をやき過ぎたともいいたいぐらいである。」と書いた。

これらはいずれも、父としての福澤を知るうえでの重要な資料であり、すぐれた解説であると思う。現在は『小泉信三全集』(文芸春秋)に収録されている(前二著は第二十一巻、後著は第十七巻)。

第十一章　福澤は教育の力をどう考えていたか

教育というものの効果はどこまであるかという問題である。教育の仕方さえよければ、どんな子供でも同じように能力をもたせることができるのか、できないのかという問題である。

教育の力には限界がある

結論をさきにいえば、福澤は教育の力には限界があるという。彼はこの考えを明治八年、九年に書いたと推定されている「教育の力」という一文のなかに発表している（全⑳一五四）。そして終生、同じ考えをもっていた。それは、これとほとんど同文のものが明治三十年刊の『福翁百話』のなかにあって、「教育の力は唯《ただ》人の天賦を発達せしむるのみ」と題され、しかも「教育の力」によって書いたのであろうと考えられているからである（その理由については全㊙二五七参照）。

まず「教育の力」の要点を、現代文にしてご紹介しよう。

1　限界のある理由

人の能力には天賦遺伝の限界があって、けっしてそれ以上にはのぼることができない。たとえば相撲《すもう》の番付の下のほうに二年も三年も名を書かれた小男が、関取に昇進しようとしても、とうてい望めないことは早くからわかることである。

ところが人間の精神のはたらきは形がなく、身体の大小強弱のように、幼少の時からその「知恵」（知的能力の意味）を識別することは容易でない。そこでややもすれば、教育の力を過大評価して、「人学べば智なり、学ばざれば愚なり」と考え、「知恵」はただ教育のいかんによると信じて、まるで人の力で「知者を製作」しようとするものがないでもない。

しかしこれは大きなまちがいであって、人の子の知恵に生まれつきの限度があることは、力士の昇進に限界があるように、その達すべき限度に達した以上は、すこしもその上に出ることはできないのである。

古人は「上知と下愚とは移らず」(註)といったが、移らないのは上と下だけではない、「中知、中愚、幾百千段の優劣は」すでに先天的にきまって、けっして動かないものである。

〔註〕孔子の言葉。岩波文庫の『論語』(金谷治訳註)によると、教育を受けても「とびきりの賢者とどん尻の愚か者とは変らない」の意。

それならば教育はすべて無駄なことかといえば、それもまた大きなまちがいである。世の中に教育ほど大切なことはないといってよい。

2　限界があっても教育の大切なる理由

教育とはたとえていえば、植木屋の仕事のようなものである。松も牡丹《ぼたん》も、自然のままほっておけば、枝ぶりも花も悪くなり、ときには虫の害で枯れることもあるであろう。これを植木屋の手にかけて、年中手入れを怠らないようにしてこそ、生々《いき》として枝ぶりも花の色香も野生のものにくらべて、ほとんど同種類のものとは思えないほどのものとなるのである。

それゆえ今、人の子も生まれたままにして、体育知育徳育の三者ともに注意するものがなければ、その子の生まれつきいかんにかかわらず、ただ周囲の影響を受け、ときには知徳の虫ともいうべき悪習慣がついて、「心身の品格」を失い、だいたいにおいて粗野で教養のないただの人になってしまうのをまぬかれないであろう。

かりそめにもその子の生まれつきもっている素質を無駄にすることなく、その全部をみがいて光を出させるものは、教育の功徳であるといわざるをえない。

3　教育の本質

そこで教育の本質は、人間に本来ないものを造って授けることではない。ただ本来あるものを全部出させて、残るところがないようにすることである。いかに上手な植木屋でも、草木の天性に備わるだけをみごとに成長させるのみであって、それ以上のことは工夫しようがない。

教育は大切なことであるが、その力を大きく考えすぎるのは、世間に共通している弊害であって、まるで教師の工夫をもって、「人物を陶治《とうや》し出さん」とするような者がいないではない。これはつまり人間「天賦の遺伝」に確固とした法則があることを知らないためなのである。

この一文からわかることは、子供の天賦の能力に適合した教育を行い、その素質の全部を発揮させることが、生々とした人間に育てることにつながり、ひいてはその子の幸せになるという考えをもっていたことである。また同時に将来の社会を担う人材を得るためでもあったが、これは別の文に出てくるのであとでふれる。

遺伝に関心をもったのは

福澤の遺伝への関心は、半ば自然発生的でもあったようだ。それは明治十四年の『時事小言』に次の言葉があるのでわかる。

私は若い時から方々の学塾で学び、同窓の友人の中に「俊英の才子」がいれば、いろいろな機会に直接又は間接に、その人の父母祖先の人物について聞きただすことが一種のくせとなり、長く心にとどめていた。

(『時事小言』全⑤二二八)

これは福澤が、能力遺伝の事実は存在すると感じ取っていたことを示している。

その関心をさらに強化したものがある。それは彼がそのころ、英国の優生学者ゴルトンの『能力遺伝論』(福澤の用語)(註)を読んだことである。この本のなかでゴルトンは、彼が四、〇〇〇人中に一人ぐらいの優秀な人物と判定した九七七人の近親には、優秀な人物が五三五人出ているが、これらと同じような社会的地位にある凡庸な人九七七人の近親にはただ三人を見いだしえたのみ、という事実を発表していた(今田恵『心理学』岩波書店、昭和二十七年、一六九ページ)。

福澤はこの本を読んで大いにわが意を得たと書いている。実証を重んじる彼としては当然のことであろう。そして『時事小言』中にゴルトンの統計を引用している。つまり年来考えていたことを裏付ける有力な学問的根拠を得た思いであったろう。

〔註〕この本は、一八六九年に出版された *Hereditary Genius*（邦訳『天才と遺伝』）であろう。

なおここで、福澤の使う「遺伝」という言葉の意味は広いことをおことわりしておきたい。たんに生物学的な遺伝だけでなく、社会的遺伝（たとえば家風によって父から子へと代々伝達される現象）まで含む広い意味があることである。また、福澤はここでは知的能力の遺伝を主題としているが、ときにはもっと広く、身体も情意も含ませていることもある。

福澤は明治初期、四民平等となったけれども、士族が農工商にくらべてよりすぐれた資質を有すると認めていた。事実、維新の事業を遂行したリーダーはほとんど武士の出身であった。そのすぐれた資質は生物学および社会的遺伝によるものと考えていた。これは素質か環境かという点では、常識的な意味で環境の力も認める立場と解される面だと思う。

世の教育家と遺伝説

ところが福澤の見るところでは、世の教育家は、人間の生まれつきの能力に差があることをいいたがらない。教育家は、だいたい人間の生まれつきは平等一様なものとして、その能力の発達は、教師の教え方の上手下手とか、学ぶ側の勤勉にかかっているといって、大いにはげます。しかしこれは生徒をはげます方便であって、実際には存在する能力の差を明らかにいうことを遠慮し、ついにはその事実をないものにしてしまっている。

福澤は、この方便もときとしてはよいであろうが、事実を忘れて遠大の処置を誤るのは、たいへん憂うべきことであるといっている。つまり教育は国家百年の大計というが、事実に立脚しない教育は、将来の日本を誤るという深い憂慮の念をいだいていたのである。前に私が、福澤の遺伝重視の説は、将来の社会を担う人材を得るためでもあったといったのはこのことである。

現代から見ると

福澤が遺伝重視を説いてから、今日まで百年余りたっている。この間に、人間の発達――とくに知的能力の発達について、遺伝と環境とどちらがより多く関与しているか、という問題はさまざまに論じられた。また、近年は遺伝全般について分子生物学という学問も発展してきている。

しかし私はそういう専門的知識はもたないから、教員としての経験から感じたことを書こうと思う。

多くの子供たちの成長の過程を長期にわたって見ていると、早くから発達する子もあるし、発達のおそい子もある。おそいけれどもいつまでもおそいかというと、そうでないこともたくさんある。小学校の時には平凡で目立たない子供が、青年時代に志をもつと急に伸びることがある。一方、小学校時代の「できる子」が成長後は期待に反して伸びないこともある。しかしそんなときも、まだまださきに未知の部分がたくさん残っているかもしれないと思ったりする。

また、抽象的思考に長じた人間も出るし、実際的な仕事に向く人間も出てくる。

つまり別のいい方をすれば、いわば花を咲かせる場面と時期と花の大小色合いは人によってさまざまちがう。

そのちがいを規定しているのは、父母や教師や友人等から受ける影響をはじめとして、その子の生きる環境の作用とともに、その子供の自我の目覚めや意欲がまた大きな力となっているな、と思うこともしばしばである。

それならば遺伝的素質はどうか。私は右に述べたように、生後の環境の力と個人の努力を大きく認めるものであり、それがなければ教育という仕事は成立しないわけであるが、もう一歩深くふみこんでいくと、そもそも人間の発達を大きな枠で規定しているものの一つは遺伝的素質（俗にいえば生まれつき）であると思っている。

たとえば、高校に入っても、算数の力は小学校並みにも及ばないものがあるという事実が報道されるが、こういうことは、たんに教え方のいかんとか、生活環境だけで説明しきれる問題ではないと思う。その根底には素質の問題がある。そのなかでもとくに素質に依存していると思うのは、人間の器《うつわ》の問題である。こればかりは教育が関与する部分はきわめて小さいのではないか、あるいは特殊な場合にはまったくないのかもしれないとまで思う。

現代はとかく、人間生まれつきの素質は平等一様であるが、環境（社会、学校など）が悪いから、能力のちがいが生じるのだという考えが、一部の人びとに、たてまえとして通用しがちであるように見られる。

福澤の遺伝重視説は、素質のちがいを認めながらも、暗い宿命論に陥らず、素質としての能力を最大限に発揮させるのが教育であると説いたもので、今日もなお意味深いものだと思う。

第十二章　今日に生かす福澤の家庭教育論

福澤は明治のはじめにあたって、伝統的な家族思想や家庭のあり方を問題として、自分の家庭教育論を展開した。彼はすでに大きな社会的活動をしていたが、家庭を大切にし、家族のだんらんを好み、そこに大切な教育的機能があるといった。そして、その原則的なものを生涯にわたってもちつづけた。

たとえば、子供が心身ともに健全に育つためには、両親の言動がいかに大切であるかということや、社会をよくしようと思ったら、家庭をよくしなければならないという、社会的な関心の強調、これらは今日いくら強調してもしたりないくらい大切なことであると思う。

ところで戦後何年たったころか、マイホーム主義という言葉ができて流行した。これもまた、家庭を大切にするという考え方である。このマイホーム主義と福澤の家庭論とはどういう関係にあるのだろうか。私はこの書の終わりにあたって、これをとりあげておきたいと思う。

この二つは、思想の系譜のうえでは無関係ではないが、大きなちがいが一つある。

マイホーム主義は、家庭を大切にするという点ではよいことであると思う。また、それが出てきたのにはそれだけの理由があったこともわかる。しかし現実に時がたつにつれ、大勢として、ただ自分の家庭の利益安楽だけを願うという、家庭的利己主義とでもいうものになっていったように思う。それは戦後の価値観の変化と、経済の高度成長にともなう豊かさを背景としたものであったが、個々の人びとにも責任がないとはいえない。

もともと利己心は人間の活動の原動力でもあり、利己心と愛他心との相克葛藤《かっとう》は人間に永遠につきまとう倫理上の問題であろう。しかし生活実践の場では、各人が利己心をなにほどかずつ抑制することが、自他の福利を実現するために不可欠なことも事実である。マイホーム主義はとかくその抑制を軽視するか、ときには無視する傾向がある。

そういう利己的マイホーム主義と福澤とは関係がない。福澤は家庭を持つ男子が、自分ひとりの欲する事業のために、妻子の生活を犠牲にしてかえりみないようなことをきらった人であるが、同時に、人がそのなかで生きている社会のことに無関心で、自分たちだけの小さな家庭の利害にとじこもってしまうことなど、これまた非常にきらった人である。

それは、たとえば『学問のすゝめ』九編（全③八五）によく書かれている。

福澤は、人間の心身のはたらきは大別して二つあるという。第一は、自分の衣食住を達成することで、独立の第一歩として必要なことだが、これは動物でもすることで、人間の義務はこれで終わるべきものではない。第二は、社会の一員としての人間は、社会に益あることをなす義務がある、ということである。これは人間として忘れてはならないことであるという。

人は生来、多くの人びとと社会をなして生活することを好み、夫婦親子だけではまだこの性情を満足させることはできないものである。かならず広く他人と交わり、それが広ければ、人間の幸福はいっそう大きくなると感じるもので、ここに社会生活のおこるわけがある。すでに社会の一員となれば、またしたがってその義務がなければならない。

およそ人間には、つねに自分にすこしでも長所があれば、これを世に役立てようとする性質があるが、これによって今日まで文明は進歩し、われわれはその恩恵を受けているのである。それゆえわれわれもまた、家庭を持って妻子を養うだけで満足せず、なんらかの点で社会に益あることをしなければいけない。

福澤は右のように説いて、社会的関心をもつことが、文明社会において重要な人間の義務であることを強調したのである。この点が、利己的マイホーム主義と大きくちがうところであるが、さらにこの二つのちがいを示すもう一つの論説があるので、これもご紹介しておきたい。

独立の節義

それは、晩年の『福翁百余話』（明治三十四年刊）にのっている「大節に臨《のぞ》んでは親子夫婦も会《え》釈《しゃく》に及ばず」（全⑥四三三）である。

このなかで福澤は次のようにいっている。大要をあげよう。

自分の心に思うことを実行して節をまげないことを独立という。この節義を守るという独立の一義のためには、たとえ親子夫婦のあいだでも相互に会釈（あいさつ）は無用で、各自の信ずるところを行うべきである。たとえば貧窮の父母を救わんとして、身を売る娘を孝子とするなど大まちがいである。たとえ父母の命令であっても、断然これを拒んでよろしい、親に会釈は不要である。

福澤は以上のように前置きして、次に自分の場合を書く。話はこうである。福澤は明治初年、二人の男の子がまだ幼いころ、いずれ成長の後、外国へ留学させたいと思い、それには金が必要だ、どうしても貯めたいが、はたしてできるかどうかと、夫婦でも語り合い、ときには他人の耳にも入ることもあった。

ところがある日、かねて懇意の横浜の某富豪が訪問して来ていうには、彼の建てた学校の監督をお引き受け願いたい。このために月給というのもおもしろくないから、ただ今、一万とか一万五千の金を進上するから、令息二人の洋行費に備えられてはどうかという依頼と提案があった。福澤もひとたびはわが子の将来のために心を動かされたが、待てしばしと考えるところがあった。それは、自分には彼の学校の監督を、しかるべき理由があって、前からする気がないのである。この自分の方針を今、大金を見て変えるのは、子供への愛にひかれたとはいえ、わが志を屈することである。親たる者が、自分の心に納得していないことをなして、その志を屈し、子供に「奉公」するの道理はない。この一段に関する限り親子のあいだも他人と等しい、会釈するには及ばないと決断し、厚く先方の好意を謝して、体《てい》よくその相談をことわったのであった（この話は『自伝』にもある。『福翁自伝』出版会版、二五四—五ページ）。

以上が話の要点であるが、つまり福澤は人生の正念場とでもいうべき時の、身の処し方にはきびしいのである。いくら夫婦親子のだんらんを重んじるとしても、一個の人間として、独立の節義を守ることを忘れてはいけないというのが彼の趣旨である。これはマイホーム主義にはないようだ。

昭和二十年八月以降の日本の社会では、戦前になかったような、よいことが実現された。国家が肥大して重すぎる石のようになっていた圧力が取り除かれ、人が個人として尊重され、幸福を追求する権利を認められたことは、その最大なものであったと思う。しかしいつの世も人間のいるところ、いいことずくめはありえない。是正しなければならないことはいくつかある。

家庭という視点からいえば、利己的マイホーム主義で、社会とか国という観念がうすれていったこと、また、親の年長者としての自然にあるべき教育的権威が低下し、親子のあいだに、正しい意味のきびしさが失われていきつつあることである。

福澤が「文明の家庭は親友の集合なり」といったのは、福澤本来の人間性から出ているのはもちろんであるが、一方、江戸時代以来の家父長制下の家庭——つまり男・父・夫が強く、女・子供・妻が小さくなっていて、一方的にきびしい家庭にたいする一種の解毒剤の意味（その時代としての意味）も多分に含まれていたと思う。

もし今日、福澤がいて、父母（親）の権威の低下、男女を問わないエゴの角突き合いを見たら、どんな意見を述べたろうか。それを聞くすべはないが、すくなくとも家庭の人びとがもっと社会的関心をもち、親子間の正しい教育関係を回復することだけは強く主張したであろう。

そして、現代のように諸事複雑となり、人びとの価値観がさまざまである社会においては、聡明《そうめい》な英知（叡智）をますます活発に働かせて、問題解決に進むべきだといったであろうと思う。福澤は、英知こそ人間の進歩にとって不可欠なものだと考えていたからである（『文明論之概略』全④八三）。

あとがき

終わりに少しく私事にわたるが、本書に関して私が感謝すべき方々のことを書かせていただきたい。さきに二十年代後半に全集を通読する機会を得たと書いたが、これは当時私が勤めていた慶應義塾幼稚舎の舎長故吉田小五郎先生によって与えられたことで、このこととその後の先生の温かな励ましがなければこの本は生まれてこなかったのだと思い、深謝の意をささげる。

また、そのころから長く今日まで、もっとも多く福澤研究についてご指導を受けたのは慶應義塾大学の中山一義名誉教授であり、さらに福澤学者慶應義塾大学名誉博士富田正文氏および元同大学塾史編纂所主事昆野和七氏にも、たびたび有益なご教示をいただいた。心からお礼申し上げたい。

なお、この書執筆の機会を得るについては、元同僚（現幼稚舎主事）中川真弥氏にたいへんお世話になった。そして九月初め執筆が終了した直後、私は急病によって入院したため、それ以後は本来私のなすべき出版関係のことを一切、元同僚にして児童文学研究家である桑原三郎氏が貴重な時間をさいて引き受けてくださった。桑原氏がいなければ私は途方にくれたと思う。さらに桑原氏とともに元同僚の庄司恒氏、岩崎弘氏、加藤三明氏がさまざまの協力をしてくださった。ともども記して感謝の意を表するものである。

掲載の写真やその基たる資料の一部は、慶應義塾福澤研究センターのものと、幼稚舎内の曽田文庫・山田文庫のものを借用させていただいた。記して謝意を表する。

最後になったが、執筆中から編集・刊行の過程で、まず全部を通して、しゃっと社の須田純弘氏に、次いで編集に入ってからは小学館の立川紀元氏に、それぞれ大へんにお世話になったことを記して謝意を表したいと思う。

昭和六十年一月

渡辺徳三郎

付　録

私のささやかな子育て論

ゆ　と　り

四月はじめの各新聞には「ゆとり教育各地の工夫」といった種類の記事がいくつか見られた。これは四月から実施された新教育課程が「ゆとりと充実」を一つの柱としているからである。今日はもう少し広く先生とか父母とか、子供を相手としている人にとって心のもちかた考え方についてのゆとりの問題をとりあげたい。

子どもを育てていくのになによりも大切なのは心のゆとりではないかと思う。せっかちは禁物だ。二歳ぐらいの幼児でも自分の靴を自分ではきたくて自分で、自分でと主張することがある。いざはくとなると、そう簡単にははけない。そばの母親はジリジリして、靴をとり上げはかせてしまう。せっかく芽生えはじめた幼児の自発性をつみとったようなものだと思う。こういうときこそ、ゆっくり見ていて、ひとりではくという行為を完成させひとり立ち出来たよろこびを味わわせてやればその子はどんなに幸せかわからない。

親にとってゆとりの心が必要な場合の一つに学期末の通信簿を見る時がある。いつかどこかで、全Aになればたいへんなごほうびが約束されているという話を聞いたが、その生徒が何だか気の毒に思えた。一つの親心のあらわれなのだろうが、全Aということについての考えにいかにもゆとりがないという感じがする。

この反対にCやDにはどんなことが考えられているのだろうかと思う。必要なことは、子供がわからないのはどこに原因があるのかと話しかけてやる心のゆとりではないか。

私は子供が努力するかぎり結果はAやBやCが入り交じっているので結構だと考えている。

幼稚舎時代は「手段」ではない

私はいつも幼稚舎は慶應義塾の一貫教育の最初の段階を担当しているのだから、しっかりした子供を育てて、上へ進ませたいと思うといっている。しかし誤解ないように願いたいことが一つある。

誤解というのは、つまり幼稚舎時代を、中学段階という「目的」への「手段」であるというおもむきで考えることである。

ちょうど幼稚園時代を小学校時代への準備と考えて、早くから幼児らしい遊びを制限して、字を書いたり、算数ができることをほめてやるような考え方である。

もちろん独立した成人を目標とすれば、それへの歩みには準備という色彩が全くないわけではないだろうが、それは本筋ではないと思う。

ほんとうに子供が心身共に充実し、しっかりと育つには、その年令の心理と身体にふさわしい生活を、生き生きと生活させてやることがまず必要である。一年生には一年生のあそびと勉強の生活があり、二年生には二年生のそれがある。さらに大切な、しつけもある。

ここでしつけという言葉を出したのは、「生き生きと生活させてやる」というと、それを子供のいうことを何でもかなえてやることだと、簡単に考えてしまう人が必ずいるような今の世の中だからである。子供のいうことを何でもかなえてやって「私はのびのびと育てています」という家庭にはロクな子供は育たない。自由には常に規律が伴うのである。

子育て・常識・判断力

前回の終わりに、私は「自由には常に規律が伴う」と書いた。これは池田潔氏（慶應義塾大学名誉教授・国家公安委員）の名著『自由と規律』（岩波新書、昭和二十四年）が頭にあったからである。『自由と規律』は戦後日本の教育界が、とかく自由の解釈を誤り、規律を失いがちであったときに著者がその若き学生のころ、イギリスのパブリックスクールですごした日々のことを通して、本当の教育のあり方を多くの人々にさとらせたものであった。なつかしい本でもある。

ところでこの本を読むと、読者の頭に、この「自由と規律」という言葉が教育＝子育ての正しい考え方としてのこり、生きつづけていく。そしてこのたぐいの簡潔な言葉は時に応じ事にのぞんで人の行動をうながし、みちびく作用をもっている。つまりは子育てに大へん役に立つのである。

おしなべて、あたりまえの父母として、子供を育て教えていく上で役に立つのは、こまかい専門的な育児書でもなく、又心理学の書でもない。そういう本は特別に興味ある人が読むのは別として普通には読む必要はない。

必要なのは大人としての健全な常識と判断力であろう。ところがこの二つがどこから生まれてくるかとなると、この小文であつかいきれるものではない。しかしたとえば、この『自由と規律』というような本で得るところが多いのも事実である。

子育てに愛情は欠くことが出来ないが、健全な判断力がないと大へんな害毒をながすことになる。

わが家は わが家

福澤先生は少年時代、中津で母に四人の兄姉と共に貧しい家庭で育てられた。夏になると近所に旅芝居がかかる。芝居は町人のもので武士は見るべからずとおふれがでる。ところが近所の士族は平気でほっかぶりをしてその上力づくでただで入る。これが小さな城下町の気風であった。ところが先生の家だけはわが家は別だ、わが道を行くという家風で芝居のしの字も口にしない。それで「平気でいるという家風でした」と『福翁自伝』に書いてある。

この行き方は今の世には特に必要だと思う。当時と比較にならぬくらい複雑になった現代に生きている私どもにも、まわり（世の中）の気風・大勢に従うかどうかという問題は同じようにあるのだと思う。

今の世の中は子供のまともな成長にマイナスとなる面をいろいろもっている。子供の欲望を刺戟する高価・豊富な玩具、品性を悪くする印刷物にはじまり、使い捨てを余儀なくさせられる経済のしくみ等々。これらが遠因となっていろいろな子供の問題が新聞紙上をにぎわす。この社会の大勢はしぶとい生き物みたいで抗し難い感を与えるが、私は待てよと思う。

このような世の中でくらしていても、一方健全に育つ子供もたくさんいる。なぜか。大きな要因は家庭のよさ、その中心となる父母の考え方の健全さだと思う。

百四十年ぐらいの昔の中津で、福澤家の若い未亡人であった先生の母上がさりげなく示した抵抗の精神に学ばなければと思う。

豊かさの中での子育て

前回は少し大げさな表現で、抵抗の精神と書いたが、思えば、今という時代は子供をまともに育てるのがむずかしい時代だと思う。私が子供を育てていた二十年代は、テレビも普及せず、諸事不足勝ちであったから、子供をとりまく世の中も今より刺激的でなかった。子供に質実な生活態度をたくまずして養うことができた。幼稚舎とてもそうだ。記憶をたどると三十四年の秋、六年生の修学旅行で、特急列車を使用してもいいだろうかと一応考えたものである。

ところがその後次第に高度成長期を迎え、国民生活はどんどん豊かになる。便利快適な生活はうれしいが、同時に家庭内暴力とか登校拒否とか、困難に負けやすい子とかいろいろのいやな問題もふえてきたようである。これはいったいどうしたことなのだろうかと、多くの人々は考え、私も考える。

ところが最近知った久徳重盛氏という小児科の先生（愛知医科大学）の『母原病』（教育研究社、昭和五十四年）という本を見ると、これは高度成長に伴う社会状況や生活意識の変化に原因の一半があるという話である。

こうなると、個人の工夫・自覚だけでは仲々解決できないようにも考えられ、何やら重くるしい気分にもなる。しかしやはり私は待てよと思う。

こういう時代だからこそ、なお一層、父母は家庭を拠点として、先生は学校を拠点として、社会や生活意識の大勢に抵抗していかなければと思う。

子育ての道すじ

今の世の中で生活している私ども大人たちはまじめに考えれば考えるほど、自分の子供をまともなよい子に育てていくにはどういう道があるのかと思うのではないだろうか。私はそれをいつも二つ考えることにしている。

一つは誰にも共通している道である。もう一つは個人個人の事情（個性・素質・家庭・兄弟関係など）を考える道である。

誰にも共通している道は、誰にも理解されるような簡単で明白なものでなければならないと思う。家庭という日常のいとなみ、人間臭さの入り交じった場面では、むずかしい理論で子供を育てるなどできるものではない。

例えば子供をよくしようと思ったら、まず自然の情でかわいがってやることが絶対必要条件だ。その結果子供はお父さんがつとめから帰ってくればうれしいという親子関係ができる。これがいい。だが、「甘やかし」は禁物だ。だから時にはそのお父さんが大切なもののけじめについて大声で叱るということもあるだろう。子供は一と時シュンとなるが、あとで二人でお風呂に入るといつもの仲のよい父と子となる。こうして子供はまともに成長していく。平凡簡単なことだが、これのつみかさねが大切だと思う。

もう一つの個人個人の事情を考える道も大部分は常識で対処すべきことだと思う。「人を見て法を説け」という諺の実行と考えるとよいと思う。ただある場合には専門の医師やカウンセラーに相談した方がよい場合もあるが、子育ての主体はあくまで父母である。

叱り方

いい叱り方、わるい叱り方についてよく質問されることがある。たしかにその例をいくつかあげることはできるが、実は叱り方は技術ではない。もっと全人間的な人間対人間の問題であり、とどのつまりはふだんの親子の人間関係がうまくいっているかどうかが、根本的に大切な問題だと思う。

例えばふだん子供との約束をいいかげんにしていると、子供は親を信用しなくなる。そんな間柄では、教科書的な「いい叱り方」もききめがない。又ふだん子供を甘やかして、親というものは何でも子供のいいなりになると思っている子供に、たまに大切なことで「いい叱り方」をしても子供は親に心の底で「敬意」のようなものを持っていない――大人として一目おいていない――から、いうことをききはしない。その反対に親子の間にいい人間関係ができていると、親の方が時によくない叱り方をしてもしばらくたてば何事もなくすぎていくのである。

ところで私はまだいい人間関係とはどういうことなのか、ほとんど説明していない。だからいずれ書こうと思うが、この種の話をたまたま面会に来られた父兄の御夫婦を相手に話していて、御主人に向って「職場だってそうじゃあないですか、ふだんから人間関係がうまくいっているか否かが意思の疎通や指導に必要なのではないですか。叱言だってそうじゃありませんか」というと、大ていの方はそうだそうだという顔をなさる。

子供の身のほど（一）

これも親子の人間関係の中の一つとしてのお話である。子供は親にまずかわいがられることがよい子になる第一歩であることは前回述べた通りであるが、同時に忘れてならないことは、子供はやはり子供なのだということである。

つまり子供は育ちつつある一個の人格であるが、決して大人たる父母と同じレベルに立っているものではない。父母に愛されると共に、教えられ、時には叱られる必要のある存在であるということである。このようにちがうレベルにいるのが「子供の身のほど」であるが、これは幼児期から家庭で自然にわからせることがよい親子関係の重要な一つだと思う。

ある学校での話だが、ある一年生がちょっとした打撲傷で衛生室へつれてこられた。その日は身体検査でかなりいそがしい状態だったので、養護の係の人は、とりあえず冷やしてしばらく椅子で待たせたとのこと――それで十分と判断してのことである。ところがしばらくすると、その一年生が「コレいつまでやってんだよう、早くしてくれよ、オレのことをどうしてくれるんだあ」と、どなったとのことである。子供の身のほどを知らないというのは、こういうことをいうのである。私はその話を聞いて、だいぶ増長しているな、そんな風に育てられたのではかわいそうな子だなと思った。

「身のほど」などというと、古いと思う方もいるかもしれないが、次回に続けて書くつもりである。

子供の身のほど（二）

前回のつづきである。

「身のほど」という言葉はたしかに古い。戦前にも「臣民の道」から始まり、「君臣の分」という言葉があったが、この「分」がつまりは身のほどのことで、「分際」「分限」などと相通ずる。

しかしここではっきりわけて考えなければならないことがある。

長い人間の歴史を通して見ると、君と臣との分は人間が権力関係によって社会を作るようになってから人がつくったもので、自然なものではない。時代が変化すると、消滅しても少しもさしつかえないものである。だから今は、「君臣の分」など誰も必要だと思っていない。

ところが親と子の分のちがいは、人間が動物から進化して親子の生活をはじめて以来、自然発生的に存在しているものである。江戸から明治になり、大正昭和、戦前戦後と変っても、親子の生活があり、子は親に愛され、教えられることが必要な存在である以上、必ず、子供には子供の身のほど、子供の分があるのである（もちろん親にも親の分がある）。

だから古いといってこれをしりぞけるべきものではないし、かえってそれが、あるのが望ましいものなのである。しかしおしつけではできない。

子供を本当にかわいがる親、しかし甘やかさない親。つまらないことでガミガミいわないが、だいじなことでは叱る親。子供との約束をまじめに守ろうとする親。こんなことを大切だと考える親の子は知らない中に身のほどをわきまえるものだ。

「良家の子女」

六月八日天現寺で幼稚舎同窓会創立三十周年の大会が開かれた。同窓会というと、その生みの親の吉田小五郎先生（当時の舎長）のことを思わずにいられない。先生は今御郷里柏崎市でお元気にすごしておられるが、特に思うのは幼稚舎教育への先生の正しく平明な御意見である。思いつくままあげてみよう。

「良家」の子女は質素であるべきだとよく話された。「良家」とはいわゆる金持ちではない。もちろん一定の経済力はあるだろうが、教養あり質実な、けじめを心得た家のことだ。その「良家」が幼稚舎の中心を占めることが必要だと考えておられたと私はうけとった。それは本当に大事なことだと思う。ところが高度成長と共に、そんな良さがすたれがちな世の中になったことも事実と思う。吉田先生の「良家」はますます必要だ。ついでにいえば、父兄会に出席するときには、お母さん方はハデな衣服をさけるようにというのが持論で、よく注意されたのを思い出す。

先生は又父兄会はじめ多くの会合を、きめた時刻に始めることにきびしい。修学旅行では、宿屋の商売根性で、先生だけに特別な食事を出すようなことが大嫌いであった。世間普通にはこれが当り前らしいが、先生は先手をうって断わられた。これらは今も幼稚舎の習慣になっていて、私も大好きなことだ。

以上いずれも、人をしてその背骨をピンとさせる作用をもっていて、今も大切にしたいと思う。

子供への理解

少し前に、子供をよくしようと思ったら、まず自然の情でかわいがってやることが絶対必要条件だが、甘やかしてはいけないということを書いた。これは子育てが情の段階から理性の段階へと進んだことだともいえる。この理性の加わった愛情の一つに、子供を理解するということがある。

子供は小さな大人ではないし、個性もちがうし発達成長する程度にもちがいがある。そのちがいを考えてやり、子供の気持を思いやってやることが理解ある態度である。

ところで子供を理解するのに非常に害をなすのは、よその子のよい点と比較して、せっかちにいきなり我が子の上にそれを求めていく、ゆとりのないやり方である。いわゆる「教育熱心」の親にはこれがおこりやすい。

この子はあの本に出ていたようなよい子にならなければならぬとか、おとなりのK君のように一番の成績をとらねば、と考えたらまちがいだ。

その子の今の長所も欠点も、そうなる理由があることだ。生れつきも、育て方もある。社会の影響もある。今さらあわてて親がやっきになったところで、子供が今の状態からすぐぬけ出られるものではないのだから、とにかくこのあるがままの子供の姿を、まずいいとしてやろうじゃないか。そしてゆっくり考えよう。

こういうゆとりをもって今あるところから少しでもよくなればよい。少しでもかくれた力をひき出してやろうとする態度が子供を理解する出発点だと思う。

子育ての総論と各論（一）

四月二十二日の九一四号からはじまった、私のささやかな子育て論も、今回で十二回目になり学期末を迎える。あと二回で終りのことばのようなものを書きたい。

それは、私が書いてきたことは、原則的、総論的なことであり、家庭や教室の現場には、そこに各論的な現実の条件があるということである。子供は、それぞれその性格も素質も、家庭事情もちがうであろう。親や先生のいうことに従いやすい子もいるし、そうでない子もいる。しかし私はそれをすべて認めた上で尚今までにのべてきた原則的なことを父母が考えていることには、やはり子供をしっかりと育てる上で意味があると思う。

例えば八回目と九回目に書いた「子供の身のほど」である。今、よく話題となる「家庭内暴力」の原因の一つは、この「身のほど」を教えることを忘れたか、遠慮して教えなかったかにあることは確かである、と私は思っている。だから、私はこれが大切だと主張するのである。

この間、ある父親に、「子供は成長しつつある人格だから、その過程で人格をきずつけるような取り扱いはいけないが、一方子供は親から愛されつつも教えられ、叱られることの必要な存在なのです」と話したら、なるほどという顔をされた。このような平明な原則が軽視され、子供には自由が必要だとなれば、最小限必要な規律まで忘れてしまうという今日の風潮が問題なのである。

子育ての総論と各論（二）

家庭の父母が、子どもを一人前に育てていこうとしていろいろと努力しても、うまくいくこともあるしうまくいかないこともあるのが現実の姿であると思う。

それは、子供の生まれつきにちがいがあったり、成長の過程で、さまざまの事情がでてきたりするためだが、要するに個人の意図をこえたどこかに人間一人が成長していくことに伴う、さけることのできないむずかしさがあることによるものだろうと思われる。

しかし、いくら個人の意図をこえるといってもそこで努力を放棄していいというのではない。どんなにむずかしくても、それをさけることなく、それととりくんでいく以外にないのが子育てなのだ。

こうして進んでいってもその結果、少数ではあろうが中途で何らかの坐折を経験する子供がでてくるかもしれない。あるいは一時は坐折したように見えてもまた歳月とともに、順調な道に戻るかもしれない。経験的にいえば、それは事実である。

しかし子育て＝教育というものはどこかでこういうきびしさにつきまとわれているものだと思う。

私は今回いくつかの子育ての総論を書いた。しかし教育なるものは、こうすればよい子になると簡単にはいいきれないきびしさを持ったところの複雑な人間成長の秘密（運命）のようなものととりくんでいる面があることを、謙虚に考えておかなくてはならないと思っている。

（『幼稚舎新聞』第九一四号〜九二六号、昭和五十五年四月二十二日〜七月十九日）

父母に語る――子供の幸せ――

幼児教育の大切さ

幼児時代には幼児教育がある。それは家庭と幼稚園で行われている。その幼児教育の眼目とするものを、大切にすることがまず第一ですよ、ということである。

それならばその眼目とは何であろうか。

幼児時代にいろいろな能力の芽を開発することの大切さがよくいわれる。私はそこに一理あるのは当然であると承認した上で、さらにそれをしぼりにしぼっていけば、子供を子供なりに、ひとり立ちできる、しっかりした子に育てることが最大の眼目であると思っている。もう少し、ていねいにいえば、そのようなひとり立ちできる傾向を、より多くもたせるようにつとめるところにその眼目があると思う。

子供は、健康であるかぎり、もう満二歳のころから、まず自分の衣食住の生活をひとりでやりたがるものだ。私は、靴を自分ではこうとしたり、庭にあったはしごにひとりでのぼろうとする幼い子供が、そばの大人がはらはらするのをしりめに、「自分で、自分で」と主張した光景を知っている。

この「生活の自立性」、これがまず第一だと思う。次に、子供の「遊び」。これは子供にとって、いろいろな能力をのばし、頭をはたらかせる場所である。物をつくり、絵をかき、砂場で遊び、友だちとけんかをしながら、子供は育ち、能力をのばす。そんな遊びの中での自発性を大切にしたい。

例えば自分で想像し、考え、工夫して何か作る。身近のボール紙、あき箱を材料に、はさみ・のり・セロテープで何か作る。作ったものは、子供らしい、いびつなものであったり、大人の眼からはぶざまであるかもしれないが、それは問題でない。子供が一人の考えと力で作ったことをほめてやれば、また何か自分で考え、作ろうとする。これが自発性である。

このような自立性とか自発性というものは、子供の本来の姿からいえば、その生命力というか、エネルギーの発露であると考えてよいと思う。

嬰児といわれる子供を見るがよい。まさにエネルギーのかたまりみたいなものである。善も悪もなく、四方八方に手をのばして、何かつかみとろうとする。しかし、子供の身のまわり（社会）の現実は、子供に、無制限な欲求の追求はいけないことを教える。熱いものにふれれば、やけどをするから、次からは気をつけるようになる。まわりの父母はじめ大人にしかられて、手（欲求）をひっこめることを学ぶ。このようにして、子供は自分のエネルギーの発現が、みとめられる場合と、みとめられない場合があることを、年令と共に、身を以て学んでいくわけである。

これを、うらがえしにいうと、父母をはじめ、子供に接する大人は、子供のエネルギーを、自由に発現させてやる場合と、それにストップをかけなければならない場合とをよく見分け、流れの道をうまくつけてやることに、教育の重要なポイント、そのむずかしさがあるともいえると思う。

この考えを、下じきにして考えると、前にいった自主性や自発性を育てるのは、子どものエネルギーを、比較的に自由に流れ出させてやる領域であると思う。いつも大人が指図し、あれやこれやと口を出し、干渉していては、本当の自立性や自発性は育ちはしない。子供の少しでもよいところを見てやり、ほめることは、干渉ではないから、いいところをほめて、のばしてやることは大切だ。つまり、この方面は子供にとって自由にふるまえることが多い領域である。

ところが、子供の成長の過程には、必ず子供のエネルギーの自由な発現をストップさせなければならない場合があるのである。

食欲は大切な生命維持の欲求であるが、子供は、もうおそいからいけませんといわれたり、ここでは食べてはいけません、ということをいわれなければ、一人前の人間になれないという一面が必ずあるのである。

大きな声で歌を歌うのは元気でよいが、電車の中では静かにしていなければいけないとしつけられる。これらはすべてエネルギーの自由な発現にブレーキをかけさせられることで、いわば子供にとって、不自由な領域である。

この自由と不自由との二つの領域をふまえさせてというか、自由と不自由とが裏表に結合した生活の中でというか、その生活の中で子供をひとり立ちのできる、しっかりした傾向を多くもつように育てていくことが、つまり幼児教育の大きな眼目なのだと思う。

能力や性格は多く素質的なものに依存すると共に、生後の何ヶ年かの育てられ方にも関係する。素質の方は、いくらやっきになってもどうにもならないと思うが、育て方の工夫は大いにある。出来るだけ、与えられている能力を家庭や幼稚園で自分で使わせることによってそれをのばしてやること、そのためには、幼児期からの自立性や自発性、ある程度の自己抑制力（やさしくいえばがまんのできること）などは、どうしても不可欠のものだと思う。

（『仔馬』三〇（一）、昭和五十三年六月）

だいじなこと三つ

この間の入学式に、私は保護者として特に心にとめておいていただきたいことを三つに要約してお話しました。少し書き足してここにのせます。

第一に慶應義塾の一貫教育、幼稚舎から大学までの十六年間を、本当に有意義に生かしてすごさせることを考えていただきたいと思います。幼稚舎へはいればあとは大学まで、さしたる入学試験もなく進学出来るというめぐまれた制度は一体何のためにあるでしょうか。塾風を幼いうちから身につけさせようとするねらいは別として、無理な試験勉強によってゆがんだ生活を強いることがなく、夫々の個性的な発達のテンポ、興味の方向を生かしつつ教育するということに主眼があるはずであります。ところが往々にして幼稚舎へ入学させたよろこびのあまり、もうこれで安心だという気持からか、丁度、大学行きのエスカレーターへでものせた気になる方があります。これは大きなまちがいだと思います。

先だって私は何気なく野球雑誌を見ていますと塾の野球チームの選手紹介が出ていました。今年度の主将黒松君は幼稚舎出身でありますし、私も受け持ったことがあるので、さて何と書いてあるかと興味をもってみますと、「生粋の塾生にはめずらしいファイトの持主」と書いてあります。黒松君のためにはまことにうれしいことでしたが、一方、小さいときから塾で育つ学生について世間はこう見ていると、かねて知らないわけではありませんが、こうはっきりいわれるとやはり面白くありません。人を押しのけてえげつないふるまいをするようなファイトはないかもしれませんが、やるところへ出たときにやる人間はいるはずです。しかしこういう世評があるということを、冷静に考えると幼稚舎その他の下から進む人々の中に、丁度エスカレーターに乗った気で、心のはりも気力も弱くなった人が居るのではないかと反省してみなければならなくなります。

実はこれは幼稚舎出身者だけに関することでなくて、広くいえば塾生全体についての世評でありましょう。塾生の都会的な洗練に対して、早稲田の「書生さん」の素朴さを好む人はたくさんおります。夫々の長所であり短所であり、いちいち世評にかかわる必要はありませんが、塾には塾らしいファイトはなければ困ります。性格の形成には勿論素質の問題がありますが、幼稚舎からのエスカレーター気分がこれにマイナスに働いているとするならば、これは是非改めなければならないことだと思います。

そこで幼稚舎へお子さんをお入れになった以上、この慶應義塾の一貫教育の有利な特色を最大限に積極的に生かすように考えていっていただきたいと思います。一年に入りたてでは別にどうといったこともないかもしれませんが、日常のささいな生活の中にも、勉強のさせ方ひとつにも、やはりやり方があると思います。自分の力できりぬけさせ、それによろこびとほこりを感じさせるようにするか、他人の助力をいつも求めて、それがあたりまえと思わせてしまうか、のちがいがあると思います。いつもねばりづよさをほめてやるようにみちびいていただきたいと思います。そしてだんだん大きくなるにつれて、塾生生活には、スポーツ、課外の研究等々に心身を活動させる場面はいっぱいあるはずです。

第二に私は、教育をだいじにするということを考えておいていただきたいと思います。

教育をだいじにするというのは、いわゆる「教育熱心」というのとはちがいます。幼稚舎へお子さんをお入れになるような家庭では、まず普通の意味で教育に熱心でない家庭はないでありましょう。勉強、しつけ、おけいこ事とどれも関心のまとでないものはないはずです。しかしそういう「教育熱心」とは別に、もうひとつ教育をだいじにする心構えがあることに注意しておいていただきたいのです。

教育をだいじにすることは、家庭の場合にも世間（社会）の場合にも、国の場合にも、いろいろあるのですが、今日は父母の立場からだけのことをとりあげましょう。手っとりばやく結論をいえば、先生や学校をだいじにすることだと思います。先生をだいじにするというと誤解があるといけないのでさっそくお断りしておきますが、それは決して先生のところへおつかいものでも持ってごあいさつに上れということではありません。それとは逆のことです。もっと心のもち方、心のつかい方に関することです。

例えば、子供のいるところで、むやみに先生の批判、悪口などいわないことは最も大切なことでしょう。先生も父母も共に一個の社会人として接すれば、そこに批判も不平も注文も出るでありましょう。それはあたり前のことで、先生の一員である私も正しい批判にはよろこんで耳を傾けるつもりです。しかしお子さんの前で不用意に私ども先生を批判していただきたくないのです。それは先生なるものが、皆さん方より「えらい」からではなくて、教師という職業がそういわせるのです。子供は先生から物を教わり、道理を説きかされます。近頃は自学自習などということが多くなったかもしれませんが、先生と生徒が信頼、敬意、愛情といったものによって結ばれていなければならぬことはいうまでもありますまい。子供の耳に入る不用意な親のことばは、この信頼や敬愛の情をスポイルします。だからおそろしいのです。三尺下って師の影をふまずなどというと動脈硬化した教育のようでやりきれませんが、やはり物を教えていただく人に対する礼儀というか、物を教わる人の態度には、それにふさわしいたしなみがあるはずだと思います。よく世間には、馴れ馴れしくふざけたりして得意になっている「P・T・A」があるようですが、自分の子供の先生たる以上、親しみにも一定の限度があり、くだけてもつつしみがあるはずだと思います。

学校の規則、学校の方針を守り重んじるということも、教育をだいじにする一つの例だと思います。運動場へかたいかかとの靴で出ないように注意があったら守っていただきたいし、父兄会に出席を求められたら定刻までに必ず出席していただきたい。どうしても欠席しなければならぬときは、予め先生に電話ででも断るぐらいの心づかいはしていただきたいと思います。始業式や終業式は、算数や国語の勉強ではないからと、簡単に休ませて、田舎へつれていくという人もあったと聞きますが、これなども教育のだいじさが本当にわかっているとはいえないと思います。父母の方で、学校のことを軽々しく取扱う態度を示せば、子供の方でも先生や学校のいうことをきかなくなるのはあたりまえでしょう。学校や先生への批判や注文がありましたらお子さん達が寝てから夫婦で話し会っていただきたい。お子さんが先生への不平をのべたら、先生に対し好意的に、建設的に話題にしてください。先生や学校当局に話したいことがありましたら、匿名の手紙などでなしに、先生なり、当局者の方へ遠慮なくお話になっていただきたいと思います。

第三に家庭をだいじにするということに気をつけていただきたいと思います。

幼い子供ほど家庭の影響をうけることが大きいのですが、小学生などにとっても家庭が安定しているか、いないかということは重大な問題であります。家庭の安定にとっての精神的の条件の最大なものは、父親と母親、つまりは夫婦が仲良くうまくいっているか否かということでしょう。こういう家庭の私事にまで立ち入ることは敢えてしたくありませんが、教育をあずかるものとして、これがわるいとテキメンにお子さんが悪くなるという事実をあまりにたくさん知っていますので、だまっているわけにいかないのでありますｊ。両親の和合こそよい子を生み出す第一歩であります。

次に平凡な毎日の生活の中でのしつけを、だいじにしていただきたいのです。子供の勉強には家庭教師をつけ、あのお子さんがピアノを習っているのだから、うちでもバイオリンをしなければ、と「教育熱心」になる人でも、案外じみな毎日の生活のだいじさを忘れている人がいるものです。

子供のおべんとうを決して使用人まかせにしないというお母さんには、やはり長い年月の間に、一事が万事、そこに使用人まかせの家庭のおよびもつかない、あるものを生み出しているのです。目につかない下着の清潔でも、風呂の入り方でも、とにかく平凡なじみな毎日の生活をだいじにしてお子さんを学校へ送り出してほしいと思います。

以上、私は三つのことをのべました。お聞きぐるしかった点も多かったと思いますが、私は最後に、以上をまとめて、一つ強調しておきたいことがあります。それは要するに教育には教育独自の世界があつて、そこには独自の価値があり、独自の法則があるということであります。かりに教育の世界と実業の世界とという二つの世界をくらべてみるとしましょう。この二つは大きな社会という基盤を経て共通したものをもっているわけですが、そこに各々その領域を異にしている面があり、そこを支配している道理（論理）もちがっているわけであります。実業の世界ではあたりまえのことも教育の世界では通用しない、あるいは通用させてはいけないということもありますし、又その逆に、教育の世界であたりまえのことでも、実業の世界へはもちこめないこともあります。例えば融通性の限界なども、その線のひき方にそれぞれの世界によって、ちがいがあるはずであります。これはほんの一例でありますが、教育をして教育たらしめている根本のもの、それをだいじにしなければいけないと思うのです。

福澤先生はその方面でも実にはっきりしていられました。先生は、先生流のことばでいうと「変通自在」といったおもむきの方で融通性に富んでおられましたが、ことひとたび、ゆずってはいけない線に至ると断乎として、その主張を通されたようです。先生は学問教育の世界と政治の世界を混同することを最も嫌われました。明治二十年、大槻文彦の『言海』出版記念会が催されたとき、先生は案内をうけ祝辞を呈する予定であったが、当日のプログラムを見ると、伊藤博文の次に祝辞をよむことになっているので、先生は承知出来ない。学問教育に関するかぎり学者が政治家の下風に立つというようなことを許すことは出来ない。これは一身の栄辱のためではない、学問社会の独立の為に進退を決しなければならない、と考えられました。そこで会の幹事役に書をよせて曰く、「学問教育の社会と政治社会とは全く別のものなり。学問に縁なき政治家と学事に伍を成す、既に間違なり。況《いわ》んや学者にして政治家に尾《び》するが如き、老生抔《など》の思寄らぬ所に御座候《ござそうろう》」。先生の処置は、祝辞は記念会とは全く関係なく独自に呈したいま、記念会から自分の名をのぞいてくれということでありました。これはほんの一例でありますが、先生が、学問教育の世界のだいじなあるものを守ろうとして、時流に逆らったことは、後人の容易に真似が出来ないほどであります。

はなはだ大きな例をひきましたが、ことの大小にはかかわりなく、教育にはそれに固有の価値もあれば物の考え方もあります。その価値を実現する仕事は大変デリケートなものであって、教育にたずさわる先生は勿論のこと、父母の方々も亦広く世間一般も、この独自の価値を尊重し、謙虚に反省し敬意を表し、これをだいじに扱っていかないと、結局一番だいじなもの――子供――がスポイルされるのではないか、というのが私のいわんとすることなのであります。

（『仔馬』昭和三十二年五月）

音楽会から

一月下旬から続出した学級閉鎖で心配した音楽会も、二月八日に無事にすますことができてうれしいことであった。うまい下手は別として、真剣な顔つきで演奏し歌っている子供たちの顔は美しい。その上ひとりで一所懸命になっているだけでなくて、前後左右の仲間とのつながりに気をくばっている様子をちらちら見せるのが目につけばつくほど、何やらけなげさといったものが感じられて、心を動かされる。又恒例の特別演奏には現在第一線で活躍されているヴァイオリニストの服部豊子さんが、土屋律子さんの伴奏で演奏して下さって、子供たちに、本物の美しさを聞かせ見せて下さった。本当にありがたいことと感謝しつつ、音の美しさを楽しむひと時を持った。

ところで、この音楽会では四年以上全員が順々に舞台に上がり、演奏者になり、又聴き手になる。私は今さらのようだが、このシステムを草野先生からうかがい、こういう集合の行事には、個々の演技の巧みさ美しさもさることながら、演奏者も聴き手もひっくるめての「集まりとしての美しさ」というものにまで子供たちの意識を広げることができたらいいなあと、常々思っていることを、想い起こしたのである。

戦前に育ったものは誰でも知っているように、男女共に体操で、男なら軍事教練で整列すれば「右へならえ」、行進すれば「歩調を合わせろ」とやかましくいわれたものだ。敗戦後、急にこれは軍国主義のあらわれだからと止められた。軍事教練がなくなったことは当然のことだし、又あのおろかしい軍人万能の世がいいなどとは毛頭思わないが、そのために、いつの世にも必要な、一つの目的ある集団がもつべき集まりとしての美しさとでもいったものに心をとめるという、「美意識のようなもの」がうすめられてしまったのではないかとも思う（もちろん集団行動がきまりよくいくことは、単なる美しさの問題ではなくて、もっと実際の行動のスムーズさとか合理性という実用的な面があることは当然であろう）。

いつだったか、だいぶ前のことだ。誰かも忘れたが、ある人が六大学野球の優勝盃授与式の日に、六大学の選手がそろって行進するのを見ていて、義塾の選手がきちんとそろって歩いていくのと、某々大学のいささかだらしがない歩きぶりとをくらべて、塾生の行動と心ばえの美しさをたたえていたことを思い出す。

塾生たちは、自ら無意識に、または平常のしつけや教養がそうさせたのであろうが、お互いに塾生たちのほこりもあったであろうし、自ら戒めてそのほこりを守ろうとする気もあったにちがいないと思う。私がはじめに書いた、幼稚舎生が舞台で、自分の姿勢を正しながらも、となりの人へ心をくばり、クラスとしてのみだれを出さないようにと心がけているのと、相通じるものがあるのではあるまいか。

「美意識」などとむずかしいことをいったが、つまりはこんなことで、さて私はこういう心くばり（意識）というものが、聴く側にもおきてくれないかなと思っているのであるが、これは年令的にもなかなかむずかしいことだと思っているのも事実である。

つまり幼稚舎は子どもの年令にとってあまり不自然な大人びた行動を要求しない。しかし、やはり小さい時から、くりかえし、クラスが集まり、学年が集まり、幼稚舎生全体が集まるときには、それにふさわしい「美しさ」――合理性と美はある一点で結びつくということもふくめて――があってほしいのだということを、教えていかなければならないな、と思うのである。自尊館の暗い一隅で、こんなことも思った。

（『仔馬』二八（五）、昭和五十二年二月）

一つの想い

自分の子どものころや、若いころに経験した生活の中のことで、今の子どもたちにも経験させた方がいいのではないかと思うことがいくつかある。

その一つは、歩くことだ。日曜日によく家族の何人かで、五万分の一の地図をもって、東京近郊の山や丘陵を歩いた。今のようにマイカーという便利なものがなかったから、適当なところで電車をおりると、あとはテクテク歩くしかない。おべんとう、水筒、お菓子を小さなリュックに入れて歩く。夕方家にかえると、地図に、その日歩いたところを赤鉛筆で線を入れる。これはなかなかいいものだと思う。それは父が中心だったが、母もあまり丈夫というのではないが同行すると、よく歩いた。夏休みに日光のいろは坂の下から、湯元まで一日がかりで歩いたことがある。大正十二年八月のことで、いろは坂から上は、もう人力車しかなくて七人家族で、一年生の私と幼稚園の妹のために一台の人力車が同行されていて、時々乗ったり、おりたりして湯元についた記憶がある。

どうもあの頃は、町をはなれればどこかへ行くのに歩くのは当然であり、歩くことを苦にしなかったように思う。時代がそうさせていたので、何もそれが特別えらいわけではないのだが、今日のようにあまりに乗り物がととのいすぎて、それになれてしまうと、歩くのがつい、おっくうになるのは、(自分もそうなのだが——特に、このごろは健康上——)本当のところ人間にとって幸せだかどうかわからない。

関東大震災の時、父は丁度横浜に用があって行っていて、桜木町のそばで地震にあったのだが、夜十二時までかかって、歩いて市ヶ谷の自宅までかえって来た。兵隊にもとられなかった身体であまり頑健というたちではない父であったが、歩いてかえることには十分自信があったようだ。これも、平常歩きなれていたおかげらしい。

幼稚舎生諸君の日記や作文を見ていると、高速道路でどこへ行き、ケーブルカーにのって、……というようなことが大へん多い。これも今日の時代相で、私も同じようなことをするだろうと思うが、ときに、お父さん、お母さんとつれだって汗を流して山登りをしたという記事にあうと、何だか一段とねうちがあるように感じる。やはり、そうあるといいという思いが強いからだと思う。

スキーにしても、戦前はリフトがなかったから、すべりたいスロープは必ず、自分の足で登ってからでなくてはすべれない。だから今とくらべてすべる時間は少なかったかもしれないが、すべる前の登る運動が一つの準備運動でもあり、がまんづよくもさせられたように思う。そのせいか、当時私の参加した山岳部のスキー合宿で七、八〇人集まっても（その中に初心者もたくさんいたが）骨折というのは聞いたことがなかった（しかしねんざはあった）。

天幕を背負って泊りを重ねての山登りもいい経験だったと思う。山の頂きに立ったときのよろこび、雪渓と岩陵の魅力、天幕場について、あたりの山菜をとり入れた食事、時には野うさぎの汁、いずれも、都会では味わえない山のよさであったが、夕方の異様に赤い夕やけの翌日はものすごい嵐になったりして、自然の前に人間がいかに無力かを知らされた。同時に正しい知恵をはたらかせてそれをさけることも教えられた。だからリーダーは、たとえば、冬山で、風雪のときに、しっかりと顔面を保護していないと、人間はじきにまいってしまうものだとやかましく教えてくれた。

海の本格的なヨットも、遠泳も、同じように、自然の美しさと共におそろしさを教えてくれるものだと思うが、ともかく今の子供たちが、少しでも多く自然を歩き、自然の中で泊り、自然を通してきたえられ教えられる生活経験を豊かにできたら、どんなにいいことかと思うのである。

（『仔馬』二九（三）、昭和五十二年十一月）

内と外のけじめ

幼稚舎生諸君に、何度でもくりかえし教え、心得てもらいたいことはいくつかあるが、その一つは内と外とのけじめ、家庭と世間とのけじめということである。

もちろんそれは自分の子供のころを考えても、やはり教えられ、しつけられなければならないと思うことである。
というのは、つまり「今の子供はダメだ」というような、例の大人のいい草を私は好きでないので、人間というものは、いつの時代でも、子供のときから何でもわかっている人間はいないのだし、小さい時から、親や先生に教えられて心得ていかなければならない生活の仕方というものがあるのだという気持ちからである。

しかし考えてみると昭和二十年の敗戦をさかいとして、それまでの価値観がくずれ、大人が自信を失ったので、一部ではへんな親や教師が出てきて、子供のごきげんとりをはじめ、子供のエゴを見すごすようになったのも事実で、その点で、すこし戦前とは事情がちがうことは、はっきりみとめておくべきだと思う。

それから、今日は、その自信を失った親に育てられた子供が、もう親になって子供を学校へ入れているという時代である。ずいぶん手前勝手な親がいるという話は毎度、見聞するところである。
それを考えると、なおさら今日は、心ある大人たるものは、これだけは子供に心得させなければと、はりきらなければならないと思うのである。

話をはじめにもどそう。幼稚舎生諸君に心得てもらいたいことが、内と外とのけじめ、家庭と世間とのけじめだというのは、つまり家庭という親子夫婦兄弟姉妹の中では許されることでも、いったん門を出て街を歩き、乗り物にのったら、許されないことがあるのだということをつよく心にとめてもらいたいということである。落語の熊さんだって「男はしきいをまたいで外へ出れば七人の敵があるのだ」と、心を「ひきしめ」（?）たのだ。ところがそのけじめが、なかなかつかない幼稚舎生がいるのである。

幼稚舎新聞の八一五号（十月二十六日）に「五・六年の乗車態度について」というクラス委員会での対話がのっていたが、幼稚舎生の何人かが、あたりかまわず大声でさわいでいるとか、ふざけ合うとか、仲間だけならマアマアというような、聞きぐるしいことを大声でしゃべっていた、というようなことがでている。

一・二年ならいざ知らず、五・六年でこういうのは、がまんならない。

私は公衆の中で、数人のグループが、あたりかまわずに大声を発し、まわりの人のめいわくなど全く眼中にないような態度でふざけたり、手を出し合っている姿ほど腹立たしく不愉快なものはないと思っている。それがもし幼稚舎生であったとしたら、私自身が腹が立つのだから、ましてまわりの人々はどんな思いをするだろうか。「静かにしろ、いい気になるな！」ぐらいのことは当然いいたくなるだろう。

私は、幼稚舎生が、よい社会人となるために、こういうけじめはよく心得てもらいたいと思うし、また幼稚舎生全体のためにも、心得てもらいたいと思う。ちゃんとした態度をとっている多くの幼稚舎生諸君もめいわくを受けているのだし、慶應義塾幼稚舎も又めいわくをうけるのである。そのへんがまことに残念なのである。

もとより私は、そういうさわぎをする子供が本質的にわるいなどと大げさに考えているわけではない。

だれでも幼い時、若い時にはそれぞれの、何ほどか思いあたることがあったであろう、というのも本当である。しかし、躾けられるべきときに、躾けられるということは、人間に食物と空気が必要なように必要なことなのだと思う。そのへんのネジがゆるんだのが戦後日本の教育の大きな欠陥の一つなのではないかと思う。

躾けということになると、話は幼児期と家庭という面に及ばざるを得なくなる。心理学的には、幼児期の躾が基本となるし、その関係で家庭の両親の責任も大きいのは当然だと思う。昔は「ばば育ちは三百文安い」といわれたが、今は、ネジのゆるんだパパママ育ちは……ということになるのだろう。

しかしすでに小学生になった時点で、そればかりいっても事ははじまらない。私はあくまで躾けの基本は家庭にあると思っているが、学校の方からも生活指導を根気よく積み重ねていくことに努めたいと思っている。そして、単に、いけないことをしない子供ではなくて、価値あることをしていく子供、自分の前に立ちはだかるものをのりこえる子供を育てたい。

こう書きながらも、私の心中に、いけないことをしないようにと、がまんするというのは、その個人が幸せに生きていく上からも、またまわりの人々を幸せにする上からも、やはりそれ自体かけがえのない基本的な徳性である、という想いが消しがたく残るのである。

(『仔馬』二九(四)、昭和五十二年十二月)

親と子の間柄

十月六日のサンケイ新聞を見ていたら、読者の投書欄に、「子育てに、親の成長が大切」という二十八歳の会社員K氏の意見がのっているのに目がとまった。子どもが立派に育つためには、親の努力や生き方が大切なのだというこの投書の大すじには大いに賛成なのだが、一つ気に入らないことがあった。

K氏は親の姿勢の大切さを強調するについて、次のような例をあげている。「最近きっぱり禁煙した友人がいる。理由は「息子がマネをしたがるから」とのこと。「お父さんは法律で許されるが、おまえはいけない」では説得力がない。トンビがタカを生むという言葉もあるが、だからといって自然にこどもが立派に育つものではない。親が努力しなければならない」。

私はどうも、こういう例をよしとする意見には賛成できない。なぜ、大人と子供はちがうのだというあたり前の大前提に立って、大人は煙草をのんでもよいが、子供（未成年）はいけないのだと、正面きっていってのけてはだめなのだろうか。

もちろん、K氏のようなやり方でも、「立派に育つ」かもしれないが、これを一般的な原則とすることには賛成できない。

私がなぜ、このような小さな投書の一部を問題にするかというと、これは案外、現代の、善意ではあるが、親子の関係の上での子供の位置づけについての誤った観念に関係があるのではないかと思うからである。

「地震雷火事親父」の中の親父はもう消え去った。これはこれでいいと思うが親は父にせよ母にせよ、子供とは立場を異にしていることを、まず親がはっきり自覚し、子供は子供でそのちがいを小さいときから知らず知らず自覚させられていくことが必要だと思う。私はそれが親子の人間関係を正しくする重要な要素だと思う。

もともと教育の効果は、よい人間関係の存在を前提とする。叱り方がどうのこうのといっても、平生の親子の人間関係がよくなくてはどうにもならない。これは先生と生徒でも同じことである。

よい人間関係は、まず自然の愛情を土台にしてできる。何はともあれ、年齢が幼ければ幼いほど、かわいがることが前提だ。その上にすこし、あるいは多く、理性的な愛情が加わる必要がある。盲愛はいたずらに子供をやわにするか増長させる。江戸時代から「ばば育ちは三百文安い」という諺があるくらいだ。

理性的な愛とは子供を理解するということだと思う。思いやりをもって子供を理解しようとつとめるとき、幼いながら子供はそれを愛情として受け取る。

それからもう一つ大切なのは、子供もやはり一個の人格の所有者——育ちつつある人格の所有者——であることへの誠実な対処だと思う。やさしくいえば、こういうことだ。相手が幼児であろうとも、こんどの日曜日にどこそこへつれていくと約束したら、それを守らなくてはいけない。約束を守ってくれる父母によって子供は大切なものを学ぶはずだ。

しかし、ここで親と子の立場のちがいという点から、私が特にいいたいのは、基本として約束は守るべきだが、社会で働き一家の生計を維持している大人にはその時の勤めの必要に応じて、子供との約束を変更しなければならない事情がいくらでも発生する。その時は子供との約束は次にのばされるのが当然だということである。ただし、子どもの気持ちを考え、よく説明してやる手数を惜しんではならない。それによって子供は、自分が認められていることを知り、心の安定を得る。無意識の中ではそれを愛情としてうけとめているのである。

つまり平生、子供をかわいがり、子供に理のあるときには、これを認めてやり、親に理のあるときは、子供にいいきかせる。時には叱る。それでも親も子も人間なのだから、温かな愛情に結ばれながら、時にけんかしたり、笑ったりしている。これが普通ののぞましい親子像だ。

そういう和気あいあいたる中でも、親と子供とは、ある一点に於て、ちがう立場にいるのだということを、あの投書の、煙草の例をあげた人は、いささか忘れているのではないかと感じるのである。

今は、はやらないが、「分際」ということばがある。岩波の国語辞典を見ると「社会に於ける身分・地位。身のほど」と書いてある。「学生の分際でなまいきだ」というような使い方をする。

三十年余り前に、日本は戦争に負けたが、万事平等の世の中になったと——たてまえの上で——よろこんだ。それはそれで意義がある。しかし戦争に勝とうが負けようが、人間社会の自然の理法として、「身のほど」というものがあるのを忘れると、とんでもない自然のむくいを受ける。

どうも今の世の中は、得手勝手な、「身のほど」を忘れた、自己主張の肥大で、あらゆるところに、まゆをひそませるようなことや、ことによると日本の社会をじわじわと崩壊にみちびくのではないかと心配になるようなことがおこりつつあるのではないかと思うこともある。一方我々日本人は、案外と方向転換もうまいから、なんとかきりぬけていきそうな気もする。

しかしそれはそれとして、ともかくも教師としての私の守備範囲のことにしては、変だと思うことは、変だといわないわけにはいかないのである。

どんなに我が子がかわいくとも、ともかく一人前になるまでは子供は親によって正しく教えられ、正しい親の言には従うべき存在であることを、自然に納得していくような親子の間柄を育てていくことが、その子供の幸せにつながり、社会のためになるという理法は、いつの世もどの体制でも変らないのではないかと思うのである。

（『仔馬』三〇（三）、昭和五十三年十一月）

雷

六月六日、七日に信州蓼科高原での、六年高原学校を訪問した帰り途、茅野駅で買ったサンケイ新聞の投書欄に、「雷の犠牲者に補償できぬか」という、京都の三十六歳の主婦の一文がのっているのを読んだ。主旨はこうだ。奥さんも子供もある幸せな知り合いの男性が、ソフトボールをしているとき、落雷にうたれて亡くなった。奥さんと子供はくにへかえった。その不幸を思うと、どこへもぶつけようのない怒りと悲しみで、やりきれない思いがするというのである。そして結論は「季節のいたずらというだけでは、あまりにも犠牲が大きすぎる。国が何らかの補償をしてあげてもよいのではないかとも考える」というのであるが……さてどんなものであろうか。

三十六歳といえば、今小学生か中学生ぐらいの子供をもった人だろうが、こういう考えの人が家庭をつくり、その中で子供が育てられるとすると、その子供はどんな考え方をもつのだろうかと考えざるを得なかった。

私的な行動をしていたときに、たまたま雷にうたれて死ぬ。それはたしかにその人にとっても家族にとってもいたましい、同情すべき事であることはいうまでもない。しかしそれが国の補償とどうむすびつくのだろうか。その短絡のわけがわからない。

私はこういう意見の人のまわりに、今の世の人々の考え方の、ある一つの形があるように思われてならないのである。

自然的災害や人為的災害から身を守るために、様々な社会的な施策を構ずるのは当然である。だから今、予想される大地震への対策が国や自治体のレベルでおくればせながらとりあげられつつある。しかし、その方向からの対策と共に、当然各個人の方向からの対策も考えられなければならないのである。

川とか海とか山とか、そういう自然の中で個々の人間が如何に無力な存在であるかを、都会生活になれてしまった私どもは、つい忘れがちである。自然は美しく、又快いものであるが、それがひとたび荒れくるえば、どんなにおそろしいものになるか。その中で人間がその安全を守るには、まずはともあれ個人が気をくばらなければならない。たとえ、それが国や自治体の責任になることでも、いつもかれらが身近かにいるとはかぎらない。

それから、この人は「どこへぶつけたらよいのでしょうか」という「怒りと悲しみ」を感じ、「やりきれない思い」がするというのだが、自然を相手としたらこの種の雷の被害のような悲劇は、いつの世も、どの人にも、機会さえあればおそってくるものではないだろうか。しかもそんな場合その悲しみは、自分の心でうけとめるよりしかたがないのが、人間と自然との関係ではないだろうか。

ところが、雷の被害への国の補償という考えの出てくるもとには、人間の、自然に対する思い上がりの心が、無意識の中にあるのではないか。それとももう一つ、個人の責任に止むべき事柄を、何かといえば、国とか自治体とか、公共の責任へ転嫁しよう、そして補償金を獲得しようという今の世の風潮があるのではないか。

もとより、私は国や自治体に補償を求め得る場合があることは当然だと思う。しかし雷の個人的被害まで国の補償云々というのには全く同調できない。そして同調できないだけでなく、こういう、まちがった「善意」（と本人は思っているのだろう）で育てられる子供の将来の人間像を考えると、日本はこんな、甘い自己中心の人間がふえていっていいのかと思わざるを得ないのである。

はじめに書いた通り私がこの記事を読んだのは、立科の六年高原学校を訪問した帰り途であった。滞在中に先生方から聞いた話では登山を予定した六月三日の前は、連日午後になるとすごい雷雨がくる。登山予定の前日にも次の日の雷雨予報がでていたので、先生方は相談し、登山を延期したとのことであった。予定日の朝はすばらしい天気だったが思いきりよく登山を中止したところ、果して午後からすごい雷雨になったという。丁度、私が訪問した六月六日は延期していた登山が行なわれた日だが、半ば曇天のおだやかな天候だった。その日、六年生諸君は二五三〇メートルの蓼科山に登り、大河原峠へ下り、さらに双子池を回って、元気にかえって来た。

　私はそれを見聞していたので、あの投書を読んだとき、やっぱりちがうなと思ったのである。そしてこの一文を書いたのである。


（『仔馬』三一（二）、昭和五十四年七月）

家庭教育

　まず「家庭教育」以前の問題がある。家庭の雰囲気というか気風というか、子供はその中で一生を支配するような生活への姿勢を養われる。バートランド・ラッセルのことばに「人間のなかで一ばんいいタイプを作り出すために必要なものは幼年期における幸福である」（『教育論』）というのがあるが、私の好きなことばだ。

　子供の幸福とは、お金があってほしいものがいつも買ってもらえるということではない。それも幸せの一つではあろうが、最も大切なのは家庭の中に不和がなく――とりわけ父母が仲良く――みんなの気持が安定していることだと思う。幼い時には理くつぬきで抱きしめてかわいがってくれる親をもつことは最大の幸福であろう。物心ついたら、子供は子供なりに人間として尊重されていること、正しい言い分はみとめてもらえること。こんなことも幸せの一つだと思う。だから「家庭教育」というかしこまった言葉をもち出す前に、子供が健康であるか、夫婦は仲よくくらしているか、兄弟姉妹に愛情が公平に与えられているか、子供が親に親しめないでなやんでいるようなことはないか、つまりは人間関係がうまくいっているかどうかと考えてみるべきだと思う。

家庭教育には児童心理学や教育の専門めいた知識が必要であろうか。

遠い昔から、親としての心得や、子供に教えるべき事柄は、家の中で語りつがれたり、書物の形をとって伝承されて来たのは事実である。その内容は時代と共に進歩して来た。そして原則として正しい知識が普及していくことはのぞましいことにちがいない。ところが近頃のように生半可な知識にふりまわされている「心理学ママ」などというものが多くなると、むやみに心理学の本など読まない方がよいと「反動的」なこともいってみたくなる。しかし冷静に考えればいつでもそういうことに行きすぎや誤解を伴うのはあたり前のことなのだから、そういう本を全面的に否定したらとんだまちがいというものであろう。ただ私は、家庭教育というものは、親が特別の勉強をしなければ出来ないものだと考えて子供をしつけるのに妙に遠慮がちになるのなど、つまらないことだといいたい。親は大人としての経験と考えがあり、社会人としての義務もあるのだから、その時に持っている知恵と知識を最大に働かせて、よしと思うことをするがよいと思う。

眼を少し過去に向け、又周囲を見まわせば家庭教育などというかしこまったことばを、あらたまって使わないところで、自然に家庭の教育が行われ、人間として大切なものが子供の心身に養われて来たのではないかという気がする。名もない市井の商人や職人の家で或いは農家で、又は山の手の物堅いお屋敷の中で、格別に気ばった気配もなく、「人間」を作る生活が営まれて来たのではないか。その内容は時代と共に変らなければならないが、こういう事実がもっと認識され、家庭教育の家庭教育たる肝腎なものは、親の方の教育知識の有無とはまず関係なしに十分行われると考え、もっともっと自信をもつべきだと思う。さきほど述べたようにやさしい児童心理学や育児の本は、読み方さえよければずいぶん役に立つことだと思うが、ほんとうはそんなものがなくても、親に、子供の将来を考え、一人前のしっかりした男なり女なりにしてやらなければ、子供がかわいそうだという愛情と、他人《ひと》さまにも迷惑をかけることになるからという極く常識的な心づかいがあれば、自ら家庭の教育は行われてくるのではないかと思っている。

それでは家庭教育の役割はどこにあるのか。学校教育は主として組織立った知識を与えたり、考える力をのばしたり、又集団でなければ得られない訓練をしようとしているが、はじめにふれたようにそういうものをうけ入れる生徒の人間の基本的な姿勢とか態度とかいうものは、家庭でこそ、又家庭でなければ、本当には育てられないものだと思う。身体の健康ということは自明のこととして別にしておこう。善悪の感受性、人に対する愛情や信頼感、独立心、ひねくれない心、などというものから、自分の欲望にブレーキをかけることが出来ること、他人に迷惑をかけない心がけ、努力する態度などまで、いずれも家庭で小さい時から心ある父母に育てられてこそはじめて豊かにでき上っていくのではないか。しかもそれは、単なる小手先の方法からではなく、親と子の人間関係の真実さの中からである。そしてその結果はたとえ家庭の中では目に見えるようにあらわれていなくても、親からはなれた時は、地金の質のようなものとしてあらわれてくる。

例えば人間に対する信頼感や善悪の感受性を豊かに養われた子供は、先生のお話をすなおに受け取り、二倍にも三倍にも生かして自分のものにしていく。ところが家庭でだらしない習慣をつくられ人を信ずることの出来ない子供は、学校の力ではほとんど直すことは出来なくなる。学校は個人的にそこまで立ち入っている時間的余裕がない。つまりはこういうことが家庭教育の重要な課題であると思う。

ところが戦後から今日まで、日本の多くの家庭では、このような大切なことがなおざりにされて来たようである。殊に中流以上の家庭では、進学と将来の就職の問題に刺激されて、家庭教育といえば、学校の成績をどうすればよくすることができるかということだけの極めて卑近な功利主義的なものになってしまったかの感がある。経済的なゆとりが出来れば幼稚園の時からピアノだ英語だとおけいこごとのつめこみがはじまる。成績がわるいとなるとすぐ誰か家庭教師をたのもうという。親自身が反省したり考えたりしない、誰かによくきく薬をつくってもらって、それを子供にのませて急場をしのごうとする。成績はわずか上るかもしれないが、もっともっと大切な独立心は損われることの損失に気づかない。そしてこれが教育熱心だと思われている。

こういう形の「教育熱心」のお母さんには往々にして、自分の子供だけよければそれでたくさんだという気分が強いものが多い。先だってたまたま街で見かけたのだが、ヴァイオリンのケースを持ってやって、幼い我が子にバスの列の割り込みをやらせているのは、腹も立つが、こうして育つ子供が大人になった時のことを考えると、困ったことだと思う。

石井研堂著『明治事物起原』によれば、明治になって家庭ということばが広く使われるようになったのは福澤先生が明治九年に『家庭叢談』を出版されてからのことであるという。先生は家庭の教育は人間形成の点からみて、所謂学校教育よりもはるかに強力で極めて切実なるものであるといっておられた。そしてそれ故に社会を改革しようとするならば、まず家庭を改革すべきであるという見解をもっておられた。（明治十一年『福澤文集』）家庭は一方においていこいの場であり、親子団らんのたのしい場であるが、他方において個人と社会の質を決定する使命を担っているきびしい一面がある。そこをどう調和させていくかが、親に課せられた古くて新しい問題である。

（『三田評論』第六三二号、昭和三十九年十一月号）

卒業生のみなさんへ

三つの約束

いよいよ卒業ですね。おめでとうございます。昭和四十九年からの六ヶ年間を終わり、皆さんは入学当時とはくらべようもないほどの成長をとげました。それは君たち自身にさずかっていた生命力のあらわれであり、又自らの努力の結果なのですが、多くの方々のおかげでもあります。

君たちを育てて下さった御両親の愛情、先生方から受けた教え、全職員方よりのお世話。さらに目を外に開くと広い社会のおかげがあります。人間は四六《しろく》時中こういうことを考えているわけにはいきませんが、卒業という人生の大切なふし目では、新たな心をもって考えて下さい。

さて四月からみなさんは普通部・中等部へと進みますが、その前途はさまざまの花を咲かせる可能性に満ち、いろいろの夢を抱かせてくれます。どんな歩み方をする人がでてくるだろうか、どんな特色のあるしごとをする人になるだろうか、と大きな楽しみです。しかしそれぞれの道を進むとき決して楽しいことばかりではない。いや、何か目的を達成しようとするならば、必ずといっていいほど、山あり谷ありという道をたどっていくことになるでしょう。私はみなさんに何はともあれそれに負けない人であってもらいたいと思います。

そういうみなさんにお話したいことがたくさんありますが、三つにまとめてみました。三つというのは、実は君たちが六年前の入学式で舎長の内田英二先生とかわした約束の三つを思い出したからです。入学式の時に舎長が幼い一年生と三つの約束——おまけを一つ加えることがよくありましたが——をかわすのは、いつのころからか知りませんが、少なくとも三十年以上つづいていることです。しかもその三つのなかみ——自分でできることは自分でする、うそをつかない、お父さまお母さま先生のおっしゃることにはすぐハイッと答えて従う——は古く福澤先生の「ひびのをしへ」その他からでてきたことで、なかなか伝統と意味のあることばなのです。

そこで私はここでは、この三つになぞらえて、書いてみようと思います。

第一の自分でできることは自分でする、というのは独立心のことであることはすぐわかるでしょう。幼稚園から出たばかりの諸君に慶應義塾のモットーである独立自尊の独立をわからせるとき、こう説明するのが一番よかったのでしょう。しかし今日の諸君にはこれではもの足りません。

中学段階へ進めば、先生方の教え方も、学校生活の規則も、家庭生活も幼稚舎時代とはちがって一段階大人の方へと近づきます。自分が自分の主人となって、自分の生活をいとなんでいく部分がふえます。これは当然のことであって、いわば楽しさもきびしさも共にふえてくるということでしょうか。人間としてうれしいことでもあります。

このきびしさを自分の気力でのりこえて、楽しい中学生活をいとなんでいくことが、中学生としてのひとり立ち、自分のことは自分でするということだと思います。幼稚舎時代の方がよかったなどという、うしろむきの「甘え」をふりすてる「ひとり立ち」です。こんなことをいうと、進学すると、くるしいことばかりのようにとるかもしれませんが、多くの諸君の先輩は新しい生活を楽しく送っているのです。

第二の「うそをつかない」というのは独立自尊の「自尊心」を幼い諸君にわからせることばだったのです。ところで年令と共にわかることですが、人間にとって「うそ」とはそんなに単純な問題ではありません。例えば「うそも方便」ということわざもあります。しかし幼い人々には、それを理解させることは無理だし、教えること自体が無用有害であるのも又真実です。むしろ年令にふさわしく「うそ」は根本的に「悪」であることを知らせるのはよいことだから、約束の中に入っているのです。ところが六年の諸君は、例えば不治のガンの患者に「あなたはガンではない」という「うそ」をいうことの原則としての正しさを理解する年令になっているでしょう。一年生の時にうそをつかないと約束したのは、自分の利益のためのうそや、他人に害を与えるうそはつかないということなのです。その意味のうそはいつも悪いことなのですが、年令と共に、人間として理にかなった、深みのある「うそをつかない」に進んでもらいたいと希望しています。

問題ははじめにふれた「自尊心」なのです。これがまた説明するとなるとむずかしい。しかし福澤先生がおもしろい話をのこされました。

明治三、四年頃のこと、そのころの塾生はなかなか乱暴者が多い。三田山上で所かまわず立小便をする。注意してもなかなかやめない。そこで先生は山の上の要所要所に「犬の外小便無用」と書いて出したところ、すっかり止んでしまったとのことです。これは犬ならばしかたがないが人間である以上、こんな無作法をしてはいけないと「自尊心」にうったえたものです。だから、塾生の心にはひびいたのです（『鎌田栄吉全集』第一巻、鎌田栄吉先生伝記及全集刊行会、三三六ページ)。むずかしくいえば自尊心とは、他人に強制されずに自分の良心に従い、自分の人間をいやしくしないことだといえばいいでしょうか。「自分をいやしくしない」ということを塾生は、くれぐれも気をつけるべきことだと思います。昔はなかったことですが、ここ数年、駅のくず箱から、棄てられた雑誌や新聞をはずかし気もなくあさり、拾っていく普通のつとめ人が目につくでしょう。あんなことはぜったいにまねしてはいけません。もちろん幼稚舎にはそんな人はないと思いますが、あれは自尊心のない人の例だと思うのでちょっと書いておきます。これは福澤先生のいう、義塾は「気品の泉源」であるということにつながることなのです。

第三の、お父さまお母さまのおっしゃることにはハイッといってすぐ従いましょう、というのは、入学したての一年生のときはそれが毎日の生活の安全のためにも必要な年令だったからです。しかし三年四年と進み、六年ともなれば、これも又少し事情がちがってきます。親でも先生でも、時には聞く方で納得できないことをおっしゃることがあるでしょう。そこで「なぜですか?」「どうしてなのですか?」という問いが生まれ、対話が始まります。対話は新しい考えを生み出しそれを深めるきっかけです。その意味でも君たちは、「ハイッ」といって聞くだけの段階はとっくにすぎているといえるのですが、一方、対話をするについても、まだまだ人生の先輩(経験豊富なもの)としての親や先生の言

受け持ったクラスの卒業式後の会で(昭和54年3月)

葉をすなおに受け取る謙虚な（へりくだった）気持を忘れないでください。六歳と十二歳は大きなちがいです。しかし十二歳と二十歳（成人）も又大へんにちがうということをわきまえていてください。それは人間の成長の過程の平明な事実なのですから。

三つのいいたいことは終わりましたが、一年の時のようにもう一つおまけをつけましょう。君たちにとって、個人として一人立ちすることが生きる上の基本であることはたしかです。しかし人間は又社会の一員として生きているのだから、社会のことへも心を向けていなければいけないのだということです。

君たちは知らないし、又それについてすこしも責任がないことですが、昭和二十年八月をさかいとして、多くの日本人の考えは大きく変わりました。それまでは戦争のせいもあって個人の幸福は重い国家という社会のおもしの下におしつぶされていました。戦争に負けた二十年八月以後は反対です。今迄おしつぶされていた反動で、個人の幸福追求がみとめられました。これははじめは幸いなことだったのですが、次第に利己主義の主張とかわり、自分がその中で生活している国とか社会のために自分をおさえることの必要を忘れるようになりました。簡単にいえば、自分さえ幸せならば、ほかの人のことなど知るものかという、きょくたんなことにもなりかねなくなりました。こうした風潮は、となり近所の人々の中でも、学校の中にも、職場の中にも、電車の中にも、じわじわとひろがりはじめていきました。

しかし、冷静に考えると、戦争があろうがなかろうが、私ども人間の社会では個人の幸福の最低限を確保するためには、国という社会のしくみの中で、個人の自由を勝手気ままに求めるのをつつしむことが絶対に必要なのです。福澤先生はこれを「自由は不自由の中に在り」といわれました。

だから私があなた方にのぞみたいのは、自分一人や家庭の幸福・独立に目を向けるだけでなく、まずとなりにいる人のことや友だちのことから学校全体のことへと目を広げていくことです。そうしていけば、やがて大きくなった時に、国という社会から広く世界の人々へと目を向ける塾生に成長するだろうと思うからです。

最後に一言。「言うは易《やす》く行うは難《かた》い」という古い言葉があります。今ここまで書いているあいだ中この言葉を思っていました。果してみなさんに今いっていることを自分はできるのかと自分に問うとき、完全にできますなどとはとうていいえないと思っていました。ただわずかに、諸君と共に一歩ずつ歩もうと自分にいいきかせながら、この文を書いていたのです。

ではみなさん元気に幼稚舎をとび立っていって下さい。

（『仔馬』三二（六）、昭和五十五年三月）

社会の一員

六年生のみなさん卒業おめでとうございます。うれしいでしょう。よろこびに満ちたみなさんの顔が目にうかびます。入学のころを考えると何という成長ぶりでしょう。

それにつけてもお父さまお母さまのおよろこびも、ひとしおのことでしょう。親というものは、我が子の健やかな成長が何よりのよろこびですから、子供からの感謝などあらためて思わないでしょうが、私は諸君に子供として、ここまで成長したことはなによりも親のおかげであることを、卒業に際してとくに思ってもらいたいと思います。また幼稚舎に入ってから、君たちを教え導いて下さった先生方の立場とお気持とて、それと同じようなものであることをつけ加えておきます。なおそのほか多くの職員の方々が、君たちのために親身になって仕事をされていたこともおぼえておいて下さい。私はたくさんの事実を知っています。

さて卒業に際して私は二つお話ししたいことがあります。

あなた方は四年生の時に、幼稚舎創立百年にあうという幸せにめぐまれました。その時どう感じましたか。「よかった」と思った人もあるでしょうし、それほどでもなかった人もあるでしょう。それはそれでいいと思います。あなた方がまだ若い少年少女だからです。しかしだんだん年をとって、慶應義塾を少しはなれて見ることができるようになったとき、その幸せがわかるだろうと思います。私は普通部時代に義塾の創立七十五周年にあいました。あとになってその時のさまざまの行事を思い出す度に、慶應義塾というすぐれた学校にいたことの幸せとほこりを感じ、静かな幸福感が心にわいてくるのです。

この幼稚舎百年に際しては、前舎長内田英二先生が大きなお仕事をなさいました。あの記念棟というすぐれた建物を、先生方の先頭に立って作って下さいました。あの建物にあなた方がはじめて入ったときのおどろきとよろこびをおぼえていますか。あれができ上がるまでの内田先生の舎長としての御苦労とお力はなまやさしいものではなかったことをおつたえしておきます。先生のやさしいお人がらと共に忘れられないことです。

次にお話ししたいのは福澤先生の一つの言葉についてです。

明治九年（一八七六年）に先生は次のようなことを書いておられます（やさしく今の言葉にします）。

「わが慶應義塾の教育の本当の考えは、人の上に立って人を治めることを学ぶのではない。また人の下に立って人に治められることを学ぶのでもない。まさに人が社会の中にいて、一個人の職分をつとめ、社会の義務をつくそうとするところにあるのだから、常にその精神を高く保たなければならない」。

私ははじめてこの文章を発見したとき、先生のお考えのすがすがしさに心を動かされました。卒業してゆくみなさんに、ぜひこれをお伝えしたいと思うのです。

といいますのは、私たちはみんな、一人の力で生きているのではなくて、社会の一員としておたがいに力を出しあって生きています。だから自分一人のことだけでなく、社会みんなのことも考えなければなりません。むずかしくいえば「社会的関心」を持つということになります。

福澤先生はまず個人の独立自由がどんなに大切なものかを人に教えました。そのころの人はそれをほとんど知らなかったからです。しかし同時に先生は個人の独立自由を保つためには、人がその中に生きている「国」が独立していなければならないと説きました。国とは社会の一つの形です。だから独立自由を求める人は、社会のことを考えなければいけないということになるのです。自分だけ独立自由で楽しければ、あとは知らないというのはまことにまずしい、いやしい考えです。

これからのちあなた方はそれぞれの才能と努力によって、その人にあったすばらしい花を咲かせて下さい。そして同時に社会の一員として義務をつくすことを知っている人になって下さい。これが私の願いです。

ではみなさん元気で進んで下さい。

（『仔馬』二八（六）、昭和五十二年三月）

努力をかさねる

六年生のみなさん卒業おめでとうございます。うれしいでしょう。私が子供の頃を想いおこしても、そのうれしさがわかるように思います。ほぼ五十年前、六年生の私は二月ごろから普通部の帽子を買って、たのしみにしていたものです。ところが今になって一年入学の記念写真をみると、まるで幼い自分がうつっているのです。君たちも一年と六年の自分を写真で見てごらんなさい。すばらしい成長をしたことがわかると思います。その元気な活力をもって、普通部、中等部へと進んでいくように祈っています。

それにつけても、六年になるまでは、家庭にあっては御両親方、学校にあっては先生方、職員の方、さらにつけ加えれば社会のおかげというものに思いをいたしておいてほしいと思います。あまりかたくるしく考えると、かえって不自然だと思いますが、やはり小学校の卒業ということは、一生の中の大切なふし目ですから、かたいこともすこしは考えておく必要があると思います。そして心を新たにして、上級学校へと進んでいってもらいたいと思います。

さて卒業にあたって、いろいろと諸君に語りたいことがあるのですが、今いちばん心にあるのはこの間の「話を聞く会」（一月十九日）の時の広中平祐先生（文化勲章受賞の数学者）のお話のことです。あの時のお話の題は「出会いと学び」ということでしたね。諸君は一年に入った時に、幼稚舎というものに出会い、先生と友だちに出会い、さらに、いろいろな出会いを重ねて今まで来たわけです。これからも、いろいろな出会いがあるでしょう。私は自分のこれまでをふりかえって見ると、人は時に一つの出会いによって、一つの道を運命づけられるといった感じをいだかないではいられないのですが、同時に、一つの出会いをどんなに生かしていくかは、その人の意志とか努力というものに大きくかかっているとの感じも同じように強いのです。

広中先生の若々しい声と、親しみのある語りかけに、私は大変心をひきつけられまして、今もって、もっとお話をお聞きしたいという思いが心の中にあるのですが、私にとっても広中先生にお会いしたことは一つの大きな出会いであったように思います。

広中先生のお話の中で最も印象にのこっていることは、第一が先生ほどのすぐれた第一級の学者でも、自分は他人が一時間かけることに二時間かける、他人の二倍でも三倍でも時間をかけて努力をすると出来ないことも出来るようになる、自分はそのようにしてやってきたのだ、ということをおっしゃっていることです。何という、人をはげますことばでしょうか。

第二は、広中先生が、はじめにお話しになった氷山のたとえで、氷山は海の中にかくれている部分の方が、あらわれている部分より何倍も大きい。人間の才能や能力もそれと同じで、他人が外から見ても、自分でも、わからない才能がたくさん、かくされているのだ。そのかくされた才能をほりおこし、成長させていくのが、人の一生というものだ。しかしほっておいてはダメなので、自分で努力をかさねていくと、想像を絶する力となるものだ。このように先生は話されました。

つまり人は、さまざまの能力と才能をあたえられて生まれますが、それを生かして、その人でなければならないような花をさかせるのは、その人の努力にかかっているのだということを、すっきりといいきっておられるような感じがいたしました。

私は自分をふりかえり、はずかしくなったのですが、これから大きくなる諸君には、まだおそくない、この先生のことばを、心にとめて大きくなってもらいたいと思いました。

私はかつて幼稚舎新聞（五十・三・十二）に、卒業生に送ることばとして「きみたち一人一人が、それぞれの特色を生かして、元気に誠実に進まれることを、いのっています」と書きましたが、今も全く同じ気持ちであり、広中先生のお話をうかがい、今は一層、そのようにいいたいと思っているのです。

（『仔馬』二九（六）、昭和五十三年三月）

自分の頭で

六年生のみなさん卒業おめでとうございます。明るい春がやってくるのと同時に、君たちも幼稚舎時代を終り、普通部又は中等部へと第一歩をふみだします。胸にはさまざまな希望があり、幼稚舎への名残りもありですこし複雑だと思いますが、私にとっては何としてもここまでのびてきて活気に満ちているあなた方を見るのは大へんうれしく、またうらやましいくらいです。それと共にこれからの道も心身共に健やかに育ち歩んでくれと願わずにいられません。それはあなた方自身のためでもあり、慶應義塾のためでもあります。

ところで、幼稚舎に学ぶ諸君は、いろいろな意味で大へんめぐまれた存在であると思いますが、これはそれぞれ一人だけの力の結果ではありません。多くのほかの方々のおかげや、広くは社会のおかげであります。このことは、卒業に際して特に心にとめておいてもらいたいことです。今まであなた方を育ててこられた御両親方、六ヶ年間、大小高低さまざまなことを教えて下さった先生方、そのうしろにあって幼稚舎教育をスムーズに運んで下さった職員の方々、こうした方々のことも心にとめておいてください。

さて、卒業に際して、みなさんにお話したいことはいくつかありますが、限られた紙面ですから二つにしましょう。

一つは幼稚舎出身の塾生としてのみなさんということについてです。私は慶應義塾というところは、理想を追求しながらも、おもてむきだけきれいにととのえて、外から見るときれいごとになっている、ということをきらい、実際に与えられた条件の中で人間ができることを誠実に追い求めていくことを第一にしている学校であると思っています。

幼稚舎出身であるからこのようであれとまずきめてかかって、それに表面だけあわせていくようなことを、私はあなた方に求めようとは思いません。人はさまざまです。そのさまざまの考えで、まず進んでいってもらいたい。しかし、塾には独立自尊の理想があり学風があります。幼稚舎出身者が、その理想をより多く心に止め、知らない中にその学風を身につけているというのが、最ものぞましい姿ではないかと思っているのです。

ただし、ただ一言つけ加えたいのは「甘えを去れ」ということです。これは、本人はもとよりですが、御両親方にもいいたい。最近の小学校から高校にかけての生徒の異常な問題のかげには、家庭の「甘やかし」の問題があることを否定出来ません。「甘やかし」の行きつく最後は「世の中は何が何でも自分の思い通りにならなければならんと思い込んでいる」（ある人の言葉）という結果をまねきがちです。口にするのもいやなのですが、われわれのまわりにも少数ですが、こうした事が起っていないとはいえません。

健全な幼稚舎の卒業生のみなさん、世の中の「甘え」の流れに抵抗しようではありませんか。慶應義塾だけは、世の中の自主性のないバカバカしい風潮に抵抗していくのだということを考えただけでも、何か心に、活力がはりつめていく感じを持つのではないでしょうか。

二つ目は君たちが、自分の頭でものを考える人になってもらいたいということです。

たとえていえばその時代の流行の考え、ネコもシャクシもすることを、一度、自分の頭で考え直し、どうもヘンなのではないか、ほんとのことは別にあるのではないかと考えることです。こういっても無理ではないかとも思うのですが、毎週土曜日のクラス委員会の議論を聞いていても、また幼稚舎新聞や、仔馬の作文を読んでも、自分の頭で考えることは、どんどん行なわれています。そういう力を君たちは今すでに持っているのです。それをますます使っていって下さい。

明治の初年に福澤先生は、勉強というのは、先生が教えてくれるものをただおぼえこむことではなくて、それを使って、自分で考えをまとめたり、問題を解決する力を養うことである。世の中にはいろいろの現象（ものごとやできごと）があるが、現象と現象との関係を明らかにしていくことが学問なのだともいわれました。

福澤先生は世の中で誰も疑問をさしはさまないことを、自分の頭で独創的に考えなおしていった方であります。

たとえば君たちのよく知っている日本の古くからの桃太郎のお話について明治四年に次のように、そのお子さん方に書いてあげたことがあります（ただしその頃の「桃太郎」は江戸時代からのもので、鬼が島に行く目的は鬼の宝をとるためだという話だったことを前もって書いておきます。鬼たいじを目的とした話となるのはもっとあとのことです〔蘆谷重常著『国定教科書に現れたる国民説話の研究』教材社、昭和十一年〕)。

「桃太郎が、おにがしまにゆきしは、たからをとりにゆくといえり。けしからぬことならずや。たからは、おにのだいじにしてしまいおきしものにて、たからのぬしはおになり。ぬしのあるたからを、わけもなく、とりにゆくとは、桃太郎は、ぬすびとともいうべき、わるものなり。もしまたそのおにが、いったいわろきものにして、よのなかのさまたげをなせしことあらば、桃太郎のゆうきにて、これをこらしむるは、はなはだよきことなれども、たからをとりてうちにかえり、おじいさんとおばあさんにあげたとは、ただよくのためのしごとにて、ひれつせんばんなり」(明治四年「ひびのをしへ」)

桃太郎はけしからんという議論は、私もはじめてでしたが、先生はその頃の「桃太郎」を自分の頭で考え直してみたのでした。先生のおっしゃったこと、なさったことには、こういう例がたくさんあります。これは元来先生の天性に根ざすことでしょうが、自から訓練していくこともできることだと思います。

ではこれからみなさんが元気に進み将来それぞれの志望や興味を生かして自分の花を咲かせるようにと祈っています。

(『仔馬』三〇(六)、昭和五十四年三月)

幼稚舎生に語る

幼稚舎の新年——新年度を迎えて——

幼稚舎の新年がやってきました。この新年は桜の花がお祝いをしてくれます。三月十九日にたのもし気な六年生諸君が卒業していったあとに、四月七日幼稚舎はかわいらしい一年生をむかえます。

今わたしはこれを書きながら、どんな子供たちかなと心でいろいろなことを考えのぞみながら待っているところです。

二年から六年までのみなさんはそれぞれ一年ずつ年をとったわけですね。ぼくの子供のころは、かぞえ年でしたから、お正月にみんな一つ年をとりました。今年は何をしようとか、あれをあらためようとか考えたものです。

今はおたんじょう日に満何歳と数えますから、お正月でも年を一つとるという考えでなくなりました。その点、学校では四月にはっきりと年をとるので一つのきまりがついていいと思います。

一本の竹にはいくつもの「ふし」があります。同じように人のそだっていく道すじには、ところどころに、ちょっと立ち止まって今までのことをふりかえらせたり、これからのことを考えさせる「ふし」になる時や物がひつようです。日本でも外国でも人間のちえがこのような「ふし」を生活の中につくっています。さしずめ四月の新学期の始まりはこの「ふし」の一つですね。

さあ、みなさんは何を考えていますか。今年はわすれものをしないようにしよう、なんて考えている人もあるでしょう。そのほか勉強に、運動にクラブ活動に、毎日の生活に、今年こそやってやろうと思うことがそれぞれあると思います。

人間は不完全なものですからしっぱいはかならずあると思います。しかし、しっぱいしてもくじけないでくいついていく子供がいいですね。

さあ五十二年度元気でやりましょう。

（『幼稚舎新聞』第七二九号、昭和五十二年四月七日）

どうすごしますか？――夏休みを迎えて――

たのしい夏休みが明日からはじまります。

わたしは今、幼稚舎生のみなさんは、このお休みを、それぞれどのようにすごすのだろうかと思っているところです。

このあいだ、図書室へいってみましたら、昨年までの夏休みの作品がいろいろならべてありました。見ている中に、こんなすばらしいしごとをする人もいるのだなあと、あらためて感心したり、かわいらしい作品に心をひかれたりしました。

図書室の先生方が、君たちに、夏休みにはこんなこともできるのですよと教えてくださっているわけですね。

もちろんいろいろなことをする人があっていいわけで、夏中プール通いをして泳力をのばすことを目標にする人もいるでしょう。読書のすきな人もいるでしょう。絵をかくこともいいし、何か作ることもいいです。休みらしく、ゆっくりとすごす日々をもつことも、けっこうです。

高学年になると、クラブ活動とのかんけいなどで、何かをしらべ、けんきゅうして、それをまとめようと思う人もいるでしょう。

ところで、何をするにせよ、学年が進むにつれて、自分で考え、計かくを立てていくことに心がけたいですね。それから他人にめいわくをかけないかぎり、自分が一番したいと思っていることをえらべたら、こんないいことはないと思います。

しかし一方、人間というものは、ほかの人にヒントをあたえられたり、すすめられたりしてはじめたことでも、しているうちにおもしろくなり、熱心になってしまうこともたくさんあるのです。

だから、自分の心からしたいと思うことがでてこない人も、だれかに相談してきめてもいいのです。

さいごになりましたが旅行するにしても、家にいても、幼稚舎生としてふだん気をつけている生活のけじめのようなものはわすれないですごしましょう。

それでは、九月にまた元気であいましょう。

（『幼稚舎新聞』第八八六号、昭和五十四年七月二十日）

けじめということ――夏休みを終えて――

長い夏休みも終わり、今日から二学期です。お休み中とはちがった楽しい幼稚舎の生活がまた始まります。

私はいつも、たえず成長していくみなさんの生活には、明るい楽しい一面と、けじめを守り、ときにはきびしく努力していく面と、この二つがなくてはならないと思っています。そして学期のはじめは、心を新しくととのえるのによい時です。

授業が始まると、休み中の毎日とはちがった生活のけじめが必要です。遊んでいても、ここできり上げて勉強だと考えてスパッと遊びをやめる。明日は何と何をもっていくかと、ちゃんと用意する。こういうことは小さなことでも、毎日の生活のなかみとして、大切なことなのです。

こんなことを考えているとき、若いころの福澤先生におぶってもらったり、遊んでもらったりした、江戸の有名な西洋医桂川甫周の女の子が、おとしよりになってから、昔のことを思い出して書いた『名ごりの夢』（東洋文庫九、平凡社、昭和三十八年）という本の中に福澤先生のことがいくつか書かれているのを読みました。

その一つですが、先生は歌がるたの名人だったそうです。ですから「福澤さんの方へ組むといつも勝ちでした。いったい何をしてもお上手でおもしろく、また物知りでいろいろお話をしていただきましたが、時間がくるとぴたりとよしてしまって、いくらねだってもききいれて下さいません。その時はいい方だけれども強情の方だと思いました。子どもに対してもきげんをとる風がなく、教えてゆくという気骨がおありになりましたので、子ども心に先生のような気がしていました」と書かれています。私はこれを読みながら、「時間がくるとぴたりとよしてしまう」というところはまねしたいなと思いました。

（『幼稚舎新聞』第八八七号、昭和五十四年九月八日）

勉強での勇気——二学期を迎えて——

今日みなさんは久しぶりに友だちや先生方に会い、うれしい気持にみたされていると思います。それは明日からの二学期の歩みへの大きな原動力です。みんなでしっかりと進んでいきましょう。

そこで次の文章を読んで下さい。

人には勇気なかるべからず。勇気とはつよきことにて、物事をおそれざるきしょうなり。何事にても、じぶんの思いこみしことは、いつまでもこれにこりかたまり、くるしみをいとわずして、なしとぐべし。たとえば、ほんを一度読んでおぼえずとて、これをすつ《［捨］》べからず、一度も二度も十ぺんも二十ぺんも、おぼえるまでは勇気を振《ふる》い、なおもつよくなりて、つとむべきなり。
これは福澤先生が明治四年の秋に八歳と六歳の二人の男のお子さんに書いてあたえたものの一部です。昔の文章でなじめないかもしれませんが高学年の人はよく読むとわかると思います。低学年の人は読んでもらってください（文字は一部現代式にかえました）。

さて福澤先生がいわれたことがわかりましたか。勇気にはいろいろあります。ヒマラヤに登るのにも、大火事に向かっていく消防士にも勇気がいりますが、身近なことでは、わるいさそいをことわる勇気もあります。この文に出てくるのは勉強するときの勇気です。たとえば小学生として当然おぼえなければいけない文字や計算があります。こういうものは一度勉強しておぼえられないからといって、いやになってすててはいけない。十ぺんも二十ぺんも、おぼえるまでは勇気をふるって、どりょくするべきだ。福澤先生はこういっておられるのです。私は前から幼稚舎生諸君はいいところをいっぱい持ちながら、一部の人には残念ながら勉強への勇気が足りない人がいると思っています。学業成績だけで人間のねうちがきまるわけではありませんが、慶應義塾で学ぼうとする以上、おぼえられないからいやになったとすぐやめてしまうような弱虫はごめんです。千 米《メートル》を泳ぐ力を勉強にも出そうではありませんか。

（『幼稚舎新聞』第九二七号、昭和五十五年九月八日）

「独立の気力」を高めよう

新年おめでとうございます。今年もみんなで元気に進みたいと思います。

さて一月は慶應義塾や幼稚舎にとって、いわれのあることの多い月です。

まず幼稚舎ができたのが明治七年（一八七四年）の一月であることや、一月十日が福澤先生の誕生記念日であることなどがそれですが、とくに今年は福澤先生が『学問のすすめ』の第五編に「明治七年一月一日の詞《ことば》」を書いておられることに、あらためて心をひかれました。

この文の中で先生が特に強くのべておられるのは日本人の一人一人が「独立の気力」をもたねばならないということです。幼稚舎ができたのが明治七年。心が動かされます。

そのころの日本は大へん力の弱い国でありました。産業もとぼしく、兵力も少なく、強いもの勝ちの時代にあってはいつなんどき西洋の国にその独立をふみにじられるかわからないというありさまでした。そこで政府は、外国からさかんに進んだ工場や機械や軍艦などを買い入れ国を強くしようとしました。

明治七年の先生も、国の独立を大へん心配していました。しかしいくら外国からすぐれた工場や軍艦を買い入れても、国民ひとりひとりに独立の気力（精神）がなければそれらの物は、国の独立の役には立たないのだということを強くいいたくて、この「明治七年一月一日の詞」を書かれたのです。

今この文を読んで心を動かされるのは、先生が強い自信をもって、当時の日本において真に独立の精神を保ち、実行しているのはひとり慶應義塾の仲間だけであるといいきっていることです。

当時まだまだ敵の多かった先生がこんなことをいうのは、大へん勇気のいったことだと思いますが、それはさておき、今日だって「独立の気力」が必要であることは少しも変っていないと思います。それなら幼稚舎生としてどう考えたらいいでしょう。

君たちは大学まで特に入学試験をうけないで進めます。それはすぐれた教育を受けることのできるよいしくみなのですが、もし幼稚舎生の中に「独立の気力」が足りなくてだらしのない生活を送っていく人があったとしたら、やっと上にのぼっていけたということにすぎなくなり、つまらない塾生ができたことになってしまいます。これではがまんできません。

「独立の気力」のある幼稚舎生は自分の生活、自分の勉強を自分でするでしょう。すぐに親や他人に助けてもらわないでしょう。スポーツでもくるしくても弱音《よわね》をはかないでしょう。私はそんな人がたくさんいることはよく知っていますが、気力の弱い人もいるようです。そういう人がひとりでもいなくなるようにと心がけないと、全体の気力も高まらないのが人間というものの本当のすがたのようです。年の始めにあたってみんなで心をひきしめていきましょう。

（『幼稚舎新聞』第七八二号、昭和五十二年一月八日）

しっかりした心で進もう——学年末に——

明るい春の陽ざしのもとに、六年生はめでたく進学し、学校の新年にあたる四月には、新しい一年生が一三二人、入学してきます。

幼稚舎の昔からのよさは、私たち教職員と幼稚舎生のみなさんと、そのうしろの父母の方々によって、次の年へと、つたえられていきます。

そこで幼稚舎の生命の流れは、とだえることなしに流れていくのですが、しかもその流れをより力強いものにしたいですね。しかし、それには、そのときどきの、「わたくしたち」の心が生き生きとしっかりしていることが必要です。

生き生きとしっかりした心の一つに「抵抗の精神」があります。

多くの人々がしていることだからとか、だれでもいっていることだからということで、たとえよくないことでも何となくみんなと同じことをしているということが世の中にはあるものです。

今の世の中でいえば、人々がそれぞれ自分勝手なことをいいすぎるということがその一つだと思います。自分につごうのいいことや、利益になることを、ほかの人のことを考えず、自分の手にしようという利己主義と、それをつい通してしまう「甘い」気分、またそれに「甘える」気分がひろがっているのが、それです。

このような「甘え」に対しては幼稚舎の人間としてのしっかりした心——抵抗の精神をもって、むかいあっていかなければならないと思います（私自身もその世の中の一人であることを十分反省しつつ）。

抵抗の精神においては福澤先生は大先輩です。たとえば先生は、明治のはじめに外国の文明を日本に移しうえなければ、日本が外国にまけてしまうと、声を大きくして国民に語りかけた方ですが、一方において、当時はやっていた外国のものといえば、何でも上等ですぐれているという考え方に強く抵抗した方です。

『学問のすすめ』十五編では、当時の西洋かぶれの「学者先生」に対して、いろいろおもしろい例をあげて、はやりの考え方への抵抗を示しました。

げたをはいていた当時の日本人にとって、西洋人のくつは大へんにえらい人のはくものだと思われました。しかし、先生は、もしこれがさかさまで、西洋人がげたをはいていたら日本の「西洋かぶれ」は「日本人は足の指の使い方を知らないからくつをはいているのだ」といって自分で自分の国のことをけなしたであろうとからかっています。これはほんの一例ですが、考え方の独立、抵抗の精神ですね。

五十三年度の終わりにあたり、私の頭にうかんでくるのは、今の世の中の「甘え」のいき方に対して、みんなで抵抗していかねばという思いであります。

（『幼稚舎新聞』第八七一号、昭和五十四年三月十九日）

追　憶

私の幼稚舎生時代

大正十二年四月入学、幼稚舎は当時、三田にあった。戦災をくぐりぬけてのこった、入学式当日の記念写真をみると、先生十八名、生徒三十七名、先生方のハイカラー、さらにカラーの角が大きく丸くなっているのが目につく。これが当時の流行であったのであろうか。受持の大多和先生は、幼稚舎の先生第二年目の由、大へんお若くうつっている。この年からB組がはじめて出来て、私はこのB組に入っていた。主任は小林澄兄先生であった。

この年の最大の事件は九月一日の関東大震災である。幸い休暇中であったが、今日教員をしている私としては、若し学校のあった時だったらどんなことになったかと、ぞっとする。

幼稚舎は九月いっぱいお休みで十月から始った休み中のある日、家の前で遊んでいると、大多和先生が、海軍式のゲートルをつけたお姿で訪問して下さったのが大へんうれしかった。先生は各家庭を巡回されたとのことである。

大正十三年、二年生。大多和先生は一年志願兵として入隊され、高山修一先生が一年間代りに担任をして下さった。この年に吉田小五郎先生がはじめて幼稚舎の先生になられ、童話のうまい先生であるという紹介をうけた記憶がある。二年生の冬、大雪の日に、三年生と雪合戦から本式のけんかに発展し、道をへだてた別棟の二階にいた三年生の教室まで攻め込んだり、おいかえされたりしたことを思い出す。この年に幼稚舎創立五十周年の式典があったというが、私には全く記憶にない。

大正十四年、三年生。今の三田の裏門の入って左手山際にあった別棟の二階に三年の教室があった。ここに入ってちょっと大きくなった快感を味った。下は当時は珍らしく設備の整った理科室に、柳沼弥右衛門先生がいらっしゃったが、三年では未だ本式の理科がない。大多和先生が私たちに一冊のノートを特別に持たせて、理科のような、お話をして下さった。又自治会というのか、クラスの中のいたずら、けんかの類の善悪を、討議によって決するといった試をされたことをおぼえている。

三年生の夏、大多和先生はクラスの希望者十名程をつれて、房州館山の海岸へ二週間、一軒の家を借りて合宿して下さった。私もこれに参加し、非常にたのしい思い出であるが、先生はあとで、主任の先生に叱られたそうだ。先生も若さの熱心のほとばしるあまり、無断で実行されたらしい。大多和先生には非常に親しんでいた。ある日曜日、二、三の友人と、先生の寝込みをおそって、一日中遊ばせていただいたこともあった。同行のSはおせんべいを二十四枚食べたりした。

大正十五年、四年生になった。教室に入ると天井が黒い。これは福澤先生の本の板木を張りつめたものだと聞かされた。そのつもりでみると、板木に字がういて見える。何か有りがたいような誇らしいものを感じた。この頃に主任は小林先生から山崎恒吉先生に代られた。山崎先生は卒業式の式辞の時にひどく泣かれて、子供の私は大へん奇妙な感じがした。三年生まであった寄宿舎がこの年頃からなくなったように記憶する。この年の十二月に大正天皇はお亡くなりになり、昭和と改元された。

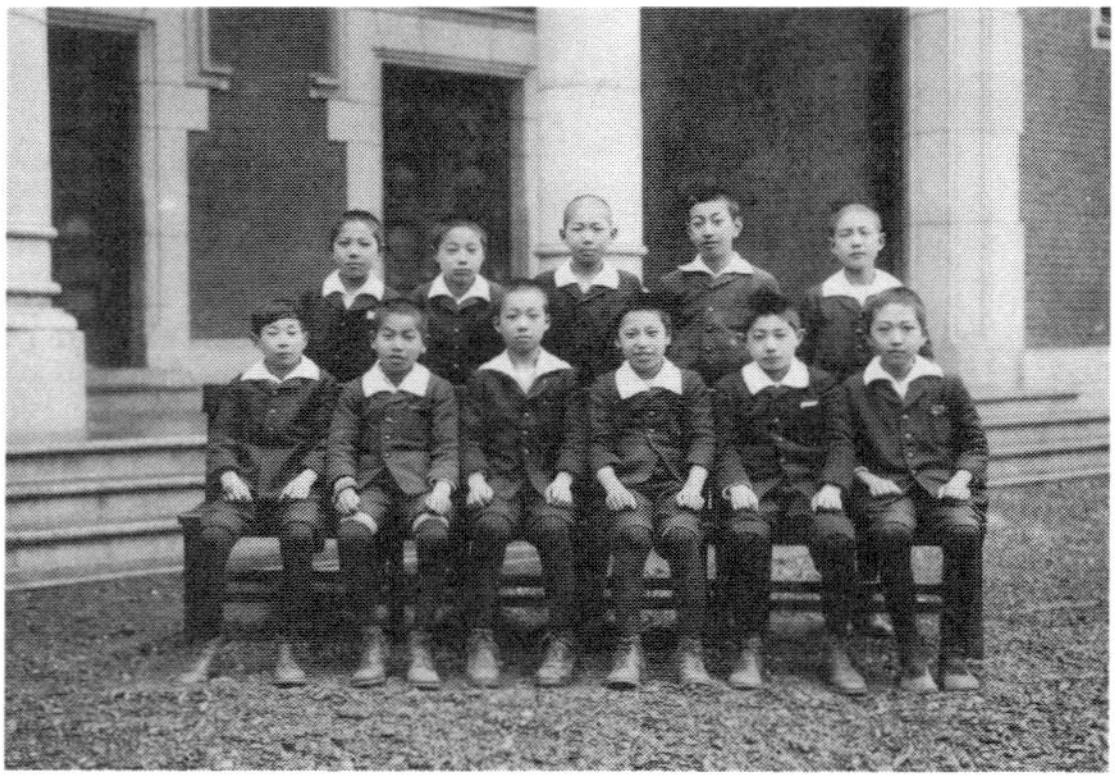

幼稚舎卒業を前に（後列右端が著者。昭和４年３月慶應義塾幼稚舎卒業アルバムより）

昭和二年、五年生。夏の林間学校は、富士五湖巡りと富士登山であった。毎日の遊びで盛んなのは、野球と水雷艦長であったと思う。水雷艦長という遊びは、戦後は御時勢でなくなってしまったが、実に少年の心理にピッタリしていたような気がする。

昭和三年、とうとう六年生になった。夏は海上旅行で、横浜から船で神戸から九州へ中津へ寄って帰途は宮島。私は残念ながら病気で参加出来なかったが、旅先きから級友のくれた数多い手紙とおみやげが、うれしかった。大多和先生が六年間にそういう組の空気をつくって下さったものと思う。主任は小柴三郎先生に代られ、小柴先生の下で卒業した。卒業式は昭和四年の三月十五日であったように記憶するのだがたしかであろうか。

級友にM君といって少し、脳の弱い生徒がいた。当時は万事鷹揚《おうよう》な時代であったから、こういう人がいてもちっともおかしくなかったのだと思う。大多和先生は、勉強の出来ないM君が、詩を作ることがうまいといっていつもほめておられ、又その作品がしばしば『智慧』にのせられたから私どももそうだと思っていた。M君は年も一つ二つ上らしく、人並より大きい身体と好人物の性格が騎馬戦の馬として極めて適していたので、しばしば馬になってくれたが、詩がうまいのだという点では常に尊敬されて、一目置かれていてその限り彼は幸せな幼稚舎生であったようだ。そういう人の常として、不幸にして若死したが、私は今もこのM君を通して、人間そのものを尊重することを教えて下さった大多和先生の教育を感謝している。今日の幼稚舎生も身体的な弱点をもった級友をじろじろみたりからかったり、世間の学校にあるように、いじめたりして恥しめるようなことは全くない。これは実によい点だと思う。

さて、私は幼稚舎を出て、十年余り経って再び教員として幼稚舎につとめるめぐり合わせとなった。

「随筆による九十年」を執筆するにつき、すこし主題からはみ出したことを書かせていただきたい。幼稚舎から進学してだんだん大きくなり、予科へ進んだ頃から、さかんに下から来たものは駄目だという批評が耳に入って来た。まるで下から進学して来たものは慶應義塾にとって厄介物であるかの如き口ぶりをする先生もあった。

私は幼稚舎出身者にエリート的なうぬぼれ心を許せというつもりは毛頭ない。正しく鍛えることは賛成である。実力の足りない、しかもなまけものが、ラクラクと進学進級していくことを望むものではない。只、叱るにせよ、短所を指導するにせよ、君らは義塾に幼い時から育ったものだから期待されることも大きいのだ、自尊自重せよという、プラスの態度が乏しかったのが不愉快で、考えてみればおかしなものだと思った。慶應義塾がそもそも下から育て上げる制度をとりながら、そこを出て来たものに、誇りをもたせ自重を説くことをしないで、逆に恥しめるが如き言辞を弄するとはどういうことか。私は当時十七、八の小僧っ子であったが、ずいぶん下らないことだと思った。今日もこれに類するようなことを耳にするのは大変残念である。

もし、こういうマイナスの雰囲気が存在するとしたら幼稚舎出身者は本当の教育をうけられないのではないかと心配である。だいいち生徒がかわいそうではなかろうか。勿論、幼稚舎出身者があれこれ批判されるについては、何ほどかはこちら側にも原因があるであろうと、謙遜に考え、自己批判と向上の努力は重ねなければならないと思うが、一方義塾全体に下から塾生を育てるということに、もっともっと積極的な意義を認めるようになり、マイナスの雰囲気の存在を自ら許さないようなってもらいたいと思う。九十周年記念の随筆といいながら筆が走ってしまった。お許しをねがいたい。

（『仔馬』一六（一）、昭和三十九年五月）

山岳部

自分のクラスの作文を読んだり、話を聞いて知ったことですが、幼稚舎生の間にも、「上級生に向ってなまいきだぞ」とか、上級であるということを理由に遊び場のさきどりを主張して、いざこざになることがあるようです。

この事実は、ほんのわずかのことでしょうが、ぼくは慶應義塾らしくないことだと思っています。

ぼくは普通部から大学のころ、山岳部に入っていました。そこで慶應義塾らしいよさを経験しました。山岳部などといえば、先輩後輩、リーダー、メンバー、それぞれ上下の差がはっきり格づけされているだろうと考える人もあるかれもしませんが、事実は全くちがっていました。

よく運動部では一年でも先輩だと、後輩がふとんをしいてやったり、ごはんの世話をするなどという習かんがあるらしいですが、塾にはそれが少ないですし、ぼくのころの山岳部には、そんなことは全くありませんでした。

山のリーダーは最もすぐれた能力を持ったものがなるのであり、いつも一番重い荷を背追い、苦しいことをひきうけました。だからメンバーは自然に服従していました。またきびしい自然の中では服従せずにはいられなかったのです。

これは慶應義塾のよい伝統がひとりでに現われていたのだと思います。明治の初めに、「天は人の上に……」と書いた、福澤先生のお考えが地下水のように流れて出ていたという感じがします。大切にしたい塾風だと思います。


（『幼稚舎新聞』第五六九号、昭和四十六年六月四日）

山岳部の思い出

私が普通部に在学したのは昭和四年から八年までだが、当時は五年制の旧制中学で、今でいえば高校二年生に当たる生徒までいたことを最初に知っておいていただきたい。

当時の普通部の山岳部は、部長の先生もおられたし（小寺先生）、私が四年生の時に、三田山上の塾監局へ部費（一年に十円だったか？）を受け取りに行った思い出があるが、今とちがって部長が中心になって、普通部生がそこに集まり、山に行くという形ではなかった。時代がちがっていて、学生の登山もそんなに普及してはいなかったから、大学の体育会山岳部というものが、山登りに関しては名実共に大きな権威をもっていて、学校としても山のことは大学山岳部にまかせておくということだったのではないかと思う。

そこで普通部山岳部の動きを大まかにいえば、夏山は大学の山岳部の登山計画の中に、普通部班が設けられ、普通部生に呼びかけがある。そして大学生のリーダー、サブリーダーの下に何人かの普通部生が応募して行くのであった。冬は毎年十二月に大学のスキー合宿が関温泉で行われ、普通部生の部屋が出来て、希望者が十数名参加するという形であった。この二つが大きな柱で、その他は私の時は大学生の信州岩菅山のスキー登山に参加させてもらったこととか、普通部二、三人で奥多摩へ天幕を張りにいったとか、赤城山へスキーにいったとか、そんなものがいくつかあった。（ついでながら、岩菅へ行った時、志賀高原の発哺温泉で三月下旬の泊り客は我々だけで、どこを歩いても都会から来た人に会うということはめったになかった。どんなに世の中がちがっていたかがおわかりいただけると思う。）

つまり、山は自然を相手とするので危険も多いから、経験の浅い普通部生だけで、どんどん高いところへ進むということは多くの人は考えていなかったのだろうと、今から想像するのである。

○

私は四年生の夏（昭和七年）に普通部班に参加して東北の飯豊山に行った。リーダーは学部最高学年の斉藤貞一氏（普通部出身）で子供心にも大へん落ちついた堂々たるリーダーであったのを想いおこすことができる。後に比島で戦死されるが、私が普通部生の時にこういうすぐれたリーダーについたことは、学校教育では得られない幸せであったように思う。同行の普通部生は後に戦死した渋谷嘉郎君と、三代川洋保君の二人だった。

当時の大学山岳部の幹事の方々は、普通部班のような少年たちのリーダーとして特にすぐれた人を選んだような気配がある。これは当時の大学山岳部々報「登高行」の記録のページを今回改めて見て、気づいたことである。

○

話を人から自然にうつそう。飯豊に登る時に、大嵐のために橋がこわれたりして行程にくるいが出来て、予定しなかったある尾根すじの小さな池のそばで天幕をはった。ここで今日は泊りだといわれた時、そのたまった池の水の色を見て初心者の我々一同はおどろいた。番茶のように茶色になった水が、そのまま澄んでいるのであるが、水のあちらこちらにフワフワと丸い半透明のようなものが見える。聞けば蛙の卵だという。大学生は、マア、しようがないやと、サッサとお米をとぎ、やがて夕飯になる。いささか気持が悪いが、空いたおなかをかかえてそんなことをいってはいられず、うっすらと茶色がかった御飯をたちまち食べてしまった。

その池へ来るまでの登りの途中、茂みの中で一と休みをしていた時、少し下でガサガサと音がした。ふもとでたのんだ荷かつぎの青年が石をなげて、熊だろうといった。音はすぐ聞こえなくなった。

飯豊は二千米級の山だが、緯度が高いので高山植物がある。日本のエーデルワイスといわれる深山薄雪草（?）がいくらでもとれた。今でも押花にしたのをとり出せば、毛ば立った花びらや葉が高貴な面影をのこしている。こんないくつかの思い出。それを一すじにつらぬいているものは二つある。

普通部生の時代に、「自然」とよぶに最も適《ふさわ》しい生《な》まの自然に接したことと、塾の山岳部のすぐれた気風にふれたことだったと思う。都会では手も出ない、蛙の卵の浮いた水に直接に「つき合って」しまうということ、荒々しい自然と、やさしい深山薄雪草の姿、そこには人工に伴ういやらしさは一つもなかった。これにふれるチャンスを与えられたことは私の若い頃の最高の経験だったと思う。

もう一つは塾の山岳部の、重厚にして何事もおろそかにしない中に、一抹のスマートさを保持している気風の一端に、触れることが出来たことである。いずれもクラブ活動でなければ得られないよき思い出である。

(『部会活動の歩み』慶應義塾普通部、昭和五十六年九月)

集団疎開・幼稚舎・塾風

昭和二十年七月、幼稚舎は青森県西津軽郡木造町に集団疎開学園を営み、約一四〇名の児童をあずかっていた。弘前市から支線へ入って一時間余のところ、広い稲田の中の淋しい町であった。十九年八月から伊豆修善寺町にいたものが、二十年六月末、戦局の深刻化とともに、この東北のはずれに再疎開を命ぜられたのであった。

七月二日に、二日間の苦しい汽車の旅を終わって木造町に着くと、一行は木造中学、西教寺、慶應寺の三つの寺に分かれて入った。偶然にも慶應寺という寺があったのがうれしかった。丁度その年は、夏になっても気温が低く、稲の発育も例年の半分ほどで、ただでさえ淋しいこの小さな北の町の附近は、一層寒々として我々にせまってくるのであった。当時の日記七月二十一日の頁には「天候悪ク米作不良ノ予想。前途暗タンタルモノアリ」と記されている。

七月十五日にはせっかく北のはてに来たのに、この附近は艦載機の波状来襲をうけた。生徒と我々はふとんをかぶって寺の本堂で小さくなっていた。防空壕らしいものがまだ出来ていなかったのである。

こうした中でもかたづけが一応おちつくと授業がはじまる。宿舎での座学と、土地の向陽小学校の教室を借りての午後の授業である。七月某日午後、私は十三名の組の子供をつれて向陽校へ行くと、丁度提供された教室を、町の生徒が掃除をしているところであった。先生が一人監督している。掃除の終わるのを待っていると、一人の生徒が外から入って来た。たちまち先生の叱咤がひびく。「何故敬礼せんか、何度出ても入っても、そのたんびに敬礼するんだ！」叱言をいっている先生のいうことを聞いていると、本当に教室から一歩出るときは敬礼、そこで用を思い出して戻れば又敬礼ということなのである。

「皇国民の錬成」という旗印をかかげた、その頃の世の中で、どこもかしこも敬礼ばやりではあったが、これには唖然とした。こんなばかばかしいことは幼稚舎ではとても考えられないことであった。いくら戦時でも幼稚舎教育はもっと人間的であり、合理的であり、スマートであった。私はそこに塾風をみたと思った。そういえば福澤先生はその昔、塾が新銭座から三田へ移った時に、塾生に対して「塾舎の内外往来頻繁の場所」では「教師その他に対していらざることに敬礼なんかんというような田舎らしいことは塾の習慣において許さな」かったと『自伝』に書いておられる。

昭和二十年十月、疎開学園は天現寺へ帰って解散し、十一月から幼稚舎の授業が再開された。この頃は占領軍の日本教育の管理政策なるものが現われ、修身歴史地理の三教科が停止され、教育勅語は学校から姿を消した。二十三年から、新しく六三制が実現され、いわゆる「新教育」が行われることになるが、新

幼稚舎集団疎開（修善寺。昭和19年1月）

しいもののよさが育つまでは尚ひまがかかるのに、古い価値のよりどころは失われたので、世間の学校では、どうしてよいのかわからないという混乱を生じたところが多かったようである。六三制は野球ばかりが強くなったといわれた。

しかし幼稚舎――慶應義塾――は幸いにしてこのような混乱には無縁であった。それは学校には勿論、父兄の中にも塾風が生きていたからだと思う。

たしかに子供は「昨日《きのう》に変る今日の世の中」で、その急激な変化にとまどっていたであろう。二十一年二月、私の組の父兄に「最近の世相及生活条件の悪化に際し家庭で教育上困った問題があるかどうか、又それについて学校に対する希望は如何……」というアンケートをとった時、一人の母親は次の如く回答していた。

「正直に申してこの頃の事は子供には何が何だかわからないんではないでしょうか。××の兄（六年生）の方はひどくいろいろな方面に対して偽りだらけなどと申して質問をします。全く困ります」（K氏）だが父兄も義塾の父兄なるが故に「慶應義塾の学風が他の何れよりも自由主義であり民主主義であった事は実によろこばしいことです」（M氏）という感想をもつわけであり、だから親は幼稚舎に対し「世相悪化の折柄福澤先生の独立自尊の御教えを子供達に判り易くお聴かせ下さい。成長するにつれてますますその感を深くします」（I氏）ということにもなるのであった。

あの当時、義塾に関係した人々は誰でも、敗戦はいやなことであったが、それによって極端な国家主義がとりのぞかれ、義塾本来の精神が活動出来ることをうれしく感じたことと思う。昭和二十年の暮に司令部の命令で、修身が追放された時、幼稚舎では学級相談会の時間を設け、児童の訓育とか生活指導の面に役立たせようとした。

修身が廃止されたあとで数年経ってから、修身を復活せよとか道徳教育の時間を設けよとかいろいろ議論がやかましくなったのは御承知の通りである。新教育では道徳教育が十分行われていないから青少年の非行が増大しているのであるという意見である。これについては賛否さまざまの議論がわき立ち、いろいろのいきさつがあったが、昭和三十三年三月に文部省は「道徳実施要綱」を全国の小中学校に通達し、同年八月には法令を改正し、「道徳」の時間の特設をきめた。

幼稚舎では委員会を設けて検討した結果、時間特設は行わないで、従来の行き方を続けていくことにした。少くとも新しく設けられる「道徳」について十分な検討をするいとまもなく、只一片の通達を以て実施することには同調することを止めた。

幼稚舎の過去をふりかえってみると、修身に批判的であったのは古くからである。例えば明治三十四年の時事新報には幼稚舎の教育の種々相について「同舎職員の語りたるもの」が掲載されているが、その中には「修身の如きも一定の時間を定めて行ってもさまで利き目がないようである。……修身は子供の心身全部に関するが故に単に一定の時間にかぎってはいけない。すべての時間に修身の主旨をふくませて生徒の言行に注意する事にしている」と述べられている。又修身の採点は不自然なこととしてずっと行われていなかった。これが幼稚舎の考え方であったから、この「道徳」の設置問題の時にも、容易に同調出来なかったのである。ここにも私は塾風をみた。その遠い源には福澤先生がおられる。

明治二十九年十一月一日、六十三歳の福澤先生は芝紅葉館の義塾懐旧会の席上で演説をされた。これは「気品の泉源智徳の模範」と題して、十一月三日の時事新報にのせられた。この演説は、先生が義塾の学風を後輩に伝えることは吾々先輩の責任であるといわれ、慶應義塾の目的は我日本国中に於ける「気品の泉源智徳の模範」であることを宣言し、「今日この席の好機会に恰《あたか》も遺言の如くにして之を諸君に嘱托するものなり」と結ばれたもので、大へん心をうたれる演説である。

先生はここで、義塾の特に重んずるところは「人生の気品」に在り、しかも義塾は鉄砲洲開塾以来今日まで「固有の気品」を維持しているといわれる。気品といっても、ただ品がよい、お上品だというのではない。先生は英語でいう「カラクトル」、孟子のいう浩然の気にあたるものだと説明される。しかも「人の気品の如何《いかん》は尋常一様の徳論に喋々《ちようちよう》する善悪正邪など云う簡単なる標準を以て律す可らず」というほどのものである。

先生は学校の教育を分けて「才智伎倆《ぎりよう》」の教育と「気品」の教育とし、前者は金があればいくらも出来るが、後者は「その団体中に充満する空気とも称す」るものの「無形の感化」によって出来ると考えられたようである。しかもそれは「先進後進相接《あいせつ》して無形の間に伝播する感化」に外ならない。すでに開塾以来の長老先輩の多くが世を去り、自らも老い先の永くなくなったその日（明治二十九年）「全体の気品を維持して固有の面目を全うせしむる」ことについて、あとにつづく「壮年輩」がこれを理解し、いずれ第二の長老となって後輩に伝えてくれることが、先生の最大の関心事であったかのように見える。

明治三十年八月五日、先生は殊の外信頼の厚かった社中の一員（塾出身ではないが）日原昌造に手紙を書き、慶應義塾も金が次第になくなり困っている。金がなければ塾を止めにしてもよいが、世の中を見れば考えなければならぬことが多い。「近くは国人が漫《みだり》に外戦に熱して始末に困ることあるべし。遠くはコンムニズムとレパブリックの漫論を生ずることなり。是《こ》れは恐るべきことにして唯今より何とか人心の方向を転ずるの工夫なかるべからず。政府などは迚《とて》もこんな事を喜憂する者あるべからず。夫《そ》れ是《こ》れを思へば本塾を存して置き度く、ツイ金がほしく相成《あいなり》候《そうろう》。亦是《またこれ》老余の煩悩なるべし」といわれたが、先生が「存して置き度い」義塾の中心には鉄砲洲以来の「固有の気品」がなければならなかったであろう。

今日の時点で塾風を考える時、古い昔のことがすべて金科玉条か、という問題がある。先生は決してそんなことを求めてはおられなかったと思う。明治六年、義塾の学科課程に正則変則の別を設けたとき、先生はその趣意を述べた文章の中で次のように述べておられる。「抑《そもそ》も人たる者は世の事物において漫に古の人を慕うべからず、古人其一《その》を為せば我は其十を為し、古人寸を進れば我は尺を達すべし」と。

「固有の気品」はなお「存して置き度」いものの第一に位すると思う。

（『三田評論』第六五六号、昭和四十二年一月号）

教員室のソファーで

終戦後しばらくして、佐原六郎先生が、幼稚舎の舎長を兼任されていた頃のことだったろうか、教員室のソファーで、教育はしろうとがやった方がいいですね、というような意味のことばをはかれて、印象にのこったことがある。

昨年のことか、英文学の西脇順三郎先生と中山一義先生の用談の席につらなっていた時、何かの話題につれて西脇先生が、笑いながら、官立の学校の人にいわせると慶應の先生はまじめなんだかふまじめなんだかわからないというんですよ、というような意味のことをいわれたのを耳にして、これもまた、面白いと印象にのこった。

塾の雰囲気に親しんでいない方には、これだけでは何のことかわからないかもしれないが、これは塾のよさもわるさも、同時に表現しているような面白いことばだと思う。私の想像だけれども、規則や書式のやかましい、そして、専門的な教育者ばかりで成り立っている、官公立学校の雰囲気からみると、たしかに塾の気風は「だらしがない」とか「まじめさを欠いている」という風にうつるのではないかという気がする。私は究極においてしろうとのよさに賛意を表するものだが、こういう問題は謙虚に考えたいと思う。自画自賛の世界に安住していることは塾をよくする道ではないと思う。

しかし、この種の問題について考えるとき、いつも頭に浮かぶことばがある。それは、近代英国の偉大な哲学者であったホワイトヘッド（一八六一―一九四七）が『教育の目的』（一九一七年）の中に記した数行である。

ホワイトヘッドは、イギリスの教育は現在アマチュアをつくるか、エキスパートをつくるか、の二つの方向を前にして、そのいずれをとるかを決定しかねている、とのべたあとで次のように書いている。「十九世紀が生んだ世界における深刻な変化は知識の発達増大が先見を与えたという点にある。アマチュアは本質的に正しい判断をもった人間であり、与えられた日常の仕事をなすのに非常な融通性をそなえた人間である。しかし彼は、専門的な知識から生ずる先見を持っていない。この所説の目的は、アマチュアの本質的な長所を失うことなしに、いかにしてエキスパートを産み出すことが出来るかについて、示唆を与えることにある」。

福澤先生にも、専門家が自己の専門とするところに凝りかたまるの弊害あることを戒められたことばがあるが（明治二十年「社会の形勢学者の方向」）初等教育など特に、健康な良識を中軸としたものでなければならぬと痛感する。

（『仔馬』一一（一）、昭和三十四年六月）

思い出すこと——大多和顕先生を偲んで——

大多和先生についての一番古い記憶は一年生の二学期が始まろうとする、大正十二年九月の大震災のあとのことです。大地震から何日か経ったあるあつい晴れた日の午後、その頃私の住んでいた市ヶ谷駅のそばの家の門内で遊んでいる時、海軍陸軍隊式の白いきゃはんをつけた先生が入ってこられた姿を今でも思い出すことができます。何を話したかもう忘れていますが、何だかうれしかった思いが、なつかしく思い出されます。後年うかがったことによると、先生は一軒ずつ生徒の家を回って歩かれたのだそうです。

それから六年間を通し、先生は子供の味方に立つ人、子供の心の理解者であったと思います。あたたかさとか、親しみとか、そういう感情で彩られている先生のみ、私の心には浮かびます。

三年生の夏、先生は希望者をつのって、千葉館山の海岸で、十日か二週間ばかりの合宿生活をされました。私もつれていっていただいた一人ですが、先生は幼稚舎教員としては、「独断専行」されたらしく、ずっとあとで私が大きくなってからうかがったところによると、あのときは、主任（今の舎長）から叱られたんだよといっておられたが、若い情熱がなくてはできることではありません。

今とは比較にならないようにのどかだった館山の北条海岸で、私たちだけのグループが水泳をし、浜にあげられている大きな漁船によじのぼって、はるかな外洋への想像をたくましくした想い出は忘れられません。先生は弟さん一人と、友人の小児科医和田先生をスタッフとして、責任のとれる合宿生活をされました。

四年生の時、十人近くの友達と休みの日に、代々木のお宅へ朝から夕方まで遊びにいったことがあります。戦死した近藤君もいたし、数年前に亡くなった笹間君もいました。先生はたぶん三年生の時に結婚されていますから、今から考えれば新婚後間もない先生にはちょっと御迷惑だったかもしれないが、無邪気な私どもは一日中遊びくらしました。何しろたいへんにぎやかでした。笹間君がおせんべいを二十何枚か食べたことをおぼえています。先生が私どもの心をゆるめさせる、あたたかさとおだやかさをもっておられたからだと思うのです。

幼稚舎時代にうけた先生の教育のなかで、心にのこる大きなことは、すぐ思いつくことで二つあります。今の大人の言葉で整理すれば一つは、人間にはそれぞれいいところがあるのだから、その特色を尊重しなければいけない。ただ勉強ができるかどうかということだけで人間を評価してはいけない。それぞれのいいところを通してその人そのものを尊重しなければいけないということでありましょうか。だからB組では、詩がうまいからと尊敬された人もいましたし、運動がすぐれているからと尊敬された人もいました。高学年になって野球がさかんになったころ、ボールをとってすばやく目を各ベースへくばり、どこへでも投げられる姿勢になるキャッチャーを、大したものだとほめておられたことを今でもおぼえています。今日の言葉でいえば、価値の多様性を認めるということでありましょうか。

もう一つは私どもの生活の指針となるような言葉を、心にのこして下さったことです。「何くそ」「ファイティングスピリット」「克己」などが忘れられません。

「克己」は四年生の頃に黒板に書いて話をされたことを覚えています。私は「先生」になってから、先生のマネをして、自分の生徒にこれを教えました。戦後は特に「克己」は必要だと思ったからです。

昭和十六年卒大多和クラスの庄司恒君が今は同僚となっていますが、彼もこの言葉は聞かされていて、「こういう言葉で、何か大切なことを子どもの心に印象づけるということは、大切なことですね。」といっていましたが、まさにその通りだと思います。

「何くそ」「ファイティングスピリット」にはちょっとした思い出があります。大学予科の頃ですが、ある夏、山岳部で北アルプス穂高岳を登っていたときのことです。何日か悪天候のため、せまい山小屋にとじこめられたあげく、雨が上がってはじめて岩の尾根へ出たとき、経験未熟の私は調子をくずし、岩の尾根でフラフラとしてみじめな姿をさらしそうになりました。その時、不意に先生の笑顔が眼中にあらわれ、この言葉が耳に聞こえて来ました。それによって、ゆらぎそうな心が急に明るく元気になるのを感じ、自分をとりもどしたおぼえがあります。うれしかった思い出です。

幼稚舎を卒業した時、先生は「隣人と苗」という短文を書かれ、謄写版刷りにして、みんなにくばって下さったことがあります。私の手もとに戦前はあったのですが戦争中どこかへやったらしく今はありません。今日それを見られないのはいかにも残念なことと思います。何でも先生が、私ども＝苗を育てた人であり、となりにあった普通部商工部の先生方を隣人に見たてて、たとえ話を書かれたものであったと、思います。というのは、実は、私はそれをいただいた時、その「隣人と苗」の中にこめられた、たとえ話の意味がすぐわからず、たぶん小栗君に聞いてわかった想い出があるからですが、今日それが見られないのはいかにも残念なことと思います。今、内容がわかると、先生がどんなお考えで、第一回の受け持ちである私どもを送り出されたかがわかると思うからです。同じ「先生稼業」の私は特に知りたいと思うのです。

予科時代には、よく代々木のお宅へうかがいました。幼稚舎四年の頃の家とちがって、近くの二階建の家でした。ある日その二階で、もう一人、たぶん奥田君だったかが一緒でした。その時先生が用があって下にいかれ、本でも見ていなさいといわれて手にとった本に、「問題の子供」という本がありました。これは英国のニイルという人の書いた本で、当時かなり有名になって日本訳の出た本でしたが、私としてははじめて見る機会でした。結局その後それを買って読むことになりますが、私が「先生」になる気持ちのきっかけをつくったような気がします。

その頃、先生はよく、自分は中学時代に「不良」だったんだよ、それがある時から変り勉強して慶應へ入ったんだよ、と話をしてくださったことがあります。先生の包容力はこの御自分の経験とも大いに関係があるように思います。また時には、御自分の独身時代の「若さ」を発散した話もして下さいました。奥様との出合いも話してくださった。これはなかなかできないことで先生らしいと思います。

私は大学本科一年で病気のために休学し、結局二年おくれました。十六年三月卒業後、先生の関与しておられた育嬰協会（新宿にありシッカロールの和光堂経営）に週二回通い、幼児教育の勉強をさせていただきました。これが結局、幼稚舎の先生になることにつながり、十七年三月に先生のおかげで幼稚舎に就職することができました。

幼稚舎教員としての先生については、先生の同僚であられた吉田小五郎先生や内田英二先生などの先生方の想い出話をお読みいただきたいと思います。

昭和十九年三月に幼稚舎をおやめになった先生はしばらく戦時中から終戦後にかけて、とかく不如意の何年かをおすごしになったように思いますが、何処か悠然としたところがおありだったのを思い出します。その後二十三年から東京女学館——奥様の母校——にお勤めになられ、小学部の責任者となられ二十二年をすごされました。

昭和四十年代のある日、私は女学館に先生をおたずねし、先生の「道徳」の時間を見せていただいたことがあります。それは、子供の頃から経験してすばらしいと思っていた先生のお話しぶりを、大人の私が又うかがって何かを教えていただきたいと思ったからです。女学館の小さい女の子たちは先生のお話に聞きほれていました。そしてその時間が終わったあとの私の感じは、やっぱり先生と同じことはとてもできないということでした。それは先生の天性に根ざし、長い年月でみがきあげられてきたもののように感じられ、とてもマネのできることではないなと思いながら、女学館の門を出てきました。

お亡くなりになった後で女学館の石手先生の御厚意で大多和先生が「道徳」の時間のために用意されたノートを拝見することができました。それは、先生のあの特徴のある字できれいに書かれたノートであり、先生のような老練なお方にして尚こんなに周到に準備をされていたのかとの思いを深くいたしました。

今ふりかえって見ますと、先生がお亡くなりになるまで私はいくつになっても先生の生徒であって、先生のやさしさに甘えすぎていたなと思う場面をいくつか思い出し、今さらどうしようもないのですが、申しわけなく思うことがあります。

（『大多和顕先生を偲んで』、大多和先生の会、昭和五十五年七月）

吉田小五郎先生を偲んで

吉田小五郎先生がお亡くなりになってから早くも五十日余が経った今日この頃、先生はもう柏崎にいらっしゃらないかと思うと、心にポカリと穴のあいたような淋しい思いがする。

先生が幼稚舎教員になられた大正十三年には、私は幼稚舎の二年生であったから、子供としてそのお姿を遠くから目にしているわけであるが、子供のこととて、さしたる思い出もない。

大人として先生に接するのは昭和十七年五月に、私が教員になってからである。それから、今年八月お亡くなりになるまで、約四十一年が経過した。ここには思い出がたくさんある。特に戦前の集団疎開時代や、戦後の先生の舎長時代はそうである。そこで主に戦後の印象深いことを二、三書いて先生を偲ぶよすがにしたいと思う。


戦後いつ頃からか、あちこちの学校の修学旅行では、先生だけ別室でいささか上等の食事とアルコールが供されることがあるといわれ、心ある人々のまゆをひそめさせたことがある。宿屋と旅行業者と一部教員の合作であったようだ。しかし幼稚舎ではそういうことはなかったし、今日まで習慣となってつづいている。

このよい習慣を作ったのは吉田先生である。先生は旅行に際し予め業者に釘をさし、先生も生徒も同じところで同じ食事をするからと念をおしたということである。

これは先生の終生の信条であったところの、自分へのきびしさの拡大されたあらわれであったと思う。つまりこの場合「自分」とは「自分をふくめた教員」ということなのである。生徒をあずかる「教員たち自分」が自己にきびしくなくて、どうして生徒にきびしいことを求めることができようか、という先生にとっては極めてあたり前のことを実行されにすぎないのだと思う。

先生の第二の随筆集『私の小便小僧たち』（コスモポリタン出版社）に次のような文章がある（一九二頁）。

「人間」という重宝な言葉がある。教師も人間、坊主も人間、凡て人間のすることなら、何の構うことはないという説である。尤も至極で正にその通りといいたい。然し教師が、坊主が教師らしからざる不潔な行いをする場合、さすがに気がとがめると見えて、一応「教師だって人間」「坊主も人間」と呪文を唱へて逃げるのである。然し私は教師や坊主には自ら戒律があって然るべきだと考える。理窟はどうあろうとも、私はそうならなければいけないと思っている。無論今の時勢に外から押しつける戒律はないかも知れない。然し戒律は自然にある筈である。凡俗の教師たる私は、そう考えて、せめて子供の前に立ちたいと思っている。

（昭二十七・二・七）（かなづかい原文のまま）

まことにきびしい。ここまでくると、事は修学旅行の食事に止まるわけにいかなくなる。私個人が常住坐臥この信条に合格するのはずいぶんむずかしいと思うが、しかしこれをはっきりいうことの出来る方が幼稚舎長でおられたことは、ほんとに幸いなことだったと思うのである。人々の集まり（幼稚舎）の中心に、ああこの方にあやかりたいと思う人がいることが、その集まりの雰囲気を全体として高めていくからである。

戦後、急激に志願者がふえて幼稚舎の入学が大へんむずかしくなり、その試験がとやかくいわれ出した時に、この自分にきびしい吉田先生がいらっしゃったことは、まことに幼稚舎の幸せであったと思う。つまり幼稚舎の入学試験に対する信頼は一層高まり、試験の仕方の基本が確立されて後代へ遺されたからで

吉田小五郎先生（左）と著者（昭和 40 年 4 月 8 日。慶應義塾福澤研究センター提供）

ある。

先生の学校についての見識も印象深いものがある。戦後G・H・Q（米軍総司令部）のすすめで日本全国に流行したP・T・Aづくりに同調しなかった先生については別のところ（「塾友」十一月・十二月合併号）に書いたので略すことにする。

ところで流行といえば教育界には新教授法のはやりすたりがずいぶんある。戦前にはドルトン・プランその他いくつかがあり、戦後には、ティーチング・マシンその他いろいろあって、その盛衰をくりかえしたことは今後のために記憶しておくに値すると思う。その時々にぞっこんほれこんでは、じき止めて、又すぐ次に移るのは教育というものの本質上好ましくないと思うものだ。念のためにお断りしたいが、いけないのはほれこんではすぐ止めることで、新しい方法を地道に研究することは別である。

先生の書かれた「幼稚舎の歴史（43）」（幼稚舎新聞七三〇号、五十・六・二十五）によると、先生がお若い時、ドルトン・プランが日本中ではやって、幼稚舎でも小林主任が熱心にとり入れようとされた。ドルトン・プランというのはごく大切なことだけ簡単にいえば、各教科の進め方を生徒が相談してめいめいに予定表をつくり、同じ教室内にいても一人一人がちがったことをやり、四週間目にみなの進度がそろうようにするといったものであった。当時は大へん評判で、全国の小学校で研究され、それを実行する学校もいくつか出たが、日本の小学校の実状にはなじまないので、皆じきにやめてしまうことになった。幼稚舎でも研究はしたが実行には至らなかった。

この事実を述べると共に、先生はこういわれる。小学校に関する研究家というものは何だか料理人に似ているような気がする。料理人はなるべく安い材料で栄養料理を作ろうとする。しかしお金がかかるかもしれないが、上等の肉や魚と、できるだけ新鮮な野菜を使って、単純な料理を食べさせるのが栄養があってよいのではないか。

学校で上等の肉や魚、新鮮な野菜というのは妙な教授法をしないでも、先生が勉強し生徒に愛情をもって教えることだと思います（中略）小学校ではティーチング・マシーン（教える機械）だの何だのと栄養料理のようなものが流行しますが、先生御自身が勉強してニセモノでない肉やバターやソースを使うことが一番だと思います。

新しい方法の研究の基には、このような吉田先生流の考え方があることが必要だろう。先生はこういう大切なことを、ふだんの言葉でぞうさなく語ることができた方で、そこが又先生の魅力の一つなのである。

先生は教職員や生徒の一人一人の歩みに恩情をそそぐ方であった。担任としての先生については教え子の方々に聞く外ないが、先生の随筆によってその一端をうかがうことができる。『犬・花・人間』（慶友社、昭和三十一年刊）の中の「どうぶつのこどもたち」とその読編や、『私の小便小僧たち』（昭和三十四年刊）の中の同名の一編及び「百萬塔」などがそれである。

集団疎開中や敗戦後の舎長時代の先生が、教職員や生徒の家庭の様々な「苦境」に対して示された恩情は先生の心ばえの美しさの現われであった。だからそのなさり方が何げなく自然で、それを受ける人にゆきすぎた心の負担を感じさせない趣があった。それは私がそれをお受けした経験からの実感である。というのは私は戦後に病気で長期欠勤し、その上出てきても一人前でなかった時期が長かった。その間物心両面にわたって厚い御配慮をいただいたことがあるからである。それは文字通り、普通には「有り難い」ことであったとつくづく思うのである。

文脈の都合上、私事がさきに出てしまったが、はじめにもどると先生が教職員全体の生活を護るためになさったことは、単に心を配るだけではなく、具体的な工夫をよくめぐらされたのである。授業料の払えなくなった家庭への援助も、具体的に工夫し他人にわからないように実行されていた。だから私はそれをほとんど知らなかったが、三十年近くも経ってから、幼稚舎新聞の求めに応じて寄稿された「幼稚舎の歴史（99）」（七八七号）の中で、その一端をさしつかえない範囲で書かれたのではじめてわかったのである。そこにも吉田先生流のなさり方があった。

この吉田先生の下で戦後の「乱世」に、再建の道を歩んだ幼稚舎は何と幸せであったかと思う。中国の古語に「棺を蓋《お》いて事定まる」とあるが、今私の頭にはこの言葉が強い実感を以て浮んでいる。

（『仔馬』三五（三）、昭和五十八年十一月）

六年O組の諸君へ――卒業に際して――

幼稚舎を巣立って行く君達を送るぼくの心の中には色々の感情やら君達に話したいことがいっぱいになっています。それを君達に向ってしゃべりたい。しかし今の先生は病院をぬけ出すわけにいきません。仕方がないから書いてみようと思って筆をとりました。だが思っていることの十分の一も書けないでしょう。

はじめにぼくは君達や君達のお父さんお母さんにおわびをしなければならないと思っています。何といっても大人にとっては病気は自分の不注意が大きな原因をなしているのですからぼくとしてはもっと身体に注意すべきだったのです。君達を無事に卒業させる義務があったのにそれが果せなかったのは何といってもすまないことです。ぼく個人としてはとても残念なことです。君達との教室を中心とした生活はぼくの大きなよろこびでありたのしい生活であったのですから。

自分のことを書いてしまいましたがほんとは第一にぼくは君達に卒業のお祝いを云わなくてはならなかったわけですね。幼稚舎入学以来戦争の為の疎開や空襲という大事件があったにもかかわらず皆無事で卒業は何といってもおめでたいうれしいことですね。そして又それだけふりかえってみれば思い出が多いわけです。ぼくはわずか二年九ケ月しか受け持たなかったわけですが平和な時代の二年九ケ月とはきっとちがったものにちがいないと思います。

君達は幼稚舎を卒業するについてどんな感じがしますか。「うれしい!」これが誰でもの感じですね。ぼくの時をふりかえってもやはり同じです。三学期のうちからもう普通部の洋服やら帽子を準備したあの頃を思い出します。そのあとでちょっと幼稚舎をはなれる淋しさがあるかもしれませんが恐らくうれしさが絶対に大きいでしょう。それでいい。希望に胸をふくらませて普通部へいらっしゃい。そこには幼稚舎とは又ちがったたのしい学校生活があるでしょう。すこし大人に近づいたのですからね。しかし幼稚舎とちがった何だか頼りない淋しさがあるかもしれません。どうも先生と親しみにくいというような。しかしこれは君達がもう子供の国から一歩大人の方へ近づいたために先生方のやり方も少し幼稚舎とはちがって来たためです。

さてこれから君達が大人になっていくについて何よりもまず心と身体が健康でなければならないと思います。勿論学生々活を送るのですから学問の勉強ということが大切なのは云うまでもありませんがどんなに頭がよくても又学問がよく出来ても心がねじくれていては世の中の人々のためになりません。又身体が弱いと自分自身が苦しい思いをするだけでなく他人にも迷惑をかけねばなりません。これはぼくが自分のことからつくづく思うことです。心と身体がそろって健康であることは仲々むづかしいが君達は新しい出発の時にあたって是非これをひとつの目標にして下さい。というのは普通部時代というものは君達が大人になりかける時期に入るために心も身体もひとつの変り目になっていて色々と外からの悪いえいきょうを受けやすいからです。しかし身体のことに君達自身があまり気をつかうことはかえってよくないことでこれは学校やお父さんお母さんの方々が注意することでしょう。これに反して心の方の健康は自分で充分注意してもらいたいことです。よく普通部へいくと自分の腕力が強いのを誇って弱い者をいじめたりする人がありますがあんなことは心が健康とは云えないと思います。力のありあまっている人はそれをスポーツやその他の良いことに向けるようにして下さい。力は正しいことに使わなければなりません。これから君達が大きくなればなる程たのしいことと共に苦しいことも増し悪いことへのさそいもやってくることと思います。しかしそんなものにとりかこまれても心を清く美しく明るく保つことを心がけて下さい。

君達は福澤先生については度々お話をきいたでしょう。先生は慶應義塾をつくっただけでなく日本に西洋の文明を輸入しそれを育て上げるについての最大の功労者の一人です。しかしぼくは先生のほんとのえらさがわかるのは人間が十八九から二十才以上になってからのことだと思います。それですから今はどこがえらいのかわからなくってもいいのですが君達が大学へいく頃になったら忘れずに福澤先生について読むこと或いは研究することをつとめてもらいたいと思っているのです。もっといえば大学の時にこそ本気になってそれをやってもらいたいと思います。

先生について知ろうとするのに先ず第一によむべきものとして大変面白い本があります。先生が自分の一生のことについてお話ししたものを文にしたもので『福翁自伝』と云います。面白いといっても今の君達にはまだ面白くないかもしれません。ぼくも普通部一年の時に父から読めと云われて渡されて読んでみたのですがあまり面白くなく中途でやめてしまったことをおぼえています。その后大学予科へいってから読んで大変面白くそれ以后何回かよみかえしました。この『福翁自伝』だけは君達が大学を出るまでにぜひ読んでもらいたいものです。何故そう云うかと云うとこの本をよむと福澤先生のことがよくわかると共に先生がのこされた慶應らしいよいところが知らず知らずのうちわかってくるからです。塾に長くいればこれは自然にわかってくることですが塾生として卒業していく以上はこの本ぐらいはぜひ読んでおいてもらいたいものです。それというのは案外この本を知らない塾生や卒業生がいるからです。これは少し恥しいことだと思います。

ぼくは今君達に福澤先生ののこされた慶應らしいよいところと云うことを云いました。

塾らしいよさ！　これこそ塾に学ぶもの塾に関係しているものが心して育て先輩から後輩へと伝えていかねばならないものであり塾に関係する者の誇りとするものなのです。ぼくは他の学校に接したとき殊に集団疎開の時地方の学校に接したときほど塾の幼稚舎につとめ塾風につつまれている自分を幸福に思いその塾風を誇りとしたことはありません。たまたまぼくが幼稚舎につとめていたわけですがたとえぼくの進路がちがっていて他の職業についていたとしても塾に育ち塾風を愛しそれを誇りとする気持には変りないでしょう。慶應には学校の先生も卒業生も塾生もみんなひっくるめて「社中」と呼ぶ面白い習慣があります。これはみんなが塾を愛し又愛さなければならないことを示している面白いことばであると思います。君達は自然に大学を卒業する迄にはこんな気持ちがわかってくるでしょう。それが又塾の良いところです。ただその気持を読書や研究によってより深いものにすることにつとめて下さいと云う意味で福翁自伝のことを一例として書きました。しかし塾には欠点もあります。真に塾を愛するものはこの点に注意したえず反省しなければならないのは云うまでもないことです。しかし今日はそれを書く機会ではないでしょう。

もう長くなったのでこれ以上書きたいこともありますがこれで止めます。終りにあたりぼくが休んでからはじめには川島先生に六年になってからは鍬守先生に受けもっていただいたことを又多くの先生方にそれぞれの学科を教えていただいたことを君達のためにありがたい幸いなことであったと君達と共に心から感謝いたしたいと思います。ぼくの病気が治り君達と再び会する日をたのしみにしつつ筆をおきます。

（昭和二十三年三月上旬）

自由在不自由中《じゆうはふじゆうのうちにあり》

今年の三月、私の担任していたO組の諸君が卒業した。

卒業が近づくと、例年、クラスの何割かの人々が、サイン帖とかいうものをもって、先生と友だちに、何か書いてくださいといってたのんでまわる。

わがO組も、御多分にもれず、気の早い連中は、二学期の末から、これをはじめた。

さて担任として何を書こうか。その人々に応じて、何かちがったこと書いてあげられればいいのだが、一月、二月、三月と長の「道中」にうまく「公平」に書けるかしら。生徒諸君と接している先生の日常というものは、意外といそがしい。たのまれてついわすれそうになることもある。先生はA君にあんなにたくさん書いたのに、わたしにはこれっぽっちか、などという目にはあわせたくない。

えい、ままよ、何か一つ、書くことを決めておこうと思った。そして心にうかんだのが、福澤先生の言葉、「自由在不自由中」である。それが仔馬編集の先生のお目にとまって、あなたはなぜ、それを書いているか、何か考えがあるでしょう、それを文になさいということになった。

一つのことばにきめたいきさつは、いま述べた通りである。では内容的にはどうなのか。

「自由在不自由中」とは「自由は不自由の中に在り」と読むのはいうまでもない。つまり現代流にいえば、自由は放縦とはちがうということであったり、無制限な自由はない、ということであろう。社会の一人一人が、各自のほしいままな自由を何ほどかずつ制限し、不自由を認めることの中に、社会全体の自由が成り立つとでもいうべきだろうか。

『福澤諭吉全集』第二十巻の中に、「語」という頁があって（四七〇頁）、ここにこの言葉がのっている。先生の遺墨集は戦前と戦後二回、刊行されたが、遺墨としては、この語は収録されていない。しかし今回遺墨集をよく見たら、印譜の頁にこれを印にされたものがあることに気がついた。先生としてもだいぶお気に入りのことばであったように思われる。

けれども、そもそもこのことをいわれたのは、明治八年刊行の『文明論之概略』においてであった。御承知のように、この本は、先生が、長い間封建制の下にあった日本国民に、世界的な視野に於て文明とは何かを理解させようとし、同時に、世界の文明国に伍して日本がその独立を全うするには何をなさねばならないか、それには「人心の改革」こそ最大急務であることを説いたものである。

この書で先生は、文明社会に於ける自由とはどういうものかを説き、その中で「自由は不自由の中にある」ということをいわれたのである。明治の「夜明け」をむかえようやく「自由」が人々の口に語られはじめたころのことである。少しかたいが、次に『文明論之概略』から引いてみよう。

「抑《そもそ》も文明の自由は他の自由を費して買ふ可きものに非ず。諸《もろもろ》の権義を許し諸の利益を得せしめ、諸の意見を容《い》れ諸の力を逞《たくまし》うせしめ、彼我《ひが》平均の間に存するのみ。或は自由は不自由の際に生ずと云うも可なり」（全集第四巻、一四五―六頁）この最後の一行が、「自由在不自由中」となったのであろう。

ここでは、このことを、先生は主として日本の社会に於ける政治や家族間の権利の不平等、つまり例えば治める側だけに自由があって、治められる方には自由がないというようなことを例に引き、西欧の文明社会に於ける自由というものは、治める側も治められる側も、それぞれ平等に不自由をがまんすることによって、社会全体の自由がなり立つということを説いておられるのである。その点では日本の社会を当時先生が、このように認識し、西欧社会の自由とはこのようなものだと記述されたことばになっている。

しかし、「自由在不自由中」が一つの語としてひとり歩きを始めると、現代のような世の中で、一人一人が個人のモラルとして心得ておいて大へん意義のあることになるのである。幼稚舎を出ていく人々への餞けの言葉としてもいいな、と思ったのがこれを選んだ動機であった。

慶應義塾で育ち、そこに奉職してしまった私は、ここしか知らないようなものだから、こういうのもどうかと思うが、義塾ぐらい、よい意味の自由のあるところはないのではないかと思う。従ってそこで学ぶ幼稚舎生は知らない中に、そのような塾風の感化を受けていると思うが、「先生」ともなれば、また意識的にも、正しい自由について教えるところがなくてはならないと考えている。

個人が、自由は不自由の中に在ることを心得るとは、つまり自分のさまざまな欲望を統制することができるようになる、ということであろう。私は自分が幼稚舎の四年生の頃に担任の大多和先生から「克己」という言葉を、かなり時間をかけて教えていただいた記憶がある。そしてその後、自分の成長の途上で、時々ふとこの言葉が心によみがえって指針となったことを思い出す。「克己」とはつまりは自己の統制であろう。

幼稚舎生のように、めぐまれた家庭に育ち、将来世の中の指導者的立場に立つことが期待されている人々に、もしこの心構えが養われていないとしたら、幼稚舎が学校として正しい機能を果しているとはいえないであろう。

それからもう一つ、幼稚舎生一人一人の幸せのためにも、小さいときから、自己統制の出来る人間にしてやることは、大へん大事なことだと思うのである。

俗にいうわがままのままに大きくなる。自分のいろいろな欲望を、時と所とに応じて抑えることを知らずに育っていく子供。小さい時はそれでも、あれは親がわるいのだと見てくれるが、中学から高校へと進み、その行為の責任を自分でとらされる段階になったときは、本当にかわいそうだと思う。もちろん世の中は面白いもので、とんでもない「不良少年」から、人物が出ることもあるのだが、そういう「本物」は

「教育」という「抵抗」によって、本来の素質が無意識の中に鍛えられて、尚芽を出したのだともいえると思う。だから一般的には、「克己」を教えてやることが大事なのは今さらいうまでもないと思う。

ところで現代の教育で非常に大切なものに、子供の創造性はいかにしたら養えるかという問題がある。創造性を養うには、小さいときから、のびのびと自由に表現させたり、行動させたりすることが必要であろうと考えられるし、また事実そうした傾向をとり入れるのは常識になっている。そこで問題になるのは、私がいま述べてきた、自己抑制ということと、どういう関係になるかという点である。

人間は生れたとき、生命力そのものみたいなもので、やがて物心つき、幼少年となり成人していく。幼児を見ていると、善悪の区別などまだまだで、ほとばしる生命力そのものみたいだ。我々大人の役目は、親としてあるいは先生として、その生命力の流れ出る道を善悪に応じてうまくつけてやっていくようなものだという気がする。創作的な行為——例えば絵画・歌・自発的研究……——にはのびのびとした広い道を与える。しかし一方、家中のかべ、ふすまにところかまわず絵をかきなぐるという「創作」には、待ったをかけて、その方向への生命力の流れは制御する。そうすることによって彼らには、自分の行為が無制限に許されるものでないことを、経験的に心得させようとする。つまり、反社会的なルートへは生命力を流すことを自分で抑制することを学ばせようとする。

従って私にとっては、私がいっている意味の自己抑制と、創造性の教育とは矛盾しないし、ある並行関係を保つべきものだということになるのである。

自分でこう考えていたとき、大へんいい本にめぐり会った。湯川秀樹氏の『創造的人間』（筑摩叢書、昭和四十一年）である。この本に収められた一文「創造性と自己制御」は非常に示唆に富んだ論説なので、最後にちょっと御紹介しておこう。

氏によれば、これからの世の中で創造性の発見はますます大切になる。日本の将来も、日本人の創造性の発現ということにかかっている。そしてその創造性を開発していく学習という面からいえば、単なる受身の学習でなく、自発的にわからないことを、わからせていこうという努力、そういう努力ができるだけ早くから習慣となり、身についてゆくことによって、その人がやがてあとで、創造性を発現するようになるだろう。つまり小さい時から創造性の発現に好ましい条件が必要だといわれる。

しかし一方に於て、湯川氏は、未来社会の変化の源動力は人間の創造性にあるが、その変化が人間にとって、好ましいものになるかどうかは創造性だけでは、きまらないという。その変化の方向をコントロールする、制御することが必要だ。これは核兵器などを例にとると明白である。その場合に人間各自が自分を自主的にコントロールすることができることが前提として必要になる。つまりここで小さい時の、創造性の教育と共に自己抑制の教育が問題になってくるといわれるのである。

私が卒業生諸君のサイン帖に、「自由在不自由中」と書き、そのわきに「これは福澤先生の言葉です」と添え書きしていたとき、私の頭に去来していたのはこんなことである。

（『仔馬』二二五（二）、昭和四十八年七月）

編者解説

山内慶太

著者の渡辺徳三郎氏は、小学校である幼稚舎より慶應義塾に学び、昭和十六年（一九四一年）に大学経済学部を卒業した。翌十七年に幼稚舎の教諭となり、五十六年の定年退職まで、義塾の初等教育一筋に歩んだ。ここでは、本書の背景の理解のために、著者の人となりを紹介したいと思う。まず、著者が教育の道に入ることになった経緯と幼稚舎教諭としての姿を概観し、次に、福澤研究に携わることになった事情とそれに打ち込んだ姿を紹介する。最後に、本書の構成について説明したいと思う。

教育への興味

著者は、大正五年（一九一六年）に生まれ、十二年、慶應義塾幼稚舎に入学した。未だ、三田の、現在でいう西校舎下の辺りに幼稚舎があった時代で、六年間の担任は、大多和顕氏である。大多和氏は、慶應義塾大学在学中は、文学部で教育学を学ぶかたわら、学生団体の児童文化研究会で口演童話を熱心に学び、卒業後幼稚舎の教諭となった。その最初のクラスの生徒であった著者は、後に次のように回想している。

幼稚舎時代にうけた先生の教育の中で、心にのこる大きなことは、すぐ思いつくことで二つあります。今の大人の言葉で整理すれば一つは、人間にはそれぞれいいところがあるのだから、その特色を尊重しなければいけない。ただ勉強ができるかどうかということだけで人間を評価してはいけない。それぞれのいいところを通してその人そのものを尊重しなければいけないということでありましょうか。（中略）もう一つは、私どもの生活の指針となるような言葉を、心にのこして下さったことです。「何くそ」「ファイティング・スピリット」「克己」などです[1]。

その後、普通部を経て大学に進んだ。幼稚舎の卒業時には、学業品行優秀な生徒の氏名を記して表彰する「金巻名誉録」に載るような生徒であったが、一方で、普通部ではサッカーに、大学では体育会山岳部で山登りに打ち込んだ。

大学は、結核による二年間の療養を挟んで、昭和十六年に経済学部を卒業した。しかし、教育への関心は早い時期からで、しかもそれは幼稚舎時代の担任の影響が大きかった。このことについて、幼稚舎退職の時の座談会で次のように語っている。

結局大多和先生の所へ始終出入りしてたと云う事がありますね。予科時代に、よく先生の所へ、夜なんか伺ったりなんかして、それで将来自分が文学部へ行って、心理学なんか勉強して、教育的な方へ行きたいなと云う芽生えがあったんですけど、それを思いきってやるだけの決心がつかなかったんですね。（中略）大多和先生に、いろんな事を教えて頂いている中に、現実に先生に育てられた経験も手伝ってやっぱり自分もそう云う、いい先生みたいな事、やってみたいなっていう気持ちがあったんです[2]。

大学を卒業すると、大多和氏が関与していた育嬰協会の仕事を手伝うようになる。育嬰協会は、粉ミルクやシッカロールを作っていた和光堂が貧困家庭の乳幼児の育児を支援するために作ったいわゆる社会事業の組織である。大多和氏はその教育相談所の主任を委嘱されていたので、著者は様々な教育相談を見聞きすることになった。また丁度その頃、同協会では育嬰叢書を出すことになり、その第一冊目の『愛児の躾と叱り方』（昭和十七年）を執筆した。ちなみに、第二冊目は、幼稚舎教諭小池喜代蔵氏による『幼児の科学教育とその指導』（昭和十七年）で、これも著者が手伝っている。小池氏は、義塾の文学部で心理学を学び、当時、絵を描かせながら幼児の観察眼を鋭くしていくという「科学教育」を研究していた。つまり著者は、ここで、幅広い視点から、乳幼児まで含めた子供の教育、母親の育児について考える機会を得たのであった。

幼稚舎での四十年

著者は昭和十七年に幼稚舎の教諭となる。すでに、前年には全国の小学校が国民学校に改まり、米国とも戦争に入っていた。そのような戦時色が強まる一方の時期ではあったが、開戦となった昭和十六年十二月八日の朝礼で、主任（今日の舎長に相当する）清岡暎一氏が「アメリカ人が皆悪いわけではありせん。戦争をはじめたからといって、アメリカのよい人とは今までどおり付きあっていかなければいけません」と語ったことが象徴するように、「戦争中だからといって、戦争前の教育と別にかわることはない」[3]（幼稚舎教諭内田英二氏の回想）という姿勢であった。例えば、著者のクラスには中国人の生徒がいたが、後に米国の大学教授となったこの生徒が、学会で来日した折に、病床にあった最晩年の著者を訪れ、全く差別を感じない楽しいクラスであったと感謝の気持ちを伝えたという。

昭和十九年になると伊豆・修善寺、さらに青森・木造での疎開学園を引率した。疎開先では、近くの国民学校で空いている教室を借りて授業をしたので、他の学校の様子を垣間見ることで、慶應義塾の教育の特質を再確認する機会ともなった。著者も「よその学校の先生と、幼稚舎の先生とでは、まるで子供への接し方が違っていました。よその学校の先生は軍国主義調の形式を重んじていましたが、幼稚舎の先生は、人間的な接し方があたり前のように思っていました[3]」と語っている。それだけに、「終戦になったからと言って、自分を急角度にかえなければ、とは思いませんでしたし、むしろ、福澤先生の教育を公に実現出来る時が来たと感じました[3]」との思いで、戦後がはじまったのであった。

しかし著者は、結核で二十二年一月から長期の療養をすることになる。漸く復職したのは昭和二十四年九月であるが、「(手術で)肺活量が、少なくなっているのでとても生徒と一緒に遊んだり、はねたり出来ないから、僕は吉田先生(当時の幼稚舎長)に、三田でもなんでもいいから机で出来る仕事にまわしてくださいと云った[2]」ような体調であった。

このような健康上の理由から、復帰後は、舎長の吉田小五郎氏の配慮で、同窓会を作るための、卒業生名簿の整理から発足事務の一切にわたる仕事と、後述する「福澤読本」の準備に専念した。

昭和三十一年の四月からは十年にわたって、中山一義氏、次いで内田英二氏の両舎長の下で主事を務めた。著者から主事を引き継いだ田中清之助氏は、「先生からバトンタッチして仕事に付いて、まずびっくりしたのは、渡辺先生の緻密で周到なお人柄でした。すべて学校の中で、日常動いているいろんな事柄があるわけです。学籍簿、内規、議事録、そのほか細々としたことまで、すべて一々、ファイルになっていて、見事にきちっと整理されていました。(中略)今から思えば、現在の学校運営の大切な基本のところはすべて渡辺先生が主事時代、こつこつと作り上げて積み重ねておいてくださったと云っても、云い過ぎじゃないんじゃないかと思いますよ[2]」と語っている。著者の緻密さ、周到さがよく表れている話である。

さらに、昭和五十一年十月から五十五年九月末まで、幼稚舎長を務め、五十六年三月に定年退職した。しかし、このような経歴から一般的に想像されるであろう学校行政に長けた管理者のイメージを以て著者を捉えることは誤りであると私は思う。著者の本領は、穏やかに、静かに、そして時代の流れに惑わされずに真に子供に大切なことは何かを考える篤実な日々にこそあった。

著者は、幼稚舎の刊行物である『幼稚舎新聞』や生徒の作文集『仔馬』に多くの原稿を寄せたが、しばしば、自分が読んだ本や保護者に薦めたい本を『仔馬』に紹介している。特に昭和二十年代から三十年代前半のものを見ると著者の問題意識の片鱗が窺えて興味深い。例えば、普通部生の時に大多和氏の自宅の本棚から見出して以来愛読して来たニイルの『問題の子供』『問題の親』について、ニイルの語る「自由」を慎重に紹介しながら「自由を論ずれば、必ず自由は放縦でないとことわらなければならないのが常識である。ニイルはやはり自由と放縦との区別をといている」と言う（昭和二十七年十一月）。また、ヒルトンの『チップス先生さようなら』では「彼は今最も必要なのは「釣合の感覚」(Sense of Proportion) を養うことだ（中略）と云っています」と言及する（昭和二十八年十月）。また、『山びこ学校』（無着成恭著）や『少年期』（波多野勤子著）等の当時話題になった書物を取り上げて、子供の生活、母子の関係を語る（昭和二十六年七月）。また、米国映画『ママの思い出』に描かれた家庭と比較して、夫婦間では夫に、兄弟間では兄に権力が偏重していた日本の家庭内の圧制が、日本の社会を特徴づけて来たと指摘する（昭和二十四年十一月）。専門書から一般書、小説、映画に至るまで実に幅広く、その中から家庭や親子の在り方について深く考えている姿が目に浮かぶのである。

温かな眼差し

すでに記したように結核で健康を害したこともあり、担任を受け持った期間は決して長くない。私は幸いに、一年から四年生の秋まで渡辺先生のクラスで学んだので、その時の記憶を書きとめておきたい。

真っ先に思い浮かぶ影像は、教員室前のテラスから運動場で遊ぶ私たちを象のような優しい目で見守って下さっていた、その温かな眼差しである。私たちと一緒に走るようなことはすでにできなかったが、その温かな空気の中に包まれている感じがいつもしたものである。

しかし、同時に、先生の前ではいい加減なことはできないし、言えないという厳しさを低学年の子供たちにも感じさせる時があった。例えば、クラスの中で喧嘩があった時には、安易に決めつけて一方を叱ることなく、「自分は直接見ていないので、どちらが正しいかわかりません。片方を叱ることはできない」と言ってから、丁寧に両者の話を聞き、最後に静かに「今後、このようなことがないように」と皆に語りかけるのであった。

私たちが先生から受けた最後の授業は、舎長になられる前日の昭和五十一年九月三十日であった。当時四年生であった私たちに次のような言葉を遺して下さった。その日の私の日記によると「一、一人一人短

館山海浜学校で受け持ちのクラスの生徒と（昭和51年5月）

所もあるが長所もある。二、正直になること。三、克己（おのれにかつ）。四、人にめいわくをかけない（社会）」の四つである。

人に迷惑をかけないことは、子供が社会的責任感を持つ第一歩として、繰り返し、生徒や保護者に語ったことでもある。例えば登下校時の電車の中でのマナーに関して「学校でも勿論注意するが、家庭でもおりにつけ、子供の無邪気さと、社会的関心を欠いた傍若無人なふるまいとを区別して、教えておいていただきたい。家でも街でも、遊びに出かけた時でも、この区別はついてまわるものだと思う」（『仔馬』昭和三十五年二月）と述べている。

またそこには常に、自らの様々な欲望にうちかつ心、克己心が備わっていなければならない。この「克己」は、先生が大切にされて来た言葉で、何度か特別な日に、黒板に丁寧な字で大きく「克己」と書いてその意味内容について話されたものであった。本書所収の「自由在不自由中」に記されているように、先生もまた、幼稚舎の四年生の時に、担任の大多和先生に教えられ、以後、御自分の指針にして来た言葉だったのである。

福澤諭吉の研究

すでに述べたように、昭和二十四年に療養から復職した際、同窓会の発足準備とともに「福澤読本」の準備にも携わることになった。その成果が、『福澤諭吉教育関係文献索引』（昭和三十年十一月）と『改訂増補福澤諭吉教育関係文献索引』（昭和五十六年三月、いずれも慶應義塾刊）である。生涯を幼稚舎に捧げ、また切支丹史学者でもあった吉田小五郎氏が同書の「初版の序」でその経緯について述べている。

私たちは、予て幼稚舎の中で、児童並びに父兄のために、福澤先生の棟に充つるほどの夥しい著作の中から、比較的容易しく、而も先生の真髄を伝えるような文章を撰んで、一種の福澤読本とでもいうべきものを編みたいと願っていました。思いつきを避けて慎重を期すれば、勢い、先生の全著作について、徹底的に検討しなければなりません。そこで、わが渡辺徳三郎先生に委嘱して、この為事に着手したのが、昭和二十四年の初夏の頃でした。渡辺氏は幼稚舎の出身であり、塾を出てから、職に幼稚舎に在り、綿密、周到、最適任者と認めたからです。

当時の状況は『改訂増補版』の「後記」で著者自らも語っている。

当時、私は学童集団疎開を経て、胸を患い、昭和二十二年一月から二十四年九月まで、長期欠勤していました。二十四年の初夏の頃、（吉田）先生から、福澤先生の全著作を読んで、教育関係の「言々句々」に至るまで余すところなく採集しなさい、（中略）と希望されました。

以来、『福澤全集』全十巻と『続福澤全集』全七巻から、教育関係の言葉や文章をすべて抽出し索引形式にまとめる丹念な作業が続いた。その間、教育史と塾史の専門家でもあった文学部の中山一義氏や福澤学者の富田正文氏に学ぶため、週に一度は三田にも通った。コピー機の無い時代である。筆写した五十冊に及ぶ大学ノートの山からさらに整理して六年がかりで漸く完成に至った。なお、その後、岩波書店から『福澤諭吉全集』全二十一巻が出たことを受けて、幼稚舎教諭岩崎弘氏の助けを得て『改訂増補版』が作られた。

内容によって十一に分類して整理されたこの索引は、教育論に限らず多くの福澤諭吉研究者の座右の書として重宝されて来た。当時はパソコン等の便利な検索機器が無かったので尚更であった。福澤諭吉の宗教観について多くの著作のある小泉仰氏（慶應義塾大学名誉教授）は、『改訂増補版』刊行の折に、「渡辺先生にはここ数年来私の研究について一方ならないお世話を頂いておりましたのに実は一度もお目にかかったことがなかったことにはじめて気が付いた次第です。私自身は、ずっと昔から先生のお世話を頂いているような気分でおりました」（『仔馬』昭和五十六年六月）と記している。このような思いを抱いていた研究者は多い。

『索引』が昭和三十年に完成した後も、福澤研究は生涯にわたって続いた。例えば、幼稚舎在職中は、「曽田文庫」の選書、蒐集を担当し、蔵書の充実を図ってきた。これは、曽田政治氏の寄付の申し出を受けて、吉田小五郎氏の発案ではじまって今日に至るもので、毎年の寄付を基に福澤諭吉の著作、福澤に関する研究書・論説・評伝、さらには、慶應義塾に関する書籍、日本の教育史や思想史に関する書籍を収集するコレクションである。また、幼稚舎退職後も、福澤の教育論と関係のあるスペンサーについて、三田の図書館から原書を取り寄せて研究を続けていた。かつて『史学』や『三田評論』に寄せた論文「福澤諭吉の孝行観」、「福澤先生とH・スペンサーの「教育論」」、「福澤先生の道徳教育論」のページには、その後も絶えず、気付いたこと等を赤いインクでびっしりと書き込んでいた。

このような長年の地道な蓄積の上に書かれたのが、昭和六十年に出版された『福澤諭吉・家庭教育のすすめ』である。吉田小五郎氏が願っていた「一種の福澤読本」の実現であった。著者は、胸を患い担任を務められない時期に、吉田氏から『福澤諭吉教育関係文献索引』の作成を委ねられたことへの感謝の念を、私にもしばしば語っていた。その吉田氏が亡くなったのが五十八年のことであったので、五十六年に退職していた著者は、この本の完成のためにすべての力を注いだのであった。

私が昭和五十九年の三月に御自宅に訪ねた折、福澤先生の家庭教育論について出版の準備を進めていることを、構想のメモを片手に話して下さったことを思い出す。八月末には電話で、原稿があと少しで書き終わること、暑さも重なりバテ気味であること、等を話されていたのだが、九月に原稿を書き上げると、すぐその翌日に入院という事態になったのであった。

執筆中は、床に就いても原稿が頭から離れず、何か気の付く度に起きては机に向かっていたこと、このような日々が続く中で健康の不安が生じてからも、枕元にメモ帳を用意して、夜中にベッド上でメモしていたこと等は、退院後に伺ったことである。

「人物研究というものは、研究を通じてその人の良いところを少しでも吸収してその人に少しでも近付きたいと常に思いながら進めてゆくもので、そのような人物を研究の対象として持てる人は仕合わせだ。またそのような謙虚な気持ちが無くなったならば、その人には人間としてのそれ以上の進歩はない」とかつて著者は私に語った。著者は、『福澤諭吉・家庭教育のすすめ』の原稿を書き上げてからは、入退院を繰り返す生活になり、昭和六十三年十月二十九日に亡くなった。しかし、福澤先生を最晩年まで研究の対象として持てたことを仕合わせに感じておられた。

本書の構成

以上で述べて来たように、本書は、著者の学生時代からの子供の教育への問題意識と幼稚舎での教員としての日々、そして長年の地道な福澤研究の蓄積がともにあってはじめて可能になった本である。かつて著者は、私に、「本というものは、一生の勉強の積み重ねを凝集したような本は、そう何冊も書けるものではない、気軽に沢山本を出す人が理解できない」と話したことがあるが、本書はまさにその渾身の一冊なのである。

『福澤諭吉・家庭教育のすすめ』は、昭和六十年に小学館より小学館創造選書として出版された。『福澤諭吉全集』からの豊富な引用を基に、丁寧に福澤の家庭論、家庭教育論が説明されているが、「まえがき」にもあるように、読者の読みやすさを第一に考えて、引用の多くが現代語風に改められている。また、原文のまま引用する場合でも、漢字や仮名遣いは適宜読みやすく改められている。この度の復刊に当たっても著者の方針を踏襲し、原典との表記の異同は、明らかな誤植以外は特に手を加えていない。また、読みやすさを第一にした著者の姿勢に倣って、振り仮名等を若干追加した。

また、この復刊の特色は、後半に付録を加えたことにある。著者は、幼稚舎の『幼稚舎新聞』、『仔馬』、『同窓会報』、慶應義塾の『三田評論』等に多数の文章や論文を寄せている。その分量は膨大なものになるが、その中から特に、保護者や生徒に向けて語ったものを中心に選んで収録することにした。著者の福澤論も、教育論も、一方のみではなく、両方を見ることで、より深く理解できると考えたからである。教員としての日々が福澤の研究に反映し、また、福澤の研究の成果が教員としての著者に体現されているところを読者の方々に味わって頂ければ幸いである。

「私のささやかな子育て論」は、定年退職の前年に『幼稚舎新聞』にコラムのような形で連載されたものである。

「父母に語る―子供の幸せ―」は、『仔馬』の巻末についている教員や保護者の随筆の欄である「幼稚舎シンフォニー」等に、主事として、また舎長として記したものからその一部を収録した。

「卒業生のみなさんへ」は舎長在任中、毎年度の『仔馬』の三月の号に卒業する六年生に向けて書いたものである。また、「幼稚舎生に語る」は学期の節目節目に書かれたものから各々一つずつを採った。これらはいずれも、幼稚舎の保護者や生徒に向けて書かれたものではあるが、小学校段階の子供とその親にとって普遍的な大切なことが多く書かれているように思うので、載せることにした。

さらに、「追憶」は、著者の人となりを知る助けとして、その歩みを知ることのできる随筆を選んだ。

なお、一部の文章は、初出時に題目が無かったり、他のものと重なったりしてしまうため、編者の責任で新たな題目を付けた。

小学館版の本書が絶版になってから久しく、復刊を強く願って来た。今回、御子息渡辺和男氏の御理解を得て、慶應義塾大学出版会より再刊出来たことについて、渡辺氏並びに出版会、特に、担当下さった飯田建氏に謝意を表したい。

また、慶應義塾幼稚舎の舎長加藤三明氏には、『幼稚舎新聞』や『仔馬』からの転載、曽田文庫所蔵の資料の写真撮影に御理解を頂いた。また、今回新たに加えた付録の構成や写真の選択に当たっては、著者渡辺先生のクラスでともに学んだ、幼稚舎教諭杉浦重成氏の御助力を頂いた。深く謝意を表する次第である。

文献

（1）『大多和顕先生を偲んで』大多和先生の会、昭和五十五年七月。
（2）「仔馬座談会　渡辺先生を囲んで」『仔馬』三二（六）、昭和五十六年三月。
（3）「座談会（一）幼稚舎教育・昔と今」『幼稚舎新聞』第七七四号、昭和五十一年十月二十日。

追補　二度目の増刷にあたり、新版として付録の「追憶」に新たに三つの随想を加えた。

御子息の渡辺和男氏から、著者の蔵書を平成二十七年冬、慶應義塾横浜初等部に寄贈頂いた。特に著者が『福澤諭吉教育関係文献索引』、『改訂増補福沢諭吉教育関係文献索引』を編む際にも用いた、『福澤全集』『続福澤全集』『福澤諭吉全集』には実に細かい書き入れがある。蔵書の書き入れは、著者の丁寧な研究の姿を示すものであると共に、福澤の教育論を研究する者にとってはその手引きとなるものである。

その際に、一緒に和男氏が持参されたのが、わら半紙にガリ版で刷られた「六年O組の諸君へ—卒業に際して—」であった。すでに記したように、著者は結核の療養のために、最初に担任をした、そして疎開学園を共に過ごしたクラスから、中途で離れなければならなかった。そのクラスの卒業に当たって病床で記したこの文章には、著者の教育観と共に当時の心境がよく表れていると思うのである。そこで、この本に収めたいと願っていた次第である。なお、この機会に、「山岳部の思い出」と「思い出すこと—大多和顕先生を偲んで—」も新たに加えることにした。

（平成二十八年八月記）

編者紹介
慶應義塾大学看護医療学部・大学院健康マネジメント研究科教授、慶應義塾福澤研究センター所員、博士（医学）。
一九六六年生まれ。一九九一年 慶應義塾大学医学部卒業。慶應義塾横浜初等部の開設準備室長、部長を歴任。主な編著書に、『福澤諭吉著作集』第五巻（共編、二〇〇二年）、『練習は不可能を可能にす』（共編、二〇〇四年）、『父小泉信三を語る』（共編、二〇〇八年）、『アルバム小泉信三』（共編、二〇〇九年）、『福澤諭吉 歴史散歩』（共著、二〇一二年）、『近代日本と福澤諭吉』（共著、二〇一三年。いずれも慶應義塾大学出版会）など。

本書は、渡辺徳三郎『福澤諭吉・家庭教育のすすめ』（小学館創造選書、一九八五年）に、付録等を増補して新たに編集したものです。

著者紹介
渡辺徳三郎（わたなべ とくさぶろう）
元慶應義塾幼稚舎教諭、幼稚舎長。
1916 年生まれ。1941 年 慶應義塾大学経済学部卒業。1942 年 慶應義塾幼稚舎教諭就任。1976 ～ 80 年 幼稚舎長。1981 年 定年退職。1988 年 逝去。主要業績に、本書のほか、『福澤諭吉教育関係文献索引』（編、慶應義塾、1955 年［改訂増補版 1981 年］）がある。

新版　福澤諭吉 家庭教育のすすめ

2016 年 10 月 15 日　初版第 1 刷発行
2024 年 2 月 29 日　初版第 3 刷発行

著　者――――渡辺徳三郎
編　者――――山内慶太
発行者――――大野友寛
発行所――――慶應義塾大学出版会株式会社
〒 108-8346　東京都港区三田 2-19-30
TEL〔編集部〕03-3451-0931
〔営業部〕03-3451-3584〈ご注文〉
〔　〃　〕03-3451-6926
FAX〔営業部〕03-3451-3122
振替　00190-8-155497
https://www.keio-up.co.jp/
装　丁――――鈴木 衛（東京図鑑）
印刷・製本――萩原印刷株式会社
カバー印刷――株式会社太平印刷社

Printed in Japan　ISBN 978-4-7664-2385-3

慶應義塾大学出版会

現代語訳

童蒙おしえ草 ひびのおしえ

福沢諭吉著／岩﨑弘訳・解説

福沢諭吉が翻訳紹介したイソップ物語などの西洋の道徳童話集『童蒙おしえ草』と、わが子のために綴った『ひびのおしえ』を、子どもたちやその保護者にも読みやすいように、慶應義塾幼稚舎教諭の訳者が現代語化。

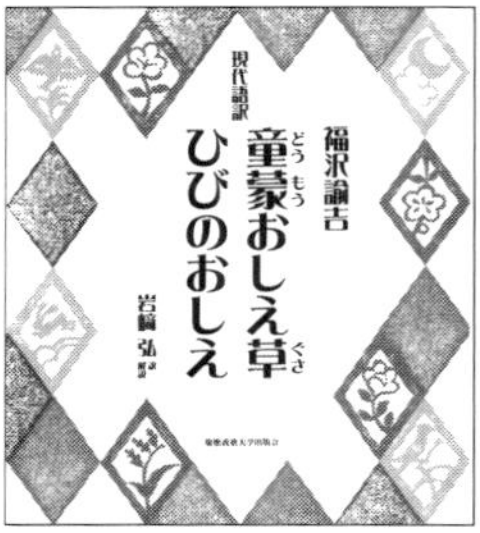

B5判変型／上製／368頁
ISBN978-4-7664-1203-1
C8097
本体3,000 円

◆目次◆

表示価格は刊行時の本体価格（税別）です。